下一波
全球貨幣大崩潰

詹姆斯・瑞卡茲——著
吳國卿——譯

The Death of Money:

The Coming Collapse of the International Monetary System

by James Rickards

下一波全球貨幣大崩潰

目次

前言　即將崩潰的貨幣體系　007

第一篇　**貨幣與地緣政治**

1　預言　025

明目張膽的恐怖交易

預言計畫

市場智慧

2　戰神的臉　055

未來的戰爭

敵方避險基金假想狀況

金融戰爭中的世界

網路與金融的連結

第二篇　**貨幣與市場**

3　市場的崩毀　083

財富效應

The Death of Money:

The Coming Collapse of the International Monetary System

資產泡沫
市場的震盪
模糊的水晶球
不對稱的市場

4 中國的新金融戰士 109
歷史的負擔
投資陷阱
影子金融
財閥之秋

5 新德意志帝國 135
德意志第一帝國
新歐洲
從布列敦森林協定到北京
柏林共識
歐元懷疑派
歐元的未來

6 BELL國家、金磚五國和其他 165
超國家集團

BELL國家
金磚五國
上海合作組織
波斯灣國家
雙島國：英國和日本

第三篇 貨幣與財富

7 債務、赤字和美元 197
貨幣的意義
債務、赤字和可持續性
債務辯論
可持續的債務
聯準會政策與貨幣契約

8 世界央行 229
一個世界
更新凱因斯
一家央行
一種貨幣

9 黃金東山再起 257
黃金事實與神話
爭奪黃金

The Death of Money:

The Coming Collapse of the International Monetary System

黃金東山再起
新金本位制

10 聯準會政策走到十字路口 289
通膨與通縮的矛盾
學生貸款：另一個泡沫？
通膨之謎
對美元的信心
想像力失靈

11 大亂局 315
雪花與雪崩
風險、不確定性和臨界性
黃金遊戲
中國的黃金障眼法

12 結論 343
三條途徑
七個跡象
五種投資

後記 358
註釋 383

前言

即將崩潰的貨幣體系

本書討論的是美元即將面臨的崩潰，但自然也延伸到國際貨幣體系可能崩潰的問題，因為如果大眾對美元的信心淪喪，將沒有其他貨幣可以取代美元成為國際準備貨幣的地位。美元是國際貨幣體系的支柱，兩者密不可分，如果美元倒下，整個體系將隨之崩解。這種雙重崩潰聽起來十分可怕，卻已變得愈來愈無法避免，相關理由將在後面的章節見到。

先讓我們回顧一下歷史。

現代美國人只有很少數人記得，美元在一九七八年曾經差一點不再扮演世界的準備貨幣。那一年聯準會美元指數（Federal Reserve dollar index）下跌到令人憂心的低水準，美國財政部被迫發行以瑞士法郎計價的政府債券，外國債權人也不再信任美元保值的功能。美元逐漸喪失購買力，從一九七七年到一九八一年，幣值貶值了一半；在那五年間，美國的通貨膨脹超過五〇％。從一九七九年起，國際貨幣基金（IMF）被迫動員其資源，發行世界貨幣〔也就是特別提款權（Special Drawing Rights，簡稱

SDR）」，挹注了市場一百二十一億美元的特別提款權，以便在全球對美元信心滑落時，提供市場流動性。

我們不應該輕易忘記那段黑暗日子。黃金價格在一九七七年至一九八〇年間上漲了五〇〇%。自一九七一年尼克森總統停止美元與黃金的兌換開始，原本有秩序的美元貶值過程，到一九七〇年代末期，已演變成全面潰跌。美元崩跌甚至反映在通俗文化中，一九八一年由珍芳達（Jane Fonda）主演的電影《金融大恐慌》（*Rollover*），正是描寫石油生產國祕密計畫拋棄美元、買進黃金，結果導致銀行體系崩潰、金融恐慌和全球性的暴動。這些情節雖屬虛構，卻生動有力，其至有先見之明。

雖然美元恐慌在一九七〇年代末達到最高潮，但早自一九七一年八月尼克森總統放棄以黃金擔保美元時，已經可以明顯感覺到市場對美元的信心喪失。財經作家塔瓦柯莉（Janet Tavakoli）曾描述美元首次垂死掙扎時，身為美國人在海外的體驗：

> 一時之間，旅遊海外的美國人發現，餐廳、旅館和商店不想承擔美元浮動匯率的風險。在義大利的夏日節慶八月節（Ferragosto），因羅馬的銀行不開張，讓那些身上現金不夠的美國人束手無策。
>
> 旅館的經理問準備退房的客人：「你有黃金嗎？看看你們美國總統幹的好事。」他問到黃金可是很認真的，他願意接受黃金付款。

我立即要求以里拉預付我的旅館帳單，經理開心地拍手。他和其他員工對待我有如皇室成員，因為我跟那些使用蠢美元的美國人不同。在旅遊期間，除非我表示可以支付里拉，否則根本沒有商店或餐廳願意做我的生意[1]。

當時的聯準會主席伏克爾（Paul Volcker）和剛當選的雷根總統合力拯救了美元，伏克爾在一九八一年把利率提高到一九％，一舉澆熄了通貨膨脹，並吸引外國資金買進美元。從一九八一年起，雷根實施減稅並放寬管制，提振了企業信心，並把美國轉變成外人投資的首選國家。到一九八五年三月，美元指數已從一九七八年十月的低點回升五〇％，而黃金價格則從一九八〇年的高點下跌了六〇％。美國的通膨率則從一九八〇年的一三．五％下降到一九八六年的一．九％。這麼多好消息讓好萊塢不必再拍攝《金融大恐慌》續集。到一九八〇年代中期，災難已經遠離，美元獨霸的時代來臨。雖然美元在一九七八年後並未喪失世界準備貨幣的地位，但這個地位確實曾經一度岌岌可危。

現在世界又回到未來。

和一九七八年類似的種種情況，在現今的全球經濟再度出現。二〇一一年七月，聯準會美元指數跌至歷史新低，比一九七八年十月恐慌時的水準低了四％。ＩＭＦ在二〇〇九年八月，再度扮演貨幣先發救援者的角色，發行相當於三千一百億美元的新特別提款權，使流通的特別提款權增加了八五〇％。黃金價格在同年九月初攀升到歷史新高，每盎司（英兩）接近一千九百美元，比二〇〇六年新一波不景氣逐漸形成時的平均價，高出二〇〇%以上。二十一世紀的流行文化有了新版的《金融大恐慌》，這一次金融崩潰的戲碼叫《大到不能倒》（*Too Big to Fail*）。

拿一九七八年的歷史與晚近事件來做類比，確實讓人覺得很恐怖，但也有人覺得這麼做並不完全正確。因為當年的世界有一個極具破壞性的元素在現今並不明顯，就是那隻不會叫的狗：**通貨膨脹**。只是我們雖然聽不到狗叫，並不表示沒有危險。備受注意的美元通膨指標如消費者物價指數，自二〇〇八年以來幾乎紋風不動；事實上，有幾個月份甚至出現通貨緊縮。通貨膨脹出現在中國，中國政府以重估貨幣來抑制它；在巴西，則表現在公車票價等基本服務的物價飆漲還引發暴動；糧價通膨也是促成阿拉伯之春（Arab Spring）初期抗議浪潮的因素之一。儘管如此，美元通膨仍然溫和。

更仔細探究，我們發現美國真的有許多人以一九九〇年之前的舊方法計算物價指數，採用不同的產品與服務項目做為基準，並宣稱更能計算出美國人面對的實際通膨。他們警告說，以不同方法計算的美國通膨率每年大約是九%，而非政府計算方法得出的二%。對任何真的每天在購買牛奶、麵包或汽油的人來說，一定會同意較高的通膨數字。只是雖然這些地下統計數字能透露許多訊息，卻絲毫影響不了國際外匯市場或聯準會的政策。要了解美元面對的威脅，以及聯準會的政策反應，我們必須透過聯準會的眼睛看美元。從聯準會的觀點看，通膨不是威脅；事實上，高通膨既是聯準會因應債務危機的對策，也是它的政策目標。

即使困惑的評論家不了解，為什麼聯準會和其他主要央行印製空前大量的鈔票，而通膨卻紋風不動，但這種支持通膨的政策仍然無異於招引災難。許多人思考聯準會從二〇〇八年以來已增加基礎貨幣供給四〇〇％，通膨何以仍不見蹤影？其實有兩個解釋不難得出，而且這些解釋預告了未來可能的崩潰：第一是美國經濟已受到結構性的破壞，因此寬鬆的貨幣無法被引導到好的用途；第二則是通膨正要來臨。這兩種解釋都是事實——經濟遭到破壞，通膨正要興起。

本書以特別的方法檢驗這些事件。後續的章節對均衡模型（equilibrium model）、風險價值測量（value-at-risk metric）和相關性等標準經濟工具多所批評，你將看到，被廣泛使用的一般均衡模式在均衡已受到擾亂、或雙重均衡的情況下毫無意義。世界經濟尚未進入「新常態」（new normal），反而是從舊模式走向一個沒有羅盤或地圖的新領域。**混亂是現在的常態**。

危險來自裡面和外面。我們懷著央行可以拯救世界的錯誤信心；事實上，央行正在摧毀我們的市場。華爾街和監管當局用來測量衍生性金融商品危險性的風險價值模型很荒唐；它們掩蓋了過度的槓桿操作，而槓桿則轉變為扭曲我們社會的誇張薪酬。當隱藏的成本開始浮現、納稅人再度債台高築時，那些銀行家將安然無事地躲在他們的豪宅和駕著他們的遊艇出國。金融巨人將向容易受騙的記者解釋、或用錢買通政治人物，說他們完全無法預見崩潰的到來。

在我們拒絕面對債務與赤字真相的同時，全世界有數十個國家正向美元施加壓力。金本位已是歷史陳跡，但就在現今，世界各地的人卻搶著買進黃金，這暗示了我們重回金本位的可能性。我們也嚴重低估了網路金融攻擊的危險，以及世界金融大戰的風險。

金融專家和經濟學家最鍾愛的回歸分析和相關性，在指引規避風險上效用十分有限。這類分析假設未來會在某種程度上類似過去。歷史是很棒的老師，但專家的假設暗藏致命的錯誤。第一個錯誤是，在回顧歷史時，他們看得不夠久遠。華爾街使用的大部分資料回溯十年、二十年或三十年。較勤勉的分析師會使用百年的歷史資料，尋找合適的工具以取代久遠時代尚未存在的方法。但在歷史上崩潰的兩個最偉大的文明——青銅時代的崩潰和羅馬帝國瓦解，發生的時間相隔一千六百年，而且後者距今也是一千六百年。這並非暗示文明會立即崩潰，而是指出大多數回歸分析只提供極其受限的視野。

另一個錯誤，牽涉到專家不了解度量動態（scaling dynamics）會使若干風險超出歷史範疇。由於潛在風險是系統度量的指數函數，而且因為以衍生性商品衡量金融系統規模是前所未見的，因此風險也一定沒有前例可循。

雖然崩潰這個詞用在美元聽起來帶著末日的意思，卻包含著實事求是的意義。崩潰只是代表民眾和央行對美元未來購買力的信心淪喪，其結果是持有者拋售美元，不管是透過加速花用它，或透過買進其他硬資產。這種快速的行為改變初期會導致利率升高、通膨加溫，以及資本形成的破壞。到最後則可能變成通貨緊縮（令人想起一九三〇年代）或通貨膨脹（像是一九七〇年代），或兩者都發生。

即將發生的美元和國際貨幣體系崩潰，是完全可以預見的。這不是煽動性的結論。國際貨幣體系在過去一世紀已崩潰過三次：分別在一九一四年、一九三九年和一九七一年。每一次崩潰都緊接著一段動盪期。一九一四年的崩潰接著是第一次世界大戰，繼之以一九一九年到一九二二年間交替出現的惡性通膨和蕭條期，直到一九二〇年代中期恢復穩定，雖然一套有嚴重缺陷的金本位制又導致一九三〇年代的崩潰。第二次世界大戰造成一九三九年的崩潰，直到一九四四年達成的布列敦森林協定（Bretton Woods Accord）恢復了穩定。一九七一年的崩潰促使尼克森放棄黃金與美元的兌換制，雖然這種結局早已醞釀多年；緊接著是一段混亂期，並以一九七八年美元幾近崩潰達到高峰。

即將到來的崩潰和過去相同，可能牽涉戰爭、黃金或混亂，或者三者兼有。本書描寫美元最急迫的威脅，可能在未來幾年就會發生，包括金融戰爭、通貨緊縮、惡性通膨，以及市場崩潰。只有現今已做好準備的國家和個人，才能安然度過即將到來的大動亂。

在取代常見的謬誤方法上，本書認為複雜理論（complexity theory）是觀察當前風險以及可能結果的最佳觀點。複雜理論在科學史上還相當新，但在其六十年歷史中曾被廣泛用在氣候、地震、社會網絡和其他緊密交織的系統上。複雜理論應用在資本市場仍處於萌芽期，但它用在風險測量（risk metrics）和價格動態上已帶來一些深刻的見解，並且比主流方法有更好的預測能力。

你將在後面的章節看到，下一波金融崩潰將無法從歷史找到類似的例子。不過，如果能清楚觀察我們的金融世界發生的事件，將有助於投資人思考最好的策略。在本書的結論中，你將找到一些建議，但如何決定最佳方法將有賴洞悉風險地雷區的所在，並在金融亂世中駐足思考美元的崩潰。

除了將對市場帶來哪些結果外，也想想金融戰爭。

金融戰爭

我們是否已做好打金融戰爭的準備？打金融戰爭與一般國與國間的經濟競爭大不相同，因為金融戰爭牽涉蓄意的敵對行動，而不是單純的競爭行為。金融戰爭必須使用衍生性金融商品和外匯的滲透，以便造成破壞、引發恐慌，最後瓦解敵方的經濟。金融戰爭遠超過工業間諜的範圍，後者至少從十九世紀初就已經存在。當時有一名叫洛威爾（Francis Cabot Lowell）的美國人記住英國動力織布機的設計，並在美國仿造出來。

現代金融戰爭的彈藥包括隱祕的避險基金，和可以破壞下單系統以偽造大量的賣單、對Apple、Google和ＩＢＭ等公司股票發動攻勢的網路攻擊。對這類戰術抱持懷疑態度的效率市場理論家，低估了快速運作下的市場存在的非理性弱點。金融戰爭的目標不是財富最大化，而是追求勝利。

在美元霸權時代，金融戰爭的風險只是新奇的概念，因為長期以來世界各國市場參與者的國家安全都仰賴美國。即使是在一九七八年拋售美元最高潮的時候，德國、日本和石油輸出國家都希望拉抬美元，因為它們都極度依賴美國來對抗蘇聯的威脅。現今的強權國家如俄羅斯、中國和伊朗，都不再仰賴美國提供安全保障，它們甚至可以從美國經濟受到創傷而得到一些利益。資本市場已大步邁入策略事務的領域，而最須了解它的影響力的華爾街分析師和華府決策者，卻對這個新世界仍一知半解。

通貨膨脹

從十八世紀初期的批評家坎蒂隆（Richard Cantillon）到二十世紀的列寧和凱因斯，都同意通貨膨脹是儲蓄、資本和經濟成長的祕密殺手。

通膨往往無聲無息地出現，並在被發現前已站穩腳步。這種發現落後的現象對央行很重要，被稱作「貨幣幻覺」，指的是一種實質財富被創造出來的感覺，並進而激發出凱因斯所稱的「動物本能」（animal spirits）。要等過一段時間後，大家才會發現銀行家和機靈的投資人已經奪走了財富，而一般小市民卻得承擔儲蓄、退休年金和人壽保險縮水的苦果。

一九六〇年代和一九七〇年代是貨幣幻覺的絕佳研究案例。從一九六一年到一九六五年，美國的通膨年增率平均為一・二四%。一九六五年詹森總統開始大舉支出，以他的「槍與牛油」（guns and butter）政策擴大越戰和推動大社會（Great Society）福利計畫，製造出預算赤字。聯準會採取寬鬆政策以支應這些支出，且寬鬆持續到尼克森總統一九七二年競選連任。通膨起初緩步升高，在一九六六年攀升到二・九%，一九六七年來到三・一%，接著開始失控，一九七〇年攀抵五・七％，一九八〇年達到一三・五％的高峰。一直到一九八六年通膨才重回像一九六〇年代初典型的一・九％。

從一九六〇年代和一九七〇年代可以得出兩個與現今息息相關的教訓，第一是，通膨在一般大眾注意到它前可能就已蓄積龐大動能。一直到一九七四年通膨循環進行九年後，通膨才變成重大的政治議題和顯著的公共政策焦點，這種動能與感受落後的情況就是貨幣幻覺的特質。

第二，一旦通膨的認知改變，它們就很難重新歸零。在越戰時期，經過九年之後，一般美國人才注意到通膨的嚴重，接著又花了十一年時間讓通膨預期心理回歸正常。滾動一顆岩石下山，比推它回到山頂快得多。

就晚近來說，從二〇〇八年以來聯準會已印製超過三兆美元的新貨幣，卻未引發美國的高通膨。聯準會已設定至少二・五％、甚至更高的通膨目標，在目標達到前不會停止印製鈔票。聯準會視通膨為稀釋美國實質債務和逃避通縮幽靈的方法。

但這其中暗藏重大風險。歷史和行為心理學都證明，一旦通膨目標達到、預期心理改變，一個反饋循環將出現，更高的通膨將導致更高的通膨預期，繼之以又更高的通膨，循環不已。聯準會將無法控制這個反饋循環，因為這個發展並非貨幣政策的作用，而是人性造成的。

隨著通膨的反饋獲得能量，一九七〇年代的歷史重演將為期不遠。飆漲的黃金價格和美元崩跌是一體的兩面，很快將接踵而至。下一波通膨失控與上一波的差異在於，俄羅斯、中國和ＩＭＦ將轉而支持以黃金和特別提款權做為新的準備資產，捨棄美元。當美元下一次從鋼索墜落時，下面將不會有安全網。

通貨緊縮

從一九二七年到一九三三年，美國未曾出現持續的通貨緊縮；因此，美國人從未有過通貨緊縮的記憶。如果不是聯準會的大規模印鈔，美國從二〇〇九年到二〇一三年將經歷嚴重的通縮。美國經濟普遍的通縮傾向並未消失，只是被大量的鈔票掩蓋住。

基於許多原因，通縮是聯準會最害怕的夢魘。通縮造成的實質所得增加無法課稅，如果一名校長每年所得為十萬美元，物價維持不變，而且她得到五％的加薪，她的實質稅前生活水準增加了五千美元，但政府會對增加的所得課稅，留給個人較少的錢。然而如果她的所得維持不變，而物價下跌五％，她的生活水準會增加相同的五千美元，但政府無法對增加的所得課稅，因為增加出於物價下跌的形式，而非薪資增加。

通縮會增加政府債務的實際價值，使償債更加困難。如果通縮未提撥準備，國家債務將馬上發生違約，造成的傷害將比通膨導致的違約更大。通縮會減損名目國內生產毛額（GDP）成長率，而且名目債務每年將因預算赤字而攀升。這往往會升高債務對ＧＤＰ的比率，使美國陷於和希臘同樣的處境，進而增加發生主權債務危機的可能性。

通縮也會增加民間債務的實質價值，製造出違約和破產潮。這些損失將落在銀行，導致銀行危機。由於聯準會首要職責是支撐銀行體系，避免通縮便成為第一要務，因為通縮帶來的呆帳將危及銀行償債能力。

最後，通縮會不斷自我加深，使聯準會幾乎不可能扭轉。聯準會對自身控制通膨的能力深具信心，雖然一九七〇年代的教訓顯示可能必須採取極端的措施。但聯準會對終結通縮的難度不抱幻想。當現金每天變得愈來愈有價值時（通縮定義的特性），大眾和企業將囤積現金，不願支出或投資。囤積現金將傷害總需求，導致GDP劇減。這是聯準會從二〇〇八年至今印製三兆美元新貨幣的原因——從一開始就徹底撲滅通縮。聯準會政策未來幾年最可能的發展是，持續大量印鈔以遏阻通縮。聯準會操作的假設是，任何通膨的結果到時候總是可以設法解決。

在持續印鈔以遏阻通縮中，聯準會可能達到印鈔的政治極限，也許是在其資產負債表超過五兆美元時，或者是在以市價計算達到無法償付的水準時。到了那個時候，聯準會的理事可能選擇賭運氣，靜觀通縮怎麼發展。在這種與魔鬼共舞的情況下，聯準會將仰賴財政政策來支撐總需求。或許儘管聯準會已印製大量鈔票，通縮仍然獲勝。這種情況可能是因為聯準會「從直升機灑錢」、但民眾卻任錢棄置在地上，因為撿錢會帶來債務。在這兩種假想情況下，美國都可能突然回到一九三〇年代，面對如假包換的通貨緊縮。

在這種情況下，美國打破通縮的唯一方法是以行政命令宣告黃金價格為（舉例來說）每盎司七千美元、甚至更高。聯準會將代表財政部，動用諾克斯堡（Fort Knox，美國國庫黃金存放處）的黃金，藉公開市場操作來維持這個價格。聯準會將在每盎司六千九百美元時買進黃金，並在七千一百美元時賣出黃金，以維持每盎司七千美元的價格。操作的目的不在於圖利黃金持有人，而是重設整體的價格水準。

這種作法看似不太可能，卻一定很有效。由於在隔離的情況下一切可以保持不變，美元對黃金的貶值將很快反映在所有其他東西的美元價格上漲。金價七千美元的世界代表每桶四百美元的原油，以及每盎司一百美元的白銀。當美元對黃金貶值時，通縮的循環就可能被打破，正如一九三三年美國重估黃金價格，從每盎司二〇・六七美元提高到三十五美元，也就是讓美元貶值四一％。如果美國再度面對嚴重的通縮，美元對黃金貶值的藥方將不會改變，因為在印鈔的方法失敗後，將不會有其他解決方法。

市場崩潰

市場崩潰的可能性是系統性風險不受基本經濟政策影響的現象。市場崩潰的風險會因為監管的無能和銀行家的貪婪而放大。複雜理論是分析這種風險的理想架構。

這種分析的起點是認識資本市場展現四種複雜系統的重大特性：多樣化的行為者、連結、交互依賴，以及適應行為。認定資本市場是複雜體系對監管和風險管理具有重大意義。第一個意義是，對風險的正確測量標準是衍生性金融商品的名目值，而非淨數量。所有銀行衍生性商品部位的總部位現在超過六百五十兆美元，是全球GDP的九倍多。

第二個意義是，在複雜體系中可能發生的最大災難是系統度量的指數函數，而不是線性函數。這表示當系統規模增為兩倍或三倍時，災難的風險是增為十倍或一百倍。這也是根據九一一恐怖攻擊或二〇〇八年的歷史情況來做壓力測試毫無價值的原因，因為史無前例的體系規模帶來史無前例的體系風險。

這種體系風險威脅的解決方法出奇的直接，馬上要做的是，拆解大銀行和禁止大多數衍生性商品。大銀行對全球金融並非不可或缺。當需要大規模融資時，主辦銀行可以組織聯貸，正如過去對阿拉斯加油管等大規模基礎建設計畫、最早的超級油輪船隊，以及首批波音七四七客機的慣常作法。拆解銀行的好處不是可以消除銀行倒閉，而是銀行倒閉不再成為威脅。倒閉的成本將可以控制，而且不允許因為轉移成本而威脅到體系。禁止大多數衍生性商品的理由甚至更直接，衍生性金融商品存在唯一的目的是藉由不透明的定價來圖利銀行家，以及透過資產負債表外的會計來欺騙投資人。

不管這些方法的優點如何，拆解大銀行或禁止衍生性商品的可能性都是零。這是因為監管當局使用陳舊的模型，或仰賴銀行家自己的模型，以致無法察覺體系風險。國會不會採取行動，因為議員基本上受到銀行政治獻金的束縛。

銀行以及衍生性商品的風險將持續升高，而下一波崩潰的規模將史無前例，因為體系的級數將史無前例。由於聯準會的資源已幾乎不足以避免二〇〇八年的崩潰，我們可以預期更大規模的崩潰將超過聯準會資產負債表所能承擔。由於聯準會在相對承平的時期已印製逾三兆美元鈔票，未來再印製三兆美元來因應崩潰在政治上一定行不通。挹注世界流動性的任務將落在ＩＭＦ身上，因為ＩＭＦ將是唯一資產負債表仍然沒有負擔的官方機構。ＩＭＦ將挺身而出，發行龐大數量的特別提款權，而這種貨幣操作將終結美元扮演主要準備貨幣的角色。

接踵而至的危險

對美元的威脅處處可見。美國本土的威脅來自聯準會的印製鈔票和惡性通膨的鬼魅。外來的威脅包括俄羅斯和中國累積的黃金（第9章將更深入討論）預示了轉移至新準備資產。

附帶的威脅更是不計其數。如果通膨沒有興起，原因將是無法阻擋的通縮，而聯準會的因應將是激進的黃金再膨脹（reflation）。俄羅斯和中國並非唯二想擺脫美元準備地位的國家，伊朗和印度可能帶頭建立一種亞洲準備貨幣，而波斯灣合作理事會（GCC）國家可能選擇一種由波斯灣國家央行發行的新區域貨幣，做為原油出口的定價貨幣。美元面對的地緣政治威脅可能不局限於經濟競爭，而會變得更具敵意，並且發展出以金融戰爭的形式。最後，全球金融體系可能因為內部的複雜性和外溢效應，而在沒有攻擊的情況下自行崩潰。

就目前來說，美元和國際貨幣體系是同義詞。如果美元崩潰，國際貨幣體系也會隨之崩潰；不可能出現其他情況。一般的小市民、儲蓄者和年金領受者，將成為崩潰帶來混亂的主要受害者，雖然這種崩潰不代表貿易、金融或銀行運作的結束。主要的金融參與者，不管是國家、銀行或多邊機構，將設法維持運作；同時財政部長、央行官員和國家元首將馬不停蹄地開會，以重新制定遊戲規則。如果在金融菁英重建體系前發生社會動亂，國家已準備好武裝警察、軍隊、無人飛機、監視和行政命令，以便鎮壓不滿分子。

未來的國際貨幣體系將不再以美元為基礎，因為中國、俄羅斯、產油國家和其他新興國家，將集體堅持結束美國的貨幣霸權，並創造一個新貨幣本位。新貨幣本位會不會以黃金、特別提款權或一套區域性的準備貨幣網絡為根本，仍有待觀察。不過，選項很有限，而投資人若能深入探究各種可能的發展，將得以掌握優勢，了解如何在這個新世界中保護財富。

這個體系已經失去控制，世界經濟的根本情勢已經改變，帶來了新參與者、忠誠對象的改變、政治運作的無能，同時科技的變遷已使得投資人無所適從。在本書中，你將一窺美元臨終前的情況，以及隨之而來的國際金融體系崩潰，並預期一個從舊世界的灰燼中升起的新體系會是何種樣貌。

| 第一篇 |

貨幣與地緣政治

CHAPTER 1

預言

我們最大的恐懼之一是，今天發生的重大事件，經我們仔細勘驗後發現，其實兩週前問題就已經存在，只是我們不知道，因為問題被掩蓋在許多未處理的事情裡。

——克朗格（B. Krongard），中央情報局執行長

二〇〇一年九月一日

有絕對證據支持，在九月十一日前選擇權市場出現異常交易的說法，這與恐怖分子或他們的關係人在攻擊前就根據內線消息進行交易的跡象一致。

——波特希曼（Allen M. Poteshman）

伊利諾大學香檳分校，二〇〇六年

別相信任何事，除非已經被正式否認。

——柯克本（Claud Cockburn），英國新聞記者

明目張膽的恐怖交易

「一個人做不了交易」是金融市場的格言，這表示每一筆交易都會留下有跡可循的交易紀錄。如果知道從何處查起，以及如何檢驗歷史和資料，不管是大戶或小投資人每日的股票交易都可以得知，而且還能發掘令人憂心的事實和趨勢，例如有關九一一事件的市場證據，大多數就不被社會大眾所知。

中央情報局蘭格利（Langley）總部隱祕的會議室，沒有窗戶、安靜而狹窄，被稱為「密窖」。二〇〇三年九月二十六日，穆哈蘭（John Mulheren）和我就在總部四樓的一間密窖並排坐著。穆哈蘭是華爾街歷來最具傳奇性的股市交易員，我則負責為中情局設計恐怖分子的交易模型，這是針對九一一攻擊前股票內線交易調查的一環。

我直視他的眼睛，問他是否相信在九一一攻擊即將發生前，有美國航空類股的內線交易。他的回答令人不寒而慄：「那是我見過最明目張膽的內線交易[1]。」

穆哈蘭從一九七〇年代初就開始他的股票交易生涯，二十五歲時就成了美林（Merrill Lynch）歷來派任最年輕的經理。他曾在一九九〇年因一九八〇年代的交易醜聞而被判內線交易罪，但上訴時推翻了原判。他被判罪是根據波斯基（Ivan Boesky）的證詞，而波斯基本身則是惡名昭彰的內線交易人[2]。在那個案件中，穆哈蘭在他位於新澤西州蘭姆森（Rumson）的住宅被警方逮捕，當時他帶著一把實彈的攻擊步槍，正準備開車在大白天去殺波斯基。

穆哈蘭是選擇權交易專家，對選擇權價格與選擇權基準股票價格間的數學關係有獨到的研究。他也是經驗老到的併購類股票交易員，知道交易消息經常事先走漏，因而招引內線交易。沒有人比穆哈蘭更了解內線交易與洩密訊號間的關聯了。

我們在蘭格利會面時，穆哈蘭是貝爾華格納公司（Bear Wagner）的執行長，這家公司是當時七家紐約證交所（NYSE）的專業會員（specialist）公司之一。專業會員近來的重要性漸漸消退，但在九一一時，它們是買家與賣家間最重要的連結。它們的工作是造市和穩定價格。專業會員利用選擇權市場來降低造市時承擔的風險。它們是紐約證券交易與芝加哥選擇權交易間極重要的連結。

穆哈蘭的公司是九一一攻擊當時美國航空股的指定造市商。當飛機撞上世貿雙塔時，穆哈蘭從他靠近世界貿易中心的辦公室看到濃煙和火焰，馬上意識到發生什麼事。當其他人揣測「小飛機偏離航道」時，穆哈德急忙賣出標普五百指數期權。在攻擊發生到期貨交易收盤間的九十分鐘，穆哈蘭從放空股票賺進七百萬美元。他後來把所有賺到的錢捐給慈善機構。

穆哈蘭是目擊證人：他看到九一一攻擊的經過，和攻擊之前的內線交易。他在二〇〇三年出現在蘭格列，是中情局一項計畫的一部分，而這項計畫可以追溯到攻擊之前。

＊＊＊

二〇〇一年九月五日，賓拉登（Osama bin Laden）得知紐約和華盛頓的攻擊會在九月十一日發動[3]。恐怖攻擊的倒數已經開始。距離紐約證交所四周的街道被死亡和煙塵遮蔽的日子還有四個交易日。得知攻擊內線消息的恐怖分子交易人，只有這幾天可以執行從恐怖行動獲利的策略。預知九一一密謀消息的內線交易，到九月六日已如火如荼展開。

賓拉登對金融操作十分嫻熟，他在沙烏地阿拉伯富裕的家庭中成長。其他蓋達組織（Al Qaeda）的領導人，包括九一一的劫機者，也都不是從無知而貧窮的平民中崛起，他們是醫師或工程師，許多人居住在如德國和美國等已開發國家。蓋達組織的財務後盾是沙烏地阿拉伯的富人，他們經常交易股票。

眾人皆知蓋達組織很熟悉紐約證交所的運作，在九一一攻擊之後一週，賓拉登接受一名巴基斯坦新聞記者訪問時，發表下列談話，顯示他密切注意恐怖攻擊和交易之間的關係：

> 我認為九月十一日週二在紐約和華盛頓發生的事件，不管從哪個標準來看，都是一項極大的事件……如果雙塔倒塌是一件大事，那麼看看接著發生的事件……我們談談仍在持續擴大的經濟損失……
>
> 華爾街股市的跌幅達到一六％。他們說這個數字是新紀錄，是這個市場二百三十多年前開始以來從未見過的……這個市場的總額達到四兆美元。如果我們以一六％乘以四兆美元就知道股票遭受的損失有多少……股票的損失達到六千四百億美元，蒙阿拉恩典[4]。

九一一當天四架遭劫持的飛機分屬兩家營運商：美國航空（American Airlines）和聯合航空（United Airlines），都是上市公司，股票在紐約證交所交易。在二〇〇一年，美航的交易代號為ＡＭＲ，聯航的代號則為ＵＡＬ。

追查內線交易證據的調查人員往往從與股票市場息息相關的選擇權市場著手。數十年的內線交易案例顯示，選擇權是內線交易優先選擇的工具。原因很簡單，選擇權為同樣金額的現金提供比股票交易高的槓桿。當有人對很有把握的事情押注時，槓桿可以放大預期的獲利，而恐怖分子就是押注胸有成竹的事——他們的攻擊將引發市場恐慌。

雖然九一一恐怖攻擊的行動細節只有一小撮行動者事先知道，卻有較大的一群人知道二〇〇一年九月十一日將發動攻擊。這群人包括直接與劫機者有關的人、住同棟屋子的人、背後的金主，以及他們的家人和朋友。[5]知道恐怖分子將發動攻擊的人會告訴其他人，訊息透過社交網絡散播，有如網路上爆紅的影片。

知道攻擊的內線消息在社交網絡中散播對調查當局沒有幫助，除非訊息被攔截。透過正確管道尋找訊息來源，以及過濾有用的訊息，對攔截工作都是挑戰。但至少有個管道在九一一前已經亮起紅燈，告訴世界有關飛機的災難事件即將發生。這個管道就是美國金融體系的支柱——紐約證交所。

隨著恐怖攻擊倒數計時迫近，市場訊號開始像海嘯般翻騰。一般押注一檔股票會下跌和上漲的比例是一比一。但在九月六日和七日，押注美國航空股會跌和漲的選擇權比例卻是十二比一。九月八日和九日市場因為週末而休市。攻擊前最後一個交易日是九月十日，當天押注美國航空股會跌和漲的比例是六比一。二〇〇一年九月十一日，聯合航空和美國航空班機撞進世界貿易中心和五角大廈。攻擊後的第一個交易日，聯合航空股價比上一個交易日收盤下跌四三%，美國航空的股價也跌四〇%。數千名美國人死亡，那些選擇權交易人則賺進數百萬美元[6]。

除非有利空消息，否則像九一一前發生看空者遠超過看多者一面倒的交易是很罕見的。但那幾天既沒有航空公司的新聞，其他大航空公司如西南航空（Southwest）和全美航空（US Airways），也未出現像美航和聯航那樣的大規模押空交易。

所有跡象都顯示，在九一一之前的四個交易日，有人大手筆押注美航和聯航股價會下跌。經驗老到的交易員和精密的電腦程式都認得這種模式是什麼——利空消息前的內線交易。只有恐怖分子和他們的網絡知道，這個消息將是美國歷史上最慘烈的恐怖攻擊。

交易紀錄不是恐怖分子與攻擊前內線交易有關聯的唯一證據，但官方的九一一委員會還是做出結論：

> 證券管理委員會（SEC）、聯邦調查局（FBI）和其他機構徹底調查後發現，沒有證據顯示任何人事先知道攻擊、並透過證券交易獲利[7]。

九一一委員會報告中使用的語言是律師式的避重就輕。說調查機構未發現證據，並不表示沒有證據，只是說它們沒有發現證據。沒有人從中獲利的結論，並不表示交易並未發生，只是無法確定有獲利。也許犯罪者沒有去領取利得，就像銀行搶匪在逃跑時掉了一包搶來的錢。恐怖內線交易者也許不知道交易所在攻擊後會關閉幾天，讓他們無法結清交易並領取利得。

儘管官方否認，深入探究犯罪跡證和訊號放大現象，卻能找到恐怖分子交易的證據。學術界曾仔細研究九一一之前不尋常的選擇權交易，相關的文獻大部分在九一一委員會完成工作後才公布，它們強力支持九一一前的選擇權交易是根據內線消息進行的看法[8]。

恐怖分子內線交易與九一一有關的主要學界研究，是由當時伊利諾大學厄巴納-香檳分校的波特希曼（Allen M. Poteshman）從二〇〇二年到二〇〇六年歷時四年才完成的，他的結論由芝加哥大學在二〇〇六年出版[9]。

這些結論都是根據堅實的統計技術完成的，就好像在沒有目擊證人時以DNA來證明犯罪事件。在謀殺案中，檢察官會比對被告的DNA和犯罪現場發現的樣本。DNA符合未必代表被告絕對涉案，但發生錯誤的可能性極低，所以陪審團幾乎一定會判有罪。統計上的相關性極為強烈，因此雖有極微小的錯誤機率，也不足以推翻如此明顯的結論[10]。

像波特希曼等學界研究者蒐集大量的資料，建立當作「基準」的正常股票行為模式，然後比較特定時期的實際交易，探究是否出現正常或極端的活動。他們測試各種變數以解釋極端的活動，這些技術在許多調查和執法的案例中都已證明很可靠。舉例來說，在達康泡沫期間，它們被用來發現科技公司普遍使用的非法回溯選擇權日期作法。

波特希曼用來建立基準的資料，包括從一九九〇年到二〇〇一年九月二十日（九一一攻擊後幾天），標普指數（S&P Index）所有股票每日選擇權交易的紀錄。他專注在幾種相關的比率，然後找到一種恐怖分子最可能使用的操作方法——單純的買進美航和聯航選擇權賣權。買進一檔股票的選擇權賣權，就是押注這檔股票價格會下跌。

他以從〇・〇到一・〇的十進位區塊排列資料，〇・〇代表選擇權賣權活動程度極低，而一・〇代表活動極高。他發現在九一一之前的四個交易日，兩家遭劫機航空公司的每日賣權活動數值最高為〇・九九，四天期的最高值為〇・九六。在沒有任何消息可以解釋如此異常活動的情況下，唯一的合理解釋就是內線交易。波特希曼寫道：

> 有證據顯示，九一一之前幾天不尋常的選擇權市場活動，符合投資人事先知悉攻擊而進行交易的結論[11]。

另一項主要研究是由瑞士金融研究所（Swiss Finance Institute）進行，也達到相同的結論。這項研究蒐集一九九六年到二〇〇九年的資料，分析包括美國航空在內的三十一家公司、超過九百六十萬筆選擇權交易，最後對九一一這個主題結論說：

> 美國航空、聯合航空、波音以及程度較輕微的達美航空（Delta Air Lines）和荷蘭航空（KLM）等公司，似乎在攻擊之前一段期間就已成為內線交易活動的目標。在這段期間發售的新選擇權賣權，數量在統計上偏高，而執行這些選擇權實現的總利得……高達一千六百萬美元。這些發現和波特希曼（二〇〇六年）提出的證據一致，他也發現恐怖攻擊前選擇權市場不尋常的活動[12]。

九一一委員會知道學者們使用的交易紀錄，而且熟悉媒體報導的恐怖分子進行內線交易的內容。然而，委員會否認選擇權交易和恐怖分子有任何關聯。委員會未做出恐怖分子進行內線交易的結論，是因為不了解訊號放大（signal amplification）的效應。

＊＊＊

股票交易中的訊號放大指的是，少數人根據內線消息進行的非法交易，會導致許多人根據「有人知道我不知道的消息」而進行極為大量的合法交易。換句話說，這種情況是合法交易者搭初始非法交易者的便車，但不知道牽涉違法的事情。

同樣的，沒有人能獨自交易。有一個選擇權賣權買家，就有一個看到交易發生的賣家。每一筆鍵入報價系統的交易資訊，專業交易員都可取得。專業交易員不會沒有注意到恐怖分子買進的少量選擇權賣權。任何人看到一筆少量交易都會自問，為什麼交易者會押注一檔股票會下跌。他不會知道誰在進行交易，但會假設交易者知道自己在做什麼，而且一定有押空的理由。這位交易員可能從個人帳戶買進極為大量的選擇權賣權，以便搭那個陌生人內線交易的便車。

很快其他交易員開始注意到這些活動，也跟進買選擇權賣權。每個交易員累積交易量，並把初始的訊號更放大一些。在極端的例子裡，這股動能達到類似電影《華爾街》裡描述的混亂高潮，由查理辛（Charlie Sheen）飾演的角色對藍星航空（Blue Star Airlines）進行的初始內線交易，蔓延成「全部拋售！」和「立刻退場！」的叫喊聲此起彼落的失控狀態。

在九一一事件中，攻擊前一天的二〇〇一年九月十日，美國航空的選擇權賣權交易有四千五百一十六口，相當於四十五萬一千六百股股票。這些交易絕大部分是合法的，但只需要少數恐怖分子的內線交易量就能像滾雪球那樣，引來極為大量的搭便車合法交易。搭便車的交易者沒有攻擊的內線消息；他們只是賭其他交易者知道美國航空沒有公開的利空消息。

他們賭對了。

對恐怖分子內線交易的說法，情報圈裡有許多人的標準回答是，恐怖分子絕不會大膽從事內線交易，因為有被察覺的風險，會危害自己的行動安全。但這種理由可以輕易被駁倒。沒有人說劫機的恐怖分子阿塔（Mohamed Atta）在前往波士頓羅根機場劫持美航十一號班機前，透過E*Trade帳號買進美航選擇權賣權。進行內線交易的不是恐怖分子本人，而是他們社交網絡中的其他人。

至於行動安全雖然很重要，卻也可能被單純的貪婪推翻。居家設計專家瑪莎・史都華（Martha Stewart）就是一個例子。史都華在二〇〇一年時是全球最富有的女性之一，因為她的烹飪和居家裝潢媒體事業極為成功。那一年她根據經紀人的消息賣出英克隆（ImClone Systems）股票，以避免損失約四萬五千美元；這個數字比起她的財富根本是九牛一毛，卻讓她在二〇〇四年被以共謀、妨礙司法，和對她的交易做偽證而被判入獄。

在押注內線消息上，貪婪往往壓倒常識，使得賭一把變得無法抗拒。內線交易的紀錄充滿這類案例。當機會出現時，恐怖分子的關係人並不會比那些鉅富名人更有判斷力。

但是在社交網絡分析、統計方法、訊號放大和專家意見的支持下，為什麼九一一委員會未做出這樣的結論：恐怖分子在攻擊之前交易美航和聯航股票？答案從九一一委員會報告第五章的註解一三〇可以看出。

註解一三〇承認市場對美航和聯航在九一一前的交易活動「極為可疑」，並說：「一些不尋常的交易確實發生，但這些交易每一筆都有已證明無害的解釋。」仔細探究這些「無害的」解釋，可以發現委員會論據上的瑕疵。

例如，報告發現「一個與蓋達組織不可能有關係的美國投資機構，在九月六日買進了九五％的聯航賣權，做為一項交易計畫的一部分。該交易計畫也包括買進十一萬五千股美航股票」。這個解釋有兩方面說不通：第一，高比率的交易卻被認為無害，可以用訊號放大來解釋，只有少量的初始投資是恐怖分子進行的。九一一委員會報告沒有證明它曾深入追查那個初始的小訊號，反而被無害的雜訊所矇蔽了。

第二，九一一委員會相信受訪的投資機構說法，買進聯航賣權是一項牽涉買進美航股票的投資計畫的一環，也就是某種「長短倉交易」（long-short trade）的操作。這顯示調查人員的無知。大型投資機構有無數彼此不相關的部位、但可以在事後挑選出來充當無辜的證明。就事實來看，這家投資機構的美航部位完全無法解釋為什麼它大量放空聯航。

該報告還說，「大部分在九月十日看似可疑的美航交易，可以追溯到一份特定的美國選擇權交易通訊，這份通訊在九月九日週日傳真給訂戶，並建議進行這些交易。」這個分析顯示委員會的調查人員對華爾街研究工作的了解很有限。

流通的交易情報刊物有數千種，任何一天都可能發現至少一個買進或賣出大部分紐約證交所上市大公司的建議。回溯追查事實並發現一份建議買進美航賣權的通訊根本無足輕重，無疑的也有其他通訊建議相反的操作。選擇適合一套理論的證據、卻忽視其他證據，是確認偏誤（confirmation bias）的例子，也是情報分析出錯的主要原因。

以這份通訊來合理化交易行為還有個問題是，以為那個投資建議與美航已經進行的內線交易無關。為什麼把那份通訊視為訊號，實際上它只是雜訊？例如，在九月七日，美航的交易量比前一天擴增一倍，達到近三個月來的高峰，而股價則呈現下跌。這個模式符合九一一攻擊前的內線交易。很可能是九月七日的賣權交易量促成那份通訊的建議，而不見得是那份通訊導致九月十日的賣權交易。

比較可能的解釋是，從九月六日到十日的整個過程，是一個小初始內線交易導致的訊號放大。把一份通訊這種事件隔離出來，在不參考之前事件的情況賦予它解釋的能力，這是拙劣的跡證辨識技術。最好是退一步看看全貌，並區分訊號和雜訊。

內線交易人和搭便車者向來會在證管會登門拜訪時，以研究報告支持他們的行為。證管會在辨識與市場波動有關的可疑交易時，例行的工作是追查事實。用研究報告搪塞證管會的調查人員是脫罪的標準技術。股票交易的罪犯已做到自己準備研究報告的程度，唯一的目的是萬一內線交易遭到調查時用來做掩護。由於這種阻撓調查的技術已是人盡皆知，九一一委員會報告注意單獨一份通訊的作法實在令人遺憾。

若從訊號放大的觀點看，九一一委員會的「大買家理論」，和註解一三〇裡的「通訊理論」，反而比較像是恐怖分子交易的證明，而非否定內線交易的解釋。另外，這些理論並未解決九月七日買進聯航賣權和其他可疑交易的問題。

我們必須把內線交易分析和所謂的「九一一真相運動」（9/11 Truth Movement，即部分人主張九一一攻擊涉及陰謀論的統稱）分開來看。主張這類理論的人宣稱，美國政府機構和官員參與策畫攻擊，以及世貿中心雙塔是因為預埋的爆裂物而倒塌，而非被劫持飛機撞擊所致。這種無稽之談對在攻擊當時和後來的軍事行動中傷亡者的記憶只會帶來傷害。這項恐怖攻擊是由蓋達組織策畫和執行的明確證據沒有人能推翻，儘管在牽連極為廣泛的調查中有無可避免的瑕疵，九一一委員會報告是一座紀念碑和卓越的總結，也是非凡的歷史紀錄。此外，報告中普遍被接受的九一一相關記述，與恐怖分子內線交易的說法並沒有矛盾之處。在攻擊規模如此大和人性無可避免的情況下，這種交易應該在預料之中。不管從統計、行動和傳聞證據來看，內線交易的存在都十分明確。

恐怖分子的內線交易並非美國政府的陰謀，而是恐怖分子計畫的延伸。這是卑劣的行為，但終究並不新奇。三流的恐怖分子關係人無法抗拒萬無一失的賭注，而訊號放大則解釋了其餘的情況。不過，訊號並未被掩藏。在世界各地的交易螢幕上，都能透過注意美航和聯航的選擇權交易，看到攻擊即將發生的證據。

以中情局局長坦內特（George Tenet）驚悚的話來說：「系統不斷亮起紅燈。」[13]

預言計畫

雖然九一一委員會終結了恐怖分子內線交易的議題，但有另一個政府機構仍然願意深入挖掘，儘管在初期設備不足。

中央情報局在九一一前已經動員起來，因為大量的報告顯示一場大規模的攻擊可能正在醞釀。情報單位對攻擊前幾天航空股和其他股票出現不尋常交易做的報告，在九一一之後立即引起中情局的注意。但中情局無法追查這些線索，因為他們幾乎沒有資本市場和選擇權交易的專長。

在當時，這種情報能力不足並不令人意外。全球化之前的資本市場並非國家安全的領域，市場大部分是地方性的，由各國的國家監管機構掌控。一些銀行如花旗是國際公司，但從事的是傳統的放款業務，且未涉入股票交易。中情局沒有資本市場的專長，因為在冷戰期間不需要這種專長；資本市場不是戰場之一。

因此，當可能有恐怖分子內線交易的報導在九一一後湧進時，中情局裡幾乎沒有人有必要的經驗可以評估其可能性，以及對國家安全的影響。幸運的是，一位資深情報分析師相當了解這件事的重要性。

陶斯（Randy Tauss）住在維吉尼亞州麥克連恩郊區的華盛頓特區高級住宅區，過著平靜的日子，離中情局總部不遠。二〇〇八年，他從服務三十七年的中情局退休，之前大部分時間擔任中情局分析部門的情報處長。他是傑出的物理學家和數學家，曾以技術和分析工作贏得中情局頒給無數獎章。雖然大部分工作牽涉複雜的武器系統，他卻以解開環球航空八〇〇班機於一九九六年在空中爆炸的謎團，而在中情局內外享有盛名。

陶斯還有另一項在任職中情局時派不上用場的嗜好，但他對這項業餘興趣的熱情卻不下於在工作中對武器和科技的投入。他是活躍的選擇權交易人，利用他的數學專長尋找選擇權價格的微小異常情況，並透過交易來增益他的個人帳戶。他對選擇權交易熱烈的程度和從事交易的時間如此長，甚至在同事間聞名的程度不下於他的情報分析。九一一之後，當內線交易的報導傳出，中情局高階主管自然想到陶斯這個人。

二〇〇一年十月，恐怖攻擊後不到幾週，中情局恐怖主義分析處要求陶斯擔任一項專案負責人，以評估恐怖分子是否可能利用預知攻擊行動而從金融市場獲利，以及情報界是否可能辨識這種活動、進而遏阻攻擊發生。中情局歷來最漫長和最不尋常的分析計畫就此展開。

這項專案被取名為「預言計畫」（Project Prophesy）。到這項計畫二〇〇四年結束時，已有將近兩百位金融專家，包括證券交易所主管、避險基金經理人、諾貝爾獎得主、市場交易員，以及科技專家和系統分析師，為此計畫貢獻他們的時間和精力。陶斯領導的這項大規模任務，同時模擬了恐怖分子和華爾街交易員的思維，他發現這兩個領域有許多共通之處。

預言計畫在二〇〇二年四月正式啟動，五月底時核心團隊的召募也已就緒。第一項任務是建立一面恐怖攻擊潛在目標的威脅看板，並把這些目標連結到上市公司股票，以便從股票的異常價格活動獲得先期警告。這些股票包括範圍廣泛的航空公司、遊輪公司、公共事業、主題公園和其他擁有重要象徵性資產的公司。

到二〇〇三年，陶斯領導的預言團隊已向華爾街和其他政府機構，召募參與各目標工作小組的成員，以執行陶斯計畫的具體細節。當時大多數人認為，恐怖分子將再以驚人的方式發動攻擊。會不會事先有消息走漏？恐怖分子的關係人會不會進行內線交易？這種交易能不能偵測出來，進而辨識出交易者和他的目標？會不會有足夠的反應和阻止攻擊的時間？這些是預言計畫準備解決的問題。

我參與預言計畫緣起於聖克洛伊島（St. Croix）山上的凱瑟莊園（Kaiser），那是一個充滿異國情調的地點，也是拍攝〇〇七電影的場景。莊園裡有三座豪宅，由私人道路連接，坐落於復甦山（Recovery Hill）上，俯瞰島上北邊沿海的克裡斯琴特德鎮（Christiansted）。莊園中心的建築取名「白屋」，是一座寬敞、雪白、有著國際風的樓房，有一座戶外的大游泳池，四周點綴著不可或缺的鋼架帳篷，讓人聯想起丹佛機場。

我在二〇〇三年冬季到那裡參加一場金融家的私人會議，與會者都來自金融機構、避險基金和私募股權業者，會議討論的主題是另類投資的新趨勢——探究如何混合避險基金與私募股權的策略，以便把風險報酬率最大化。

正如這類會議常見的情況，會中有休息時間供喝飲料和賓客彼此認識。在其中一段休息時間，我與全球最大投資機構之一的主管聊天，他問我從事何種職業，我回答早期曾服務於花旗銀行，派駐在喀拉蚩。

那是一九八〇年代的事，當時伊朗沙王才在伊朗革命中遭罷黜不久，柯梅尼崛起成為最高領袖，並宣告伊朗為遵守伊斯蘭律法的伊斯蘭共和國。伊朗政權改變對巴基斯坦帶來了必須凸顯其伊斯蘭正統性的壓力，促使巴基斯坦總統齊亞哈克（Zia-ul-Haq）頒布宗教法令，其中包括一則禁止銀行對貸款收取利息的規定，因為這是伊斯蘭律法所不允許。

花旗銀行在巴基斯坦有許多業務，銀行不對貸款收取利息的規定令管理階層大感驚駭。我被指派擔任伊斯蘭律法專家，協助把花旗銀行的營運從西方銀行轉型成伊斯蘭銀行。

我在一九八二年二月抵達喀拉蚩，隨即展開工作。花旗銀行巴國主管阿齊茲（Shaukat Aziz，後來出任巴基斯坦總統）有時候會到我住的旅館來接我。在雨季時，我們常開車疾駛經過喀拉蚩淹水的街道，超越到處可見的彩飾巴士和載客三輪車，和路邊口吐鮮紅檳榔汁的街頭小販。

當我告訴這位基金經理人這些故事時，我注意到他露出很認真的神情。他帶我到一個遠離其他賓客的露台，傾身向前低聲說：「看起來你對伊斯蘭金融了解很多，你也對巴基斯坦很熟悉。」我對巴基斯坦已經有點生疏，因為那些事都是幾十年的陳年往事；不過我還是回答：「是啊，我下過一些工夫。我了解伊斯蘭銀行業務。」

他湊近說：「我正在協助中情局進行一項與恐怖主義金融有關的計畫。他們沒有多少專業知識，而且正想擴大招募。他們要我盡可能發掘人才。如果中情局有人和你連絡，你會不會接電話？」我說會。

對年紀太輕、不記得九一一和後來發展的人，要描述那種舉國公憤與同仇敵愾的情緒十分困難，尤其是在紐約地區，那裡有許多人喪失朋友和家人，或認識遭遇此種悲劇的人。我們都自問能幫什麼忙，但政府給我們唯一的建議是「到迪士尼樂園去……帶著你的家人，好好享受生活[14]」。現在是我除了消費購物、還可做點事的機會。

幾天後，我在紐約的辦公室電話鈴響了。來電者自我介紹是中情局情報處跨國事務辦公室的人。他問我是否願意加入一個研究恐怖主義金融的團隊，特別是針對恐怖攻擊前的內線交易。他會寄一封信給我，概述這項計畫的範圍。我接受了，並且很快收到信，所以到了二〇〇三年夏季，我前往中情局總部會見預言計畫團隊的其他成員。

＊＊＊

從中間加入一項計畫絕不輕鬆，因為團隊的步調和文化已經建立。但我很快融入其中，因為我在華爾街的年資遠比許多志工久，而且我的國際經驗只比少數人少。幾個月後，我成為陶斯指揮下的共同計畫經理之一。

我的第一個貢獻是，指出中情局的目標已是避險基金每天都在做的事，只是目的不同而已。中情局嘗試尋找恐怖主義交易者，而避險基金是想發現未宣布的併購交易。但應用於交易模式的大數據（big data）技術是同一種。

辨識可疑的交易牽涉到三個步驟：步驟一是建立正常交易的基準線，利用像波動性、日平均量、賣權比率、短期利率和動能等測量方法；步驟二是監視交易，並發現比較基準線的異常；步驟三是尋找是否有可以解釋異常活動的公開資訊。如果股價因為巴菲特（Warren Buffett）買進大部位而飆漲，這不算異常，而是可以預期的事。值得注意的情況是股價無緣無故飆漲。合理的推論是，有人知道你不知道的事。避險基金可能不關心隱祕資訊的源頭——只要能搭上便車就好。對中情局來說，觀察到的異常就是線索，而這些線索牽涉的利害關係遠為重大。

和任何開發計畫一樣，預言計畫有一個程式設計師和系統管理員的團隊，專門設計安全、內部溝通和使用者介面的共同標準。這個團隊把矽谷車庫創業家的精神，和中情局使命必達的文化，以獨特的方式結合起來，把看盤者每天從彭博交易螢幕上看到的相同資訊，用在預防恐怖主義上。

預言計畫的最高潮是二〇〇三年九月的一項「紅隊」演習。紅隊演習是測試假定和模型的典型方法，由一群專家扮演「敵人」，然後要求他們照假想的情況行動，目的是曝露原始假設的缺點。

我們的紅隊成員就像是美國職業足球聯盟（NFL）的明星隊，有來自世界各大銀行、避險基金和投資機構的明星交易員，以及一些知名的學者。除了穆哈蘭外，隊員還包括芝加哥大學教授、也是《蘋果橘子經濟學》（*Freakonomics*）作者的李維特（Steve Levitt）；避險基金億萬富豪諾蘭（Dave "Davos" Nolan）；以及摩根士丹利、德意志銀行和高盛的資深人員。在九一一後的一片陰鬱中，看到民間部門熱烈響應協助政府的號召確實振奮人心。數百通向專家救助建議的電話，沒有一通被拒絕。當一名華爾街執行長問到他能不能搭私人直升機到中情局、降落在蘭格利時，氣氛有點尷尬，但他被委婉地告知不可能。

紅隊被賦予一個恐怖行動的假想情況，並被要求以恐怖分子的方式思考，進而設計一套根據內線資訊交易的方法。我們必須預期他們會在哪些市場交易、在攻擊前多久進行交易、交易的規模，以及他們計畫如何安全地拿到錢。所有真實世界的專業知識都將被用來與預言計畫的理論結果做比較，測試我們探究的方向是否正確，看看我們提議的系統是否能料中假想的壞人會如何策畫行動。

這些任務和計畫都分別在中情局外面處理，就像家庭作業一樣。答詢演習則在二〇〇三年九月底一個涼爽的日子，於中情局總部的分組會議中進行。投資專家們興沖沖地扮演起壞人，攻擊我們的模型和假設。

最跳脫框架的方法來自穆哈蘭。他說他在攻擊前不會交易，而會等到攻擊發動後才開始他的內線交易。他知道市場可能反應較慢，即時新聞報導常常錯誤或太簡略。這會在攻擊後製造出約三十分鐘的時間窗，在市場還摸不清周遭發生的事件時，恐怖分子可以用來進行內線交易。攻擊後進行交易的優點是沒有證據，當局甚至可能不會調查這段時間的交易。這種方法很像穆哈蘭告訴我們的他在九一一當天的作法。

儘管這個方法極富創意，紅隊「恐怖分子」的行動傾向，證實了預言團隊對實際恐怖分子會怎麼做的想法。我們已建立恐怖分子交易從開始到結束的模型，我們預期進行內線交易的人不會是恐怖分子本身，而是其社交網絡的成員。我們也判斷，內線交易可能於攻擊展開前七十二小時，在選擇權市場進行，以便把被偵測到的風險降至最低。

我們也設計出一套警報系統，匯集一份四百支最可能成為目標的股票清單。基準股票行為也編寫在程式中，以便明確定義異常的情況。我們建立一個自動化的威脅看板介面，把市場分門別類，展現在紅、橘和綠色顯示的行情板上，以顯示內線交易的機率。整套設計考慮得巨細靡遺，從恐怖分子下單，直到調查人員手持逮捕令衝進恐怖分子的門。

到二〇〇三年底，我們已接近這項策略研究的尾聲。令人感傷的是，我們的華爾街團隊不得不解散。從人數規模和成員人才濟濟的情況看，中情局短期內似乎不太可能再招募這樣的團隊。紅隊演習的完整紀錄在經過整理後，被列入預言計畫的主檔案裡。

我們的工作尚未全部完成，到二〇〇四年初，預言計畫已準備要建立一個警戒中心原型。等這套系統與其他機密來源整合後，理論上將具備詮釋的能力，例如詮釋從一名巴基斯坦疑似恐怖分子口袋裡搜到的小紙片。紙片上寫的「遊輪」與警戒中心顯示的上市公司（例如嘉年華郵輪）紅色訊號結合，可能就是計畫攻擊嘉年華郵輪船隻的先兆。單獨的線索只提供少許資訊，但結合起來就能透露遠為有意義的訊息。

我們在中情局世界中一個極為偏遠的角落，找到我們計畫的天使投資人。這家公司成立於一九九九年，宗旨是讓中情局得以利用矽谷新創業者孕育的最先進科技。要想進入創新的領域，最快的方法莫過於掏出支票簿，隨時準備好支援下一家改變世界的新創公司。英奎特（In-Q-Tel）表面上是一家獨立的創投公司，實際上是由中情局出資成立。

市場智慧

在英奎特開始資助一個縮小編制團隊的情況下，預言計畫正式宣告結束，我們的團隊則進入市場智慧（MARKINT, market intelligence）的新階段。這是與人工智慧（HUMINT, human intelligence）、訊號智慧（SIGINT, signals intelligence）和其他數種智慧型情報蒐集並列的新分支。市場智慧是情報蒐集淵源流長歷史的新里程碑。

在二〇〇四年到二〇〇五年，這個團隊調整其行為模型，並為一套工作原型設計程式和建構網絡。除了中情局的陶斯外，我們的夥伴還有高瞻遠矚的科技人雷蒙德（Lenny Raymond），和天資過人的應用數學家兼因果推理家瑞伊（Chris Ray）。

我的角色是提供市場專業知識、行為模型，以及選擇目標。瑞伊設計演算法和訊號偵測引擎。雷蒙德把全部整合成一個很酷的使用者介面。陶斯負責中情局裡的交涉，確保我們獲得必要的資金和支持。我們共同建立了一個資本市場的「臭鼬工廠」（這個名稱源自洛克希德馬丁公司在加州設立的高機密工廠，以研發和打造偵察機）。到二〇〇六年初，這套系統開始運作，訊號也不斷湧進。

系統的表現遠超過我們的預期。我們不斷接到指向內線交易的訊號，這些訊號來自一般市場投資人，沒有跡象顯示與恐怖分子有關的內線交易。我們的計畫沒有執法的權力，所以只能把這些線索提供給證管會，或者就擱置不處理。這是我們自稱的「捉放」政策。我們只管抓恐怖分子，把華爾街的壞蛋留給別人操心。

二〇〇六年八月七日週一，系統在市場開盤時亮起美國航空股的紅燈。亮紅燈是我們在一大片行情板中辨識訊號的方法。訊號背後的量度顯示這一次非常強烈，就像芮氏規模八級強震。快速掃瞄新聞發現完全沒有美航的消息，股票毫無理由如此波動——可以確定是未公開消息的內線交易。

當天由瑞伊操作訊號引擎，她發給我一封電子郵件說：「今天有一個可能與恐怖分子有關的事件，我們偵測到美航的紅燈訊號。」瑞伊和我仔細記錄時間和訊號，並進行即時的分析。我們都知道如果恐怖事件發生，事後再來找有關的行情波動和其他證據，將難以取信於人。我們希望事先看到跡象並記錄下來，以便證明訊號引擎的價值。

結果，日子一天天過去，卻沒有任何恐怖威脅的新聞。那訊號漸漸看起來像是假訊號。

在出現訊號三天後的八月十日週四，清晨兩點我正在書房裡寫東西；這個時間工作對我來說很尋常。離我幾呎遠的書架上有一台小電視機以靜音播放有線電視新聞網CNN的新聞，我抬眼注意到螢幕底部一則即時新聞字幕，新聞影像則是倫敦警察正押著嫌犯進入拘留所，並帶著一箱箱的文件和電腦走出建築。字幕上說，一名計畫炸毀飛機的恐怖分子被英國警方逮捕。

我趕緊轉大音量，盡可能多知道一些細節。當時倫敦是白天，炸飛機計畫被破獲已有一段時間，直到現在才被媒體大肆報導。這個陰謀似乎牽涉到從倫敦飛往美國的跨大西洋班機，並且以可能載最多美國人的飛機為目標。美國航空是主要目標之一，雖然有許多飛機都可能遭殃。

我知道瑞伊跟我一樣是夜貓子，雖然是三更半夜，我打電話到她家，她還沒睡。「瑞伊，」我趕緊告訴她：「打開電視——你絕不會相信發生什麼事。」她打開電視，立刻驚呼一聲。一個恐怖分子計畫炸美國航空班機，就在我們偵測出美航股票的內線交易訊號之後不到七十二小時被偵破。讓這件事更詭異的是，我們發現這個陰謀進行的時程，正好和我們行為模型估測的完全一樣。

當然，我們的訊號與陰謀被偵破完全無關。英國情報單位安全局軍情五處（MI5）和軍情六處（MI6），在美國中情局、英國祕密情報局（ISI）和巴基斯坦情報局的協助下，已經監視這個陰謀幾個月之久。布希總統八月五日已在他位於德州克勞德福的牧場聽取簡報。八月九日，計畫的首腦勞夫（Rashid Rauf）在巴基斯坦被捕。勞夫於二〇〇七年越獄，據信在二〇〇八年中情局的無人飛機攻擊中喪生，雖然他死亡的消息至今仍有爭議。

恐怖分子在八月六日發出一則加密的「進行」訊息，準備開始行動。訊息被ＭＩ６截獲，並傳遞給軍情五處處長曼寧罕—布勒（Eliza Manningham-Buller）。這個「進行」的訊息促使軍情五處和英國警方下令執行我們於八月十日在ＣＮＮ上看到的逮捕行動。

正如瑞伊和我事先不知道陰謀的細節，主謀者不知道他們即將被捕。反而有一名恐怖分子在倫敦社交網絡裡的關係人，在八月七日週一上午，開始進行美航的內線交易，並且像滾雪球般變成一個極不尋常的模式，以致引發我們行情看板上的紅燈。有人押注內線消息，和我們的行為模型預測完全一致。

我們的訊號引擎在英國的飛機陰謀事件前發出明確警告這件事，很快就引起美國情報圈最高層的注意。二〇〇七年二月二日，我接到陶斯的電子郵件，說中情局執行官摩瑞爾（Mike

Morell）想見瑞伊和我，討論訊號引擎和ＭＡＲＫＩＮＴ的情況。會議訂在二月十四日舉行，給我們一些準備簡報的時間。

摩瑞爾從一九八〇年就進入中情局，生涯中有許多輝煌的事蹟。他最為人所知的是在九一一事件期間，陪伴布希總統搭乘空軍一號走訪全國各地，或是與錢尼（Dick Cheney）、譚尼特（George Tenet）等人，坐鎮華盛頓和蘭格利的指揮中心。摩瑞爾在二〇一一年五月也陪著歐巴馬總統監督擊殺賓拉登的行動。他兩度擔任中情局代理局長，包括一次是在二〇一二年裴卓斯（David Petraeus）突然辭職、並於二〇一三年從中情局退休。

摩瑞爾在二〇〇七年會見我們時，他的頂頭上司是局長海登（Michael Hayden）。其他資深情報官員也受邀參加我們在摩瑞爾辦公室舉行的ＭＡＲＫＩＮＴ簡報，他們是這項計畫歷來位階最高的一群聽眾。

陶斯的電子郵件也提到，中情局法務處辦公室也會有人到場。我們的計畫無疑的有法律方面的問題，包括隱私顧慮，還有如果完全實施將需要聯邦調查局的配合，因為中情局並非國內執法機構。我們花很多時間在這些問題上，深知它們十分敏感。但我們並不清楚為什麼摩瑞希望他的法律幕僚參與這項新反恐系統的初步簡報。

摩瑞爾的辦公室以中情局的標準來看很寬敞，有著明亮的窗戶、一張靠近背牆的大書桌，進門口處有一張會議桌。大多數華府辦公室常見的景像是牆上掛滿辦公室主人和其他掌權人士的照片，摩瑞爾也不能免俗，但不一樣的是，摩瑞掛的不是在公開場合照的相片，而是他本人在白宮橢圓形辦公室與總統商議大事、翻閱公文的大型黑白照片，可能是在每天向總統的彙報中討論世界最敏感和最機密的資訊時照的。如果這些照片的目的是讓參觀者忘不了，它們確實辦到了。

瑞伊、陶斯和我各自坐進會議桌的位子，其他資深官員已經到場，摩瑞爾從他的辦公桌起身加入。氣氛很融洽，但有點正式、甚至嚴肅。瑞伊和陶斯向與會者簡報預言計畫的歷史，和訊號引擎的功能。身為ＭＡＲＫＩＮＴ團隊唯一的律師，我的工作是向法務主管官員概述我們的努力和採取的隱私保護作法。

我的簡報進行幾分鐘後，中情局的法務官插話說：「我們擔心的是你們在做什麼。你們蒐集交易資料，並向證管會提建議。中情局不是執法單位，我們對這種事很介意。」

我回答說，我們沒有使用個別的交易紀錄，而是完全採用公開市場每個人都能獲得的價格資訊；我告訴他們，這跟看電視沒有多大差別。至於向證管會提建議，我說我們只是善盡公民責任，如果中情局不願意，可以停止這麼做。反正證管會自己也在設計類似的系統，將來不必再靠我們。法務官的擔心似乎有點離題。

摩瑞爾傾身向前說：「我們關心的是社會觀感。你們做的一切可能完全正確，但《紐約時報》可能把這件事渲染成『中情局蒐集美國人的410（k）退休計畫資訊』，這可不是我們現在承擔得起的風險。」

摩瑞爾的顧慮並非無中生有。《紐約時報》曾揭露情報單位透過管道取得比利時環球銀行金融電信協會（SWIFT）支付系統的銀行交易，導致美國的國家安全受影響。SWIFT是國際銀行業務的神經中樞，曾是恐怖分子金融交易資訊的重要來源。《紐約時報》的報導讓恐怖分子的融資者轉入地下，藉由稱作哈瓦拉（hawala）的口傳網絡和虛設的空殼公司來轉移資金。

中情局也因為使用不常的審訊技術，如水刑，而遭到新聞媒體圍剿，所以現在最怕再遭到媒體關注，不管我們的計畫可能多有效和合法。

事實上，摩瑞爾的直覺證明有先見之明。二〇一三年十一月十四日，《華爾街日報》真的刊登了一篇標題為「中情局的金融間諜蒐集美國人資料」[15]的文章。不過正好這篇報導與史諾登（Edward Snowden）背叛中情局等一連串事件同時發生，所以幾乎沒有人注意到。

我告訴摩瑞爾，我們會停止向證管會建議，然後我提議，讓我提出技術規格，以便中情局放心我們的資訊來自公開來源、不牽涉個人。他謝謝我，會議就這樣結束。但後來我才知道，至少對中情局來說，MARKINT已經壽終正寢。

在預言計畫剛開始時，我告訴陶斯，我認為這個團隊做了非同凡響的貢獻，即將完成可以預防重大攻擊的反恐系統。有三十三年經驗的陶斯笑著說：「吉姆，我告訴你這裡運作的方式。我們會做出很棒的東西，這套系統一定很神奇，然後一切就像沒發生那樣，它會被擱在架子上。哪一天又發生驚人的攻擊事件，而且顯然有人預知消息而進行內線交易。局裡的人會把我們的系統從架子拿出來，撣撣上面的灰塵說，『看吧，我們有解決辦法了，我們有一套系統可以在下次派上用場』。那套系統會得到數百萬美元資金，並照我們的方式打造出來，但已經來不及救下次攻擊喪失生命的人了。」

遺憾的是，陶斯的確有先見之明。沒錯，ＭＡＲＫＩＮＴ被擱在架上了。但我們覺得訊號引擎還可以派上用場，即使不是在中情局裡。如果其他機構會有興趣，我們還有一個朋友可以找——國防部。五角大廈擁有最多資源、運作的限制最少，而且有最前瞻的心態。國防部裡軍職的資深官員有許多是工程師、博士，還有許多有碩士學位的歷史、語言和策略專家。畢竟這是個創立了國防高等研究計畫局（DARPA）的政府單位，而ＤＡＲＰＡ則發明出後來變成全球資訊網（WWW）的系統。

結果是，正當二〇〇七和二〇〇八年年民間情報單位漸漸停止提供我們金援時，我們與五角大廈的合約也開始成形。不過，為了建立這個關係，ＭＡＲＫＩＮＴ本身必須跟著演進。瑞伊和我從早期階段就很清楚，ＭＡＲＫＩＮＴ不只是反恐工具，如果它能在資本市場偵測恐怖分子的蹤跡，為什麼不能也用在監視獨裁者、戰略對手和其他國家角色？我們只要調整訊號引擎，專注在特製的目標證券名單。

有了這個更大範圍的任務後，瑞伊和我開始尋找內線交易以外的其他現象。我們的發現之一是，委內瑞拉把美元準備轉換成黃金，這預告了查維茲（Hugo Chávez）向美元宣戰，和他後來要求從倫敦的金庫提領黃金運回國。

我們在二〇〇七年十二月得到一個向軍方聽眾展示系統的機會，由我在內布拉斯加州的奧馬哈對美國戰略司令部做簡報。參與這次會議的人除了軍職人員外，也包括民間科學家。我們展示系統如何用於早期警告對美元的攻擊，和打擊美國市場的行動。

一時之間這項科技出現全新的轉機。當然我們不是唯一做這件事的人，但我們已看到未來的戰爭：不是動力武器的戰爭，而是在無疆界戰場的戰爭，包括生化武器、網路武器和我們這裡談的金融武器。

五角大廈愈來愈發現，美國在非傳統海、陸、空戰場上的絕對優勢，已促使敵人尋找對抗我們的新方法。未來的戰爭將在擴大的戰場上進行，其中包括股票、債券、貨幣、大宗商品和衍生性金融商品市場。我們的訊號引擎是絕佳的早期警報系統。

記住沒有人獨自交易的格言。只要有買家就有賣家。如果交易的一方是威脅國家安全的敵人，他們一定會留下不想留下的蹤跡。敵方交易者像一條在水裡游的魚，會激起水波。即使看不到魚，卻能從看到的水波推斷魚的存在。在奧馬哈會議裡的有識之士了解我們的訊號引擎可以偵測水波，我們已設計出完美的早期警報器。

ＭＡＲＫＩＮＴ終於有了發展遠景，它將不再只是我們剛開始創造的反恐工具，而是一套用途更廣的系統，像是市場的雷達，用來偵測迫近的金融威脅。ＭＡＲＫＩＮＴ已經長大。我們的團隊和科技進入了更廣闊的金融戰爭的新競技場。

CHAPTER 2

戰神的臉

如果可能從電腦室或股票交易所發動戰爭而摧毀敵國，那就不再有戰場嗎？……如果現今的年輕人接到命令時問：「戰場在哪裡？」答案將是：「無所不在。」

——喬良上校和王湘穗上校
中國人民解放軍，一九九九年

我們的敵人也在培養打擊我們……金融市場的能力……我們不能在幾年後回顧現今時才發現，為什麼我們在面對安全和經濟的威脅時卻沒有因應對策。

——美國總統歐巴馬
二〇一三年二月十二日

未來的戰爭

戰爭的目的之一是瓦解敵人的意志和經濟能力。聽起來可能出乎意料，但在瓦解敵人能力上，透過攻擊市場來毀滅財富比擊潰敵人的軍艦有效。金融戰爭是未來的戰爭，而在探索未來上，沒有人比國防部資深軍官馬榭爾（Andy Marshall）下更多工夫。

二〇一二年九月一個下著雨的早上，坐在五角大廈會議室一張桌子旁的馬榭爾身體微向前傾，環繞會議桌坐著三位知名的投資經理人、三位證管會官員，和數位智庫專家，以及馬榭爾的幕僚。這些精心挑選出來的與會者要討論的主題是**金融戰爭**。

「這很有意思。」馬榭爾說。在靜靜聽了我們討論中國囤積黃金和可能用來當作削弱美元匯價的金融武器後，他終於開口說話。

連馬榭爾的同事都稱呼他「馬榭爾先生」以示尊敬，而九十二歲高齡的他確實德高望重。他的正式頭銜是國防部長辦公室網路評估處主任，非正式頭銜則是五角大廈未來長（chief futurist），專責展望未來，在沒有人知道威脅存在之前就預知並評估美國國防安全的威脅。馬榭爾從一九七三年來就擔任這個職務，歷經八任總統的更迭。

他參與國防策略的經歷還更早，可以追溯到一九四九年他加入草創時期的智庫蘭德公司（RAND Corporation）。他的前同事和門徒可以列出一長串名單，包括卡恩（Herman Kahn）、施萊辛格（James Schlesinger）、倫斯斐（Don Rumsfeld）、錢尼、沃夫維茲（Paul Wolfowitz），和其他過去八十年來的重量級國安決策官員。從二次大戰以來，在戰略事務影響力的深度和廣度上，只有尼采（Paul Nitze）堪與馬榭爾比擬。

如果社會大眾對馬榭爾的名字比這裡提到的人陌生，那是刻意安排使然。他幾乎從未接受採訪或發表演講，也不公開露面，他的論述也大多屬於機密。在會議中他展現獅身人面獸般的沉靜，不發一語地傾聽很長的時間，偶爾說的幾句話則顯示他吸收了每個訊息，而且正思考三步以後的事。

雖然大多數美國人未聽過馬榭爾，中國軍方早已知曉這號人物。馬榭爾是二十世紀末「軍事事務革命」（RMA, revolution in military affairs）的主要理論家，他曾預測強大的電腦運算力將促成武器與戰略的大幅變革。精準導引武器、巡弋飛彈，以及無人飛機都是ＲＭＡ的一部分。人民解放軍將領陳舟是近日幾份中國戰略白皮書的主要作者，他告訴《經濟學人》（*The Economist*）：「我們徹底研究ＲＭＡ，我們認為最了不起的人物是五角大廈裡的馬榭爾……我們翻譯他寫的每個字[1]。」

馬榭爾深諳美國與中國的潛在衝突，事實上，他是美國在西太平洋與中國戰爭計畫的主要擘畫者。這個機密級的計畫稱作「空海整體作戰」（Air-Sea Battle），牽涉到遮蔽中國的偵察能力和精準飛彈，接著展開大規模空中武力和海軍攻擊[2]。

現在，馬榭爾聽的簡報不是動力武器或空海戰術，而是主權財富基金、隱祕的收購黃金，以及美國聯準會政策對國家安全帶來的潛在威脅。

中國有超過三兆美元的美元計價投資，聯準會的決策若導致美元每貶值一〇%，就表示有三千億美元的實質財富從中國轉移給美國。我們不清楚中國可以容忍多久它累積的財富遭受這種掠奪。如果中國無法在海空作戰上打敗美國，他們可以在資本市場發動攻擊。

當天與馬榭爾討論到的威脅與中國的軍事理論完全符合。包括金融戰爭和網路戰爭在內的無限戰爭（unrestricted warfare）理論，可以追溯其根源到一九九五年，當時北京軍事科學研究院（MSA）的王普豐少將發表一篇論文，題目為「信息戰爭與軍事革命」，文章先向馬榭爾致敬後，繼續寫道：

> 在不久的將來，信息戰爭將決定未來戰爭的形式。我們看出這個信息戰爭的發展趨勢，認為它是中國軍事與備戰現代化的一股驅動力量。這個趨勢攸關獲得未來戰爭的勝利[3]。

中國人民解放軍在一九九九年取名《超限戰》的書中，更清楚地闡述這學說[4]。無限戰爭的戰術包括以無數種方式攻擊敵人，而不使用飛彈、炸彈、魚雷等動力武器。這類戰術包括使用散播生物、化學或放射性元素的大規模毀滅性武器，以造成平民死傷和恐嚇人民。其他無限戰爭的例子還有網路攻擊，可以達到讓飛機無法飛行、打開水閘、造成停電以及關閉網際網路等效果。

近來金融攻擊也已列入王普豐和其他人最先闡述的系統性威脅清單上。《超限戰》在

「戰神的面孔模糊了」章節中談到這個主題，寫作這本書的時間是在一九九七年亞洲金融危機之後不久，而那場金融危機在一九九八年蔓延成全球金融恐慌。當時亞洲的危機主要由西方銀行家突然從亞洲新興市場撤資引起；西方主導的ＩＭＦ提供的錯誤經濟建議，使得災難益發嚴重。從亞洲的觀點看，整個災難看起來就像西方顛覆他們經濟的陰謀。當時的情勢確實動盪不安，從印尼到南韓都引發暴動和流血。敵意升高到馬來西亞總理馬哈迪（Mahathir Mohamad）和避險基金投資大戶索羅斯（George Soros）在一九九七年九月香港舉行的ＩＭＦ年會上，爆發指名道姓的公開衝突。

中國比其他亞洲國家較少受到那場恐慌的影響，但他們趁機研究情勢，開始看清楚大銀行和ＩＭＦ聯手足以造成社會的破壞、甚至導致政權更迭。當時中國對危機的對策是累積龐大的美元準備，以便在西方的債權人突然「擠兌」時不致受傷害。一九九七到一九九八年危機的教訓，總結於兩位中國軍事將領帶著詩意和先見之明的文字中：

> 西方世界一度令人讚嘆不已的經濟繁榮轉眼變成衰退，有如一夕間秋風掃落葉般……更嚴重的是，經濟的挫敗導致社會和政治秩序幾近崩潰[5]。

中國走在我們前面，一九九七年的亞洲金融危機，刺激他們在一九九九年建立戰略金融戰爭理論。比較之下，美國對金融戰爭的思維直到十年後的二〇〇九年才逐漸成形，刺激的因素則是二〇〇八年更大的全球金融恐慌的衝擊。到二〇一二年，中國和美國都已投入廣泛的努力在發展戰略和戰術金融戰爭理論。我們的小組就是在這種背景下，因應召喚向馬榭爾和他的團隊簡報逐漸興起的威脅。

金融戰爭有攻擊和防衛兩個面向，攻擊包括對敵方金融市場的惡意行動，目的是阻斷交易和摧毀財富。防衛牽涉早期偵測攻擊和迅速反應，例如關閉市場和封鎖敵方通訊。攻擊可能包括先制攻擊或第二擊報復。在賽局理論中，攻擊和防衛合而為一，因為第二擊報復可以有足夠的破壞力以阻止先制攻擊。這套理論的脈絡與馬榭爾在一九六〇年代初冷戰期間協助發展的核武戰爭理論一致，即所謂的相互保證毀滅（MAD, Mutual Assured Destruction）。現在有一套相互保證金融毀滅（MAFD）的新理論正要興起。對馬榭爾來說，金融武器雖然是新的，嚇阻理論並非現在才有。

金融戰爭中不僅攻擊與防衛有所區別，實體目標（如交易所電腦）和虛擬目標（如商務關係）也大不相同。虛擬目標牽涉建基於信任的商務運作，一個看起來誠實無欺的實體可以透過耐心、重複交易而獲得信任，然後利用這種信任突然以大量惡意、操縱的買賣單來造成交易系統阻塞。

實體目標包括伺服器、交換器、光纖纜線和其他通訊管線的龐大網路，以及交易所建築本身。交易所的工程師或是敵人都很了解，藉由駭客攻擊來破壞這條電子鏈結中的某個環結，就可以造成混亂和迫使市場關閉，或至少暫時中斷。更猛烈的攻擊可以關閉市場幾週、甚至幾個月，視破壞程度而定。

二〇〇八年的金融崩潰不是金融戰爭造成的，但它向美國官員展示全球金融體系的複雜和脆弱。二〇〇七年十月到二〇〇九年三月間，約有六十兆美元的財富遭摧毀。如果這種大災難可以由無害的抵押貸款等金融工具造成，我們不難想像由深知體系運作方式的專家進行的惡意市場操縱，可能造成多麼嚴重的傷害。

所幸因為有馬榭爾和其他人，世人已愈來愈了解精心設計的網路金融攻擊造成的破壞，可能比任何傳統軍事攻擊的殺傷力都大。

敵方避險基金假想狀況

避險基金是情報活動的絕佳掩護。惡意的交易者不必摧毀實體系統就能進行攻擊。如果敵方交易者成立避險基金之類的合法實體，就能在大型結算經紀商設立帳戶，進行一般模式的交易。這種交易可以持續數年，讓這個實體變成資本市場裡的休眠細胞。一段時間後，結算經紀商開始把這個實體視為能創造豐厚佣金的一級顧客，並授與更高額度的交易信用。

避險基金也是典型的情報蒐集據點，可用來長期蒐集交易資訊。情報機構和避險基金用來蒐集資訊的技術很類似，參加高階專業會議是建立專家網絡和取得新產品與發明資訊的好方法。投資一家公司讓投資者有機會接近管理階層。基金投資人和情報機構都希望有這種管道，對避險基金來說，目的是獲得交易優勢，例如細看一項會影響股價的新產品。對情報機構來說，目的則是及早了解會影響敵國相對經濟力的新科技發展。

避險基金休眠細胞可以與世界各地的許多經紀商建立密切的關係，使其買賣的能力可以擴張到資本的數百倍，這是說如果把所有信用額度和衍生性商品的名目價值計算進去。當敵方下達金融指令時，這個基金網絡可以很快發動惡意攻擊。像Apple、Google等廣被持有股票的賣單可能大量湧進，讓造市商和買方措手不及。價格下跌剛開始可能很慢，但動能漸漸蓄積，直到演變成全面的市場恐慌。市場斷路器（circuit breaker）可能被觸發，但賣壓不會停止。商業電視頻道會報導這個消息，然後恐慌進一步擴大。

對敵方交易者來說，這是使盡全力一搏的時刻。他們不操心交易是否在幾天後或在市場價格下跌後獲得報酬。他們的資金有可能正在匯回北京或莫斯科銀行的路上，而正在處理買賣單的結算經紀商還被蒙在鼓裡。資本市場有一些防護措施可以避免隔夜的信用風險，但至今仍未見有效的措施可以防止一天內發生的損失。中國或俄羅斯隱祕的避險基金可能利用這個弱點，同時大肆濫用多年來累積的信任和信用。

惡意攻擊不限於現貨市場。攻擊者拋售股票時，可以同時買進選擇權賣權，或藉交易商的交換合約放空股票，以增加賣壓。惡意客戶變成像病毒一樣感染交易商的交易廳，讓傷害持續擴大。

另一個力量乘數是，在市場已經因為其他原因而崩跌的日子發動攻擊。攻擊者可等待主要股價指數已在一天內下跌二%的時候發動攻擊，以便讓市場跌幅擴大到二〇%或更大。如此可能製造出驚人的崩盤幅度，足以比擬一九二九年為大蕭條揭開序幕的連續兩天大崩盤。

金融攻擊者也可以利用心理戰，以擴大攻擊效果。這牽涉釋出假消息和散播謠言。例如聯準會主席遭綁架，或知名金融家心臟病發的消息，可能很有效。大銀行關門或某避險基金經理人自殺的消息，也可能有殺傷力。緊接著是主要交易所因「技術問題」無法處理賣單，導致顧客損失慘重的傳聞。為了更加逼真，假消息要模仿近幾年曾經實際發生的事件，如此可以讓恐慌引發的情況迅速擴散。

紐約證交所和證管會宣稱，他們有專為避免這類交易失控狀況設計的防護措施，但這些防護措施只能減緩想賺錢、而且只是暫時失去理智的理性交易者。這些措施包括暫時停止交易以便交易者了解情況，然後讓他們開始逢低買進。另一項措施是追繳保證金，以便彌補市價損失，讓經紀商有避免顧客違約的緩衝。

這些緩解措施阻擋不了金融戰士，因為他們想要的不是撿便宜的交易或獲利。攻擊者可利用暫停交易的時間累積更多訂單，發動第二波攻擊。此外，這些安全措施很依賴受影響對象的具體反應。當追繳保證金時，它要求合法交易者暫停交易，並提供額外的保證金，但惡意交易者可以不理會追繳令而繼續交易。對惡意交易者來說，明日如何已經無關緊要，敵人以後可能發現也阻止不了他們。日本轟炸珍珠港時，美國人直到戰艦被擊沉、起火燃燒，才知道日本發動攻擊。

結算經紀商可以關閉惡意交易者的帳戶以阻止交易，但未結清的部位會因此從避險基金轉移給經紀商。在這種情況下，許多經紀商可能倒閉，進而對整個金融體系產生漣漪效應，導致結算所違約。整個交易所、結算所、經紀商和顧客的階層架構，可能瀕臨崩潰邊緣。

休眠的避險基金可以達到另一個詭祕的目的，即在攻擊之前持續多年扮演情報蒐集的角色。現今的情報分析師必須知道的不只是國家機密，經濟情報包括自然資源、能源探勘、油氣管線和其他計畫，也一樣寶貴。這類資源可以影響商品市場、金融穩定、經濟成長，以及民間和政府部門的資源分配。政府官員不見得知道這類情報，但民間的企業執行長、工程師和開發商卻知道。

潛伏的避險基金買進目前公司相當規模的部位後，就能安排會見公司管理階層。較少受到經紀商研究部門關注的中小型公司管理階層特別容易會見，而這類公司往往擁有衛星、3D應用和數位造影等尖端技術。取得管道是關鍵，精明的投資人會注意管理階層的言談和暗示，推論最新發展的時機和性質。潛伏的避險基金可以持續多年建立信任、培養帳戶、蒐集資訊和發掘弱點。然後，避險基金一旦接獲母國主人命令，便如蠍子般以螫刺發動猛襲。

懷疑者宣稱，以避險基金的形式進行情報或軍事祕密行動很容易偵測，因為經紀商嚴格執行反洗錢和認識顧客的規定。這種反駁經不起檢驗。隱祕活動必備的技巧包括利用門面公司、所謂的掮客（cutout）、情報員、假故事和垂直組織實體的掩護，以便不知情的各個連絡人無法看到幕後的控制者。潛伏的避險基金結構牽涉在避稅天堂國家設立層層交疊的合法實體，提供敵方資助者嚴密的掩護。他們需要一些貪腐的律師或銀行家提供專業協助，處理例如基金管理等瑣碎的專業工作。主管可以透過境外管轄地的顧問公司召募，以提供投資人管理服務。僱用不知情的業界人士，可以混淆反情報單位的偵測。

隱祕的避險基金可以在大都市金融中心設備齊全的辦公室裡運作，例如蘇黎世或倫敦。基金經理人可能是受過高等教育的專業者，由外國情報單位培養多年，只為執行這類任務。他們可能擁有哈佛或史丹福企管學位，曾在高盛和匯豐等大銀行接受訓練，培養成一群休眠金融專業者幹部，然後被指派管理潛伏避險基金的祕密任務。

反情報員可能發現這類休眠細胞；攔截目標的通訊可能揭露他們做的一些事。但如果敵人的部署很謹慎，除非內部有人叛變，外人幾乎無從偵測這類避險基金的陰謀者。因此，有一個更大的問題：美國的國安部門是否保持警戒？

金融戰爭中的世界

如果這些聽來很離譜，不妨想想中國和其他國家已經在進行更隱祕的金融攻擊。

《紐約時報》二〇一一年一月報導，多年來一直是美國公債淨購買國的中國，在二〇一〇年變成了淨出售國。[6]《紐時》發現中國的出售很不尋常，因為中國仍然從貿易順差累積龐大的美元存底，同時買進美元以操縱人民幣匯率。這表示中國必然還是美國公債的大買家，即使官方資料顯示不是如此。《紐時》指出，英國在二〇一〇年躍升為美國公債最大購買國，並推論中國已「改由英國經理人管理的帳戶買進美債」。實際情況是，中國利用倫敦的銀行業者掩護，持續購買美國公債，但官方的報告則呈現出售美債。

《紐約時報》記者索金（Andrew Ross Sorkin）報導了另一個中國用來偽裝其市場情報活動的技巧，他在二〇〇七年五月二十日揭露中國主權財富基金中國投資公司（CIC），同意收購極具影響力的私募股權公司百仕通集團（Blackstone Group）三十億美元股權[7]。

百仕通的共同創辦人是前尼克森政府官員彼得森（Peter G. Peterson），後來曾擔任外交關係委員會主席和紐約聯邦準備銀行總裁。另一位百仕通共同創辦人史瓦茲曼（Stephen A. Schwarzman）是億萬富豪，曾以二〇〇七年二月十三日在紐約公園大道舉行六十歲大壽宴會而惡名遠播，就在他賣出百仕通股權之前幾個月。那場宴會包括邀請洛史都華（Rod Stewart）演唱三十分鐘，據說酬勞是一百萬美元[8]。現在中國已經買下百仕通盛宴的前排座位，能夠接近管理高層，也有能力共同投資正等著敲定的交易。

二〇〇七年六月，在二〇〇八年恐慌引發全球資本市場崩跌開始之前不久，史瓦茲曼形容自己的交易風格說：「我要的是戰爭，不是一連串的小遭遇戰……我總是想怎麼樣才能殺光所有競爭的買主[9]。」史瓦茲曼指的是傳統金融；從他的觀點看，真正的戰爭是更大規模的傳統金融戰爭。然而，他已成為一場超過他淺短視野的更大規模金融戰爭的馬前卒。像史瓦茲曼這類自詡為全球公民的人，把紐約視為從達弗斯飛往大連的轉機站，他們可能認為過去的戰爭才是真正的戰爭，即使那已是歷史陳跡。類似的看法曾在一九二〇年代流行，即時當時的事件正朝向史上最大規模的戰爭發展。

分析師稱讚中國投資公司的交易，顯示中國願意「把龐大的外匯存底用在中國以外的地方[10]」，但在強調資金流向國外之餘，卻忽略了資訊流向中國。如果不考慮共黨中國的政府機構將有管道取得美國最有影響力的交易機器內部運作的資訊，那未免太過天真。中國的投資調查小組將有機會一窺百仕通機密交易目標的資訊，甚至包括最後未成交的交易。三十億美元的售價對史瓦茲曼可能是一筆大錢，但占中國外匯存底僅千分之一，相當於百元大鈔中的一毛錢。中國滲透史瓦茲曼和百仕通，是邁向東亞霸權和未來可能與美國衝突的一大步。當然，資訊管道是雙向的，像百仕通這類公司也協助美國情報當局取得有關中國能力和意圖的資訊。

美國並非中國金融戰爭的唯一目標。二〇一二年九月，一位中國資深官員在共黨的《中國日報》上撰文，暗示正加強在日本債券市場的攻擊，以報復日本在東海島嶼主權爭議的挑釁行為[11]。二〇一三年三月十日，中國駭客入侵澳洲準備銀行，企圖取得敏感的二十國集團（G20）會議的討論內容[12]。

中國在債券和私募股權市場的行動是它長期祕密活動的一環，目的是滲透關鍵的節點，並在過程中取得珍貴企業資訊。與這些金融活動同時進行的還有惡意的網路活動，以攻擊控制重要基礎設施的系統，發動的單位則是中國惡名昭彰的軍事情報單位六一三九八。這些互相搭配的行動在未來與美國衝突時，必將發揮強大的作用[13]。

美國在網路戰方面並非軟腳蝦；事實上，美國的網路能力可能超越中國。新聞記者艾德（Matthew Aid）二〇一三年報導國家安全局進行的美國歷來最敏感的網路行動[14]：

> 一個國安局高度機密單位叫特定入侵行動（TAO, Tailored Access Operations），已成功地滲透中國電腦和電信系統近十五年，蒐集有關中華人民共和國內部最有用和最可靠的情報訊息……要經過一道特別的關卡，才能進入TAO位於國安局建築群裡的工作地點。這個高科技行動中心的鋼門有武裝警衛看守，進入時必須在一具鍵盤上輸入正確的六位數碼，並經過視網膜掃瞄，以確保只有特准的人員才能通過。
>
> TAO的任務很簡單，它蒐集外國目標的情報資訊，方法是入侵外國目標的電腦和電信系統、破解密碼、破壞保護目標電腦的安全系統、竊取儲存於電腦硬碟的資料，以及複製特定電子郵址和傳訊系統進出的所有訊息和資料。

像TAO這類情報活動，遠比史諾登二〇一三年揭露的蒐集電子郵件和電話訊息精密。華爾街也在提升與金融有關的網路能力。二〇一三年七月十八日，一個證券業組織贊助一項取名「量子黎明二號」（Quantum Dawn 2）的金融戰爭演習，參加者有約五十個實體和政府機構的五百人。量子黎明二號主要目的是預防會阻斷正常交易的攻擊。這個目標雖然有用，但無法因應更複雜的攻擊，例如能模仿而非阻斷下單系統的攻擊。

中國不是唯一進行金融戰爭的強國。這種戰爭曾發生在現今的美國和伊朗間，美國嘗試藉阻斷伊朗重要的支付網路來動搖伊朗政權。二〇一二年二月，美國禁止伊朗使用美國聯準會和財政部控制的美元支付系統。這確實造成伊朗的不便，但伊朗還是能透過比利時的ＳＷＩＦＴ銀行電匯系統，改用歐元支付來結算交易，維持國際商務的進行。二〇一二年三月，美國向ＳＷＩＦＴ施壓，要求禁止伊朗使用它的系統，使伊朗正式斷絕參與全球的硬貨幣收支。二〇一三年六月六日，美國財政部官員考亨（David Cohen）說，美國制裁伊朗的目標是「造成伊朗幣里亞爾（rial）貶值，無法在國際商務中使用[16]」。

結果是為伊朗經濟帶來一場災難。伊朗是主要原油出口國，必須支付系統來收取出口原油到海外的美元。伊朗也是煉製油品、糧食和消費電子產品如蘋果電腦和惠普印表機的主要進口國，但伊朗突然沒有美元可以支付進口產品，而本國幣里亞爾則大幅貶值。商人在黑市搶購稀有的美元，使里亞爾幣值暴跌超過一半，形同超過一〇〇%的通貨膨脹。伊朗銀行體系隨即爆發擠兌潮，存款人嘗試提領里亞爾，在黑市兌換其他貨幣或購買硬資產，以便為財富保值。政府提高利率以阻止銀行擠兌。美國藉由切斷伊朗與全球支付系統的通路，引發伊朗貨幣崩跌、通貨膨脹和銀行擠兌，並造成糧食、汽油和消費者產品短缺。

在美國加強攻勢之前，伊朗便已展開反擊，藉拋售美元和買進黃金來避免美國及其盟邦凍結伊朗的美元資產[17]。印度是伊朗石油的主要進口國，兩國採取以油交換黃金的作法，印度在全球市場買進黃金用以交換伊朗的石油出貨[18]。伊朗再以黃金和俄羅斯或中國交換糧食或製造產品。面對極端的金融制裁，伊朗再一次證明黃金是貨幣，任何時候、任何地方都通用。

土耳其很快變成伊朗的主要黃金來源。土耳其二〇一三年三月出口價值三億八千一百萬美元的黃金到伊朗，比前一個月多出一倍多[19]。不過，黃金不像數位貨幣那樣容易移動，而且黃金交換有其風險。二〇一三年一月，一架載運一．五公噸黃金的貨機在伊斯坦堡機場遭土耳其當局扣押，因為黃金被視為違禁品[20]。許多報導說，那架飛機來自產金大國迦納，準備飛往以全球黃金和貨幣轉運站而惡名昭彰的杜拜。《俄羅斯之聲》（*Voice of Russia*）的報導揣測，該飛機最後目的地是伊朗[21]。不管飛往何處，有人（很可能是伊朗）損失了一．五公噸黃金。

另一個伊朗的黃金來源是阿富汗。二〇一二年十二月《紐約時報》報導，阿富汗、杜拜和伊朗利用合法運輸和非法走私進行巨額三角貿易。《紐時》說：「從喀布爾飛往波斯灣的旅客……最好聽從警告，注意袋子從頭頂行李廂掉落的危險。一名單幫客攜帶近六十磅金條，每條約一具iPhone大小，登上早上的一架班機[22]。」

在伊朗擴大黃金交易的同時，美國也迅速展開報復。美國財政部宣布嚴禁出售黃金給伊朗，從二〇一三年七月一日起生效[23]。禁令是針對土耳其和阿拉伯聯合大公國而發，兩國是伊朗的主要黃金供應國。美國已阻斷伊朗取得硬貨幣的管道，現在對黃金也採取同樣作法。由此可見美國已明確承認黃金是貨幣，雖然美國聯準會官員和其他人向來公開輕蔑黃金。

黃金不是伊朗唯一的替代支付策略。最方便的是在不受制裁的他國銀行接受他國貨幣支付。伊朗可以運送石油到印度，並在印度銀行的帳戶接受印度盧比支付。使用那些盧比的伊朗人必須在印度購買貨物，但印度的經紀商可以很快應要求以美元進口西方產品，把它們賣給以盧比支付的伊朗人，賺取相當高的利潤，以補償他們進口貨品到印度、然後轉出口的時間和麻煩。

伊朗也利用中國和俄羅斯的銀行當作非法支付的掩護，以突破制裁。伊朗在制裁實施前已在中國和俄羅斯銀行儲存大量硬貨幣，這些銀行可以透過ＳＷＩＦＴ進行正常的硬貨幣電匯到伊朗，而根據ＳＷＩＦＴ的規定，不必揭露伊朗是接受者。

情報單位的報告顯示，伊朗光是在中國銀行存的硬貨幣金額高達二百七十億美元。不過，伊朗移動那些資金的能力受制於中國在轉移資金時必須避免引起美國的注意。二〇一三年四月，伊朗要求中國「贈送」北韓四十億美元，做為中國對這個與世隔絕王國的一般人道援助。伊朗未向中國透露，這筆贈禮實際上是北韓出口核子武器技術到伊朗的付款。

二〇一二年底，美國警告俄羅斯和中國勿協助伊朗迴避制裁，但未對俄羅斯或中國採取懲戒措施，而且似乎也不可能辦到。ＳＷＩＦＴ對執行禁令也意興闌珊，因為從一開始它就不想排除伊朗在其系統外；ＳＷＩＦＴ執行禁令只是迫於美國的壓力。美國未對俄羅斯或中國採取強硬立場，因為與兩國間有更重要的目標要達成，包括敘利亞和北韓[24]。

伊朗也展示了金融戰和網路戰如何在不對稱攻擊中相結合。二〇一三年五月，傳聞伊朗駭客侵入了能源公司用來控制全球各地石油與天然氣輸送管線的軟體系統[25]。伊朗不僅可以破壞實體的供應鏈，也能破壞根據實體供需訂價的能源衍生性金融商品市場。美國官員表示，這些屬於偵察性質的入侵本身就極其危險。但伊朗駭客或美國的目標，似乎都不認為這類行動可能意外引發攻擊者無意造成的市場恐慌。

伊朗不是唯一嘗到美國金融戰苦頭的國家。美國瞄準敘利亞的金融制裁，導致敘利亞鎊從二〇一一年七月到二〇一三年七月貶值六六%，敘利亞的通貨膨脹年率因此飆升到二〇〇%。敘利亞政府被迫以三個主要盟國的貨幣——伊朗里亞爾、俄羅斯盧布和中國人民幣——進行商務，因為敘利亞鎊實際上已喪失匯兌的功能[26]。

到二〇一三年，伊朗受到的金融破壞導致美國總統和伊朗總統魯哈尼（Hassan Rouhani）達成協議，以美國放鬆金融攻擊交換伊朗在濃縮鈾計畫上的讓步。伊朗因制裁而受創，但並未崩潰，現在與美國持續談判中。特別是解除伊朗購買黃金的禁令，讓伊朗能以出售原油的收入蓄積黃金。歐巴馬明白表示，雖然制裁已經放寬，但是如果伊朗不履行縮減核子計畫的承諾，就可能再度制裁。然而儘管伊朗經濟遭到嚴重破壞，伊朗仍在金融戰場上與美國纏鬥不休。

二〇一二年到二〇一三年的美伊金融戰顯示，軍事力量無法與美國抗衡的國家，可以在金融戰場或電子戰場上成為強大的敵手。正如美國與歐洲和土耳其結為盟國，伊朗也尋求俄羅斯、中國和印度的奧援。伊朗的盟友公開提倡建立新的非美元銀行和支付體系。杜拜在這場戰爭上扮演順應兩個陣營的角色，有如瑞士在二次世界大戰期間。美國希望把伊朗逐出美元支付體系，也已經達成目的，但是「小心別亂許願」，現在一個替代的非美元支付體系果真在亞洲逐漸成形，而黃金本身則證明是很有效的金融武器。

中國、俄羅斯、伊朗、美國和北韓間的貓鼠大戰牽涉到現金、黃金、武器和制裁，展現出金融武器在戰略事務中已逐漸躍居主流地位[27]。

網路與金融的連結

對金融戰爭感到興趣的單位不只有五角大廈的馬榭爾辦公室。二〇一二年九月底，巴林王國主辦一場不公開的國際貨幣專家高峰會，只有獲邀者才能參與，討論主題是貨幣與外匯存底的地緣政治學。為期三天的假想演習包括美元崩潰和區域性準備貨幣的崛起，例如中國人民幣和俄羅斯盧布。與會者包括歐洲議會議員、智庫學者、知名新聞記者，以及資本市場專家。

二〇一二年十月十二日，美國科學家聯合會（FAS）在華盛頓特區舉行一場金融戰爭演習，假想狀況是以色列和伊朗間的交手。參加者面對假想的傳統軍事情況，然後被要求評估對金融的衝擊，以及如何使用金融武器來製造乘數效果。

二〇一二年十月二十五日，波音公司在新罕布夏州布列敦森林的場外會議舉行一場金融戰爭演習。會場是具有歷史紀念性的華盛頓山飯店，曾在一九四四年舉行布列敦森林會議，建立了從二次戰後直到一九七一年尼克森總統關閉黃金匯兌窗口為止的國際金融體系。雖然波音是一家民營公司而非政府機構，它對金融戰爭的興趣一點也不足為奇。波音在七十個國家有員工、顧客遍及一百五十國，是全球最大的出口商之一。波音的國防、太空與安全部門為美國國安體系打造最敏感、最高機密的平台。全世界很少有公司像波音那樣，與金融戰爭的可能性和影響性有如此重大的切身關係。

在同一個月的二〇一二年十月三十日，國防大學完成為期一年的虛擬金融戰爭演習，有來自學界、智庫和大銀行業者的六位專家參與。演習的贊助者是美國太平洋司令部，演習的成果集結成一本一百零四頁的高度機密報告[28]。

二〇一三年八月，瑞士陸軍進行一場歷來最複雜的金融戰爭演習，稱為達普列斯－巴巴拉行動（Operation Duplex-Barbara）。在這場演習中，瑞士軍隊保衛自己的國家，對抗假想中蜂湧跨越邊界的法國暴民和好戰分子、企圖劫掠他們宣稱瑞士銀行竊取的錢[29]。

儘管有這麼多金融戰爭的演練活動和分析，也無法涵蓋所有的威脅層面。針對美國銀行業和其他金融機構等基礎設施的網路攻擊與日俱增，且採取各種不同的形式[30]。一個令人憂心的例子發生在二〇一一年耶誕節前夕，一名美國高級官員的電腦遭駭客入侵，裡面含有個人身分辨識資訊的檔案被下載，然後被用來刪除這名官員的個人銀行帳戶。這名官員正是所有美國資本市場的監管機構主管夏比若（Mary Shapiro）[31]。

二〇一三年四月二十三日，《美聯社》的推特帳號被駭，並被用來散播白宮已變成恐怖攻擊目標，歐巴馬總統受傷的假消息。這則假消息散播的時間正值波士頓馬拉松恐怖爆炸、追緝並射殺炸彈客發生後幾天。道瓊工業指數立即暴跌超過一四〇點，一千三百六十億美元財富蒸發，直到消息證實是假的才回升[32]。駭客成功竊取帳號和市場的反應顯示出，市場是一個極靈敏的觸發器，很容易潰跌，且可以用許多手段加以操縱。這個事件也是其他潛在攻擊者的示範教材。

這些事件指向最危險的一種金融攻擊——結合網路攻擊和金融戰的攻擊行動，可以發揮終極的乘數效應。在這種情況下，網路攻擊不用來癱瘓美國資本市場，而是入侵者控制下單軟體以假造大金融機構下賣單。這種攻擊想造成的金融崩潰類似惡棍避險基金的作法，不同的是不需要動用現金或資本。電腦的程式被設計成模仿一家失控的經紀商，嘗試拋售數兆美元的股票、債券和衍生性金融商品。

這種假設狀況就像二〇一二年八月一日騎士資本公司（Knight Capital）釀成災禍的蓄意版。騎士事件是因為軟體的錯誤導致電腦狂發買賣單給紐約證交所，使騎士公司在幾分鐘內累積七十億美元不想要的部位，後來賣出時虧損了四．四億美元。在災難發生時，騎士裡沒有人能找出問題所在，也沒有人想到切斷電腦運作。最後紐約證交所採取自衛措施，切斷騎士與系統的連線。

更大的災難發生在二〇一三年八月二十二日，那斯達克股市因為電腦和通訊問題而癱瘓三個小時，至今仍未公開解釋清楚，不排除是來自伊朗網路防衛部的攻擊。二〇一二年八月，伊朗的網路部隊以夏穆恩（Shamoon）電腦病毒，攻擊石油巨擘沙烏地阿拉伯國家石油公司（Saudi Aramco），摧毀三萬台電腦，且伊朗在網路金融戰上的努力仍在持續中。

在這些金融戰爭的情況中，攻擊規模可以大到讓紐約證交所無法負荷而被迫關閉，導致的恐慌可能造成數千億美元帳面損失。

雖然國安專家曾表達對金融戰的關切，美國財政部和聯準會的官員照例對威脅的分析潑冷水。他們的說詞通常是先估計金融戰對市場的影響，然後下結論說中國或其他強權絕不會發動金融戰爭，因為它們自身的部位也會蒙受巨大損失。這種觀點反映出危險的官員天真心態。財政部的觀點假設金融戰爭的目標在於金融獲利，這是大錯特錯。

金融戰爭的目的是削弱敵人的能力，壓制敵人，同時尋求在特定地區的地緣政治優勢。從部位獲利與金融攻擊的目的無關，如果攻擊者能讓對手因為金融災難而瀕臨崩潰和癱瘓，同時在其他戰場占優勢，那麼金融戰就稱得上成功，即使攻擊者付出重大成本。所有戰爭都得付出成本，而且許多戰爭的破壞力大到必須花幾年或幾十年才能復原。這不表示戰爭不會發生，或付出成本的發動戰爭者不能獲得優勢。

考慮下列的計算：如果中國因為與美國的金融戰爭而損失二五%的外匯存底，中國的成本大約是七千五百億美元。十二艘最新式福特級航空母艦、加上可想像的軍力裝備，將需要超過四千億美元的建造、部署、操作、改裝和其他必要成本。支援這些航空母艦的驅逐艦、潛水艇和其他船艦，以及協助艦隊運作的系統與人員，將使成本再大幅提高。總之，對美國發動金融戰爭的成本，可能不會高過在海上和陸上與美國開戰的成本，而加諸美國的傷害可能更大。中國還沒有最先進的航空母艦，但中國有現金和電腦，它會選擇自己的戰場。

中國可以在金融戰爭時，藉轉換帳面財富為黃金來避免資產凍結或貶值，這也是中國近來積極採取的作法。中國每收購一塊金條，就可以降低一些在金融的脆弱性，也在部位損失和軍備成本的權衡間更傾向金融戰爭一些。中國的潛在意圖可以從它是世界最大黃金購買國推論而知。

美國財政部和聯準會的觀點也未能說明長短期效應的區別。短期成本很高的攻擊也可能得到很高的長期獲利。不管中國的部位在金融戰爭可能蒙受多少損失，都可以在和談或協商解決方案時很快扭轉。一旦情勢恢復正常，凍結的帳戶可能解凍，市場損失可能轉變為獲利。在同一時間，中國可能取得台灣或東亞海域等地區的地緣政治優勢，而美國經濟在這類競賽中可能損失最大，需要幾年的時間復原。

財政部和聯準會官員駁斥金融戰爭的憂慮，因為他們誤解風險的統計性質，和他們依靠錯誤的平衡模型。這些模型假設的效率市場和理性可能與真實的市場脫節。就金融戰爭而言，他們的觀點是，敵人攻擊特定的股票或市場將是搬石頭砸自己的腳，因為一旦賣壓開始出現，理性的投資人會逢低買進。這種行為只存在於相對平靜、未受干擾的市場，但在真正的恐慌情況中，賣壓會自我反饋，買家會頓時不見蹤影。嚴重的恐慌如果沒有政府的救援行動，會以指數性的速度擴散。

這種恐慌事實上在過去十六年間發生過兩次。一九九八年九月，在紐約聯邦準備銀行安排四十億美元現金救援避險基金長期資本管理公司（LTCM）之前幾個小時，全球資本市場實際上已瀕臨崩潰邊緣[34]。二〇〇八年十月，美國國會通過問題資產救助計畫（TARP）紓困方案，對多數大銀行伸出援手之前幾天，全球資本市場也已幾近奄奄一息，只能靠聯準會和美國財政部提供貨幣市場基金擔保，支撐美國國際集團（AIG）和提供數兆美元的市場流動性。在兩次恐慌中，聯準會想像中的逢低買進都未適時出現挽救市場。

總而言之，財政部和聯準會對金融戰爭的觀點顯示出情報分析師所稱的「鏡像」（mirror imaging）。他們假設因為美國不會對中國發動金融攻擊，所以中國也不會對美國發動攻擊。這種短視不僅無法避免戰爭，反而是戰爭的主要原因，因為它們未能洞悉敵人的意圖和能力。就金融戰爭而言，市場極其重要，不應全由財政部和聯準會來做決定。

金融戰力要成為有效的政策工具，也不一定要透過發動金融戰，而只須讓威脅足以令人信服。如果中國表明了若美國以軍事行動防衛台灣會導致美國損失數兆美元，美國就可能從這個立場退讓。在這種假想情況下，台灣將被迫獨自承擔其命運。馬榭爾的空海整體作業將受到中國摧毀財富的金融武器所威懾。

或許最大的金融威脅是，這類假想狀況可能由意外事件觸發。一九六〇年代中期，在對核武攻擊和相互保證毀滅的冷戰歇斯底里最顛峰時，有兩部處理美蘇爆發核武戰爭主題的電影《核戰爆發令》（*Fail Safe*）和《奇愛博士》（*Dr. Strangelove*），都描寫雙方不願發動戰爭，但因為電腦故障和不肖官員的行動而爆發大戰。

現今的資本市場也一樣一觸即發，事實上比過去還更容易失靈，正如騎士資本事件，和二〇一〇年五月六日神祕的「閃崩」（flash crash）事件所顯示。金融攻擊可能在例行的軟體更新或演練中意外發動。在沒有惡意分子破壞的情況下，全球金融市場一九九八年和二〇〇八年就已兩度瀕臨崩潰，不管是意外或惡意攻擊導致，未來發生類似崩潰的風險，實在高得令人憂心。

二〇一一年，《國家期刊》（*National Journal*）刊登一篇標題為「第二天」（The Day After）的文章，詳述美國政府面對侵略、基礎設施崩潰或極端自然災難的最高機密緊急應變計畫。這些計畫包括一支直升機中隊降落在國會大廈附近的華盛頓國家廣場，接走國會領袖，疏散到維吉尼亞州氣象山（Mount Weather）的緊急運作中心。接著國防部官員將被移往馬里蘭州—賓州邊界雷文岩山（Raven Rock Mountain）地下的強化碉堡，距離大衛營不遠。

安賓德（Marc Ambinder）的報導有許多牽涉到萬一某些官員（可能包括總統在內）死亡或失蹤時的指揮鏈。他指出，這些應變計畫在一九八一年企圖暗殺雷根總統，和在九一一恐怖攻擊時，都未能發揮作用。近幾年來在安全通訊上已有改進，但指揮鏈仍然可能發生嚴重含混不清的問題。而且安賓德預期，在下一次國家危機發生時，失靈的情況仍會發生。

不過，金融戰爭將帶來不同性質的危機，例如只有出現極少、或沒有實體破壞。沒有官員會死亡或失蹤，指揮鏈應該完好無缺。如果沒有協同基礎設施攻擊，通訊應能照常暢通。

然而國家仍會遭到重創，就像一場大地震夷平一個大城市般，因為數兆美元的財富將蒙受損失。銀行和交易所將關門，市場的流動性將蒸發，信任蕩然無存。從二〇〇八年來已用光三兆美元新鈔票的聯準會，將沒有能力或信用再做更多。社會不安和暴亂將接踵而至。

馬榭爾和其他國安圈高瞻遠矚的人物很嚴肅看待這類威脅。但他們沒有或很少得到來自財政部和聯準會的支持，因為兩個機構都被鏡像所蒙蔽。

諷刺的是，解決之道並不難設想。這些解決方法牽涉到拆解大銀行，避免它們變成大到不能倒的事業；恢復區域性股票交易所的體系，以提供多重的架構；以及重新把黃金納入貨幣體系，因為黃金不會在數位閃崩中轉瞬消失。這些改變的成本將獲得遠為豐厚的利益所補償。但這些補救措施都不被國會或白宮嚴肅考慮，因為截至目前，美國還只隱約感覺到威脅，遑論考量解決之道。

| 第二篇 |

貨幣與市場

CHAPTER 3

市場的崩毀

在政府中掌權的人……似乎自認為能像移動棋盤上的棋子那樣，輕易擺布大社會裡的各個成員。他們沒有考慮到，在人類社會的大棋盤上，每個棋子都有自己的行動原則。

——亞當．斯密（Adam Smith）
《道德情操論》，一七五九年

從經濟統計得出的「數據」，從來都不是個人真的從整個社會「獲得的」，這些經濟數據對個人沒有意義，經濟社會對個人的意義永遠無法從統計數字得出。

——海耶克（Friedrich A. Hayek）
一九四五年

任何……統計規則性一旦因為控制的目的而在上面施壓，就很容易崩潰。

——古德哈特定律（Goodhart's Law）
一九七五年

在莎士比亞的《威尼斯商人》（*The Merchant of Venice*）中，主角之一的薩拉里諾（Salanio）問：「里亞爾托橋（Rialto）近來有什麼新鮮事？」他正在打探消息，蒐集情報，嘗試了解市場的新發展。薩拉里諾並非有意控制周遭發生的事，他知道自己無法控制。他只是想了解情況的發展，以便尋找他在市場的位置。

葉倫（Janet Yellen）和聯準會要是能做到謙遜，就能把事情做得很好了。

市場這個詞總是可以激起許多意象，從有歷史之前的以物易物、中世紀的小鎮市集，到買單與賣單在毫秒之間於雲端撮合的後現代數位交易所。基本上，市場是買家和賣家相會，進行買賣產品與服務的地方。在現今世界，這個交易的地方也許是抽象的數位場所，買賣雙方相會可能只是剎那的接觸。但就角色來說，市場從銅器時代的交易商在地中海沿岸用琥珀交換黑檀木至今，並沒有改變。

不過，不管是像黃金等有形商品，或股票等無形商品，市場運作最根本的過程，向來就比單純的交易產品與服務更重要。從根本來看，市場是有關產品與服務價格的資訊交換。價格是變動的，一旦商品和交易商確定一個市場價格，其他人就能利用這個資訊來擴大或縮小生產、雇用或解雇工人，或轉移到另一個具有價格優勢的市場。

資訊來自交易，而資訊比單純的交易更有價值；彭博累積數十億美元的財富，就是立基於此。一個創投資本家如何為一家製造全新產品的企業決定股權價格？投資人和創業家都沒有十足的把握，但他們可以依據這家企業以往成果的相關資訊（不管是偶爾的大獲利或頻繁的失敗）做判斷，讓投資順利進行。有關銷售和投資報酬率的資訊，是讓更多銷售與投資得以發生的潤滑劑和燃料。產品與服務的交易也許是市場活動的結果，但價格發現（price discovery）是讓交易得以發生的市場機能。

如果你空手走出中東市集的地毯攤位，拒絕攤商開的價格，而小販卻追出來喊著「先生，先生，我可以給你更好、更便宜的價格」，你就會了解價格發現機制有多迷人。這種機制的運作在連結紐約和芝加哥交易平台伺服器的數位、自動化高頻交易沒有兩樣。電腦提供的是毫秒版的「先生，我有更好的價格」。價格發現，仍然是首要的市場機能。

但市場不只是買家和賣家、投機客與套利客的大本營。現今的全球市場似乎也讓想改善經濟的央行官員難以抗拒。但央行官員的計畫對市場有害無益，而且徒勞無功，因為對他們來說，市場只是實驗干預理論的試管。

央行官員控制貨幣的價格，因此間接影響全世界的所有市場。既然擁有如此強大的力量，理想的央行官員應該謙遜、審慎，並順服於市場訊號。然而，現代央行官員在扭曲市場以順從他們意志的作法上，不但大膽，而且傲慢。

央行根據自認為更優越的供需知識，制訂從上而下的計畫，主宰了資源分配與工業生產，並讓歷來政治人物無不趨之若鶩。更令人感到諷刺又悲哀的是，西方央行在二十一世紀初期熱烈擁抱中央計畫，而蘇聯和共產中國才剛在不久前的二十世紀末放棄中央計畫。蘇聯和共產中國的人口占全球三分之一，這兩個世界大國，過去實施極端的中央計畫，前後加起來超過一百年，結果很明顯是悲慘的失敗。現今的中央計畫者，尤其是聯準會官員，將在未來遭到相同的挫敗，問題是什麼時候？整個社會又將付出多大代價？

中央計畫盛行往往源自需要由上而下的方法來解決問題。對一九一七年的俄國共產黨來說，問題是沙皇和封建的社會。對一九四九年的中國，問題是國內的貪腐和國外的帝國主義。對現今的中央計畫者，問題則是通貨緊縮和低名目成長。問題是真實的，但由上而下的解決方法是虛幻的，是傲慢和假意識形態的產物。

在二十世紀，俄國人和中國人追隨馬克思意識形態，槍桿子出政權。現今的央行官員擁抱凱因斯主義和博士的傲慢。馬克思或凱因斯意識形態都不允許個人有必要的自由，然而這種自由卻可以讓錯綜複雜的先進社會自然的找出解方。在這種情況下，感受到央行操縱與控制的個人，若不是抑制他們的經濟行動，就是建立不受制於央行市場操縱的全新小企業。

市場參與者被迫汲汲於揣測、分析和下注，嘗試早一步料中聯準會理事們的決定。近來所謂的市場已變成賭下一次聯準會新政策宣布、搶搭政策執行便車的場所。從二〇〇八年以來，市場已變成壓榨財富而非創造財富的場所。市場不再發揮真正的市場機能。在現今的市場，學界和收租人（既得利益者）壓迫的手，已取代商人和創業家看不見的手。

這種批評並不新鮮，而是和市場一樣古老。亞當・斯密在一七五九年的哲學論述、也是現代資本主義體系起源的《道德情操論》中明白指出，沒有規畫者可以指引一個系統，尤其這個系統是由複雜成分構成，擁有獨特性質，早已超越規畫者的視野。這可以用層層裹套的

「俄羅斯娃娃」（Matryoshka）來比喻，只有在第一層娃娃打開時，下一層獨特的娃娃才會顯露，每打開一層裹套，才又顯露一層具有獨特相貌的娃娃。不同的是，俄羅斯娃娃是有限的，而現代經濟的多樣性卻是無限的，各要素之間的交互作用複雜難解。

海耶克在一九四五年的經典文章〈知識在社會的運用〉（The Use of Knowledge in Society）中，做了同樣的說明，但重點略有不同。亞當．斯密強調個人，海耶克則強調資訊。這呼應了海耶克對進入電腦時代門檻的看法，也就是當根據方程式系統建立的模型，開始支配經濟學時。當然，海耶克是個人自由的倡導者，他了解他寫到的資訊終究會在複雜經濟體系中被創造出來，所扮演的角色就像自主的個人一樣，他的觀點是，沒有任何個人、委員會或電腦程式能擁有建構經濟秩序所需的所有資訊，即使可以依照這種秩序打造出一個模型。海耶克寫道：

> 理性經濟秩序的問題具有這個奇特的性質，正好是因為我們必須利用的環境知識從來就未曾以集中或整合的形式存在，而完全是以不完整且經常互相矛盾的知識片段存在，而且是由不同的個人擁有……或者，更簡要的說法是，問題在於如何運用非以完整形式給予個人的知識[1]。

古德哈特在一九七五年的一篇由澳洲準備銀行（RBA）發表的論文中[2]，首度闡明古德哈特定律（Goodhart's Law）。古德哈特定律常被人改寫為「當金融指標變成政策目標時，它便喪失指標的功能」。這句話說中古德哈特定律的要旨，但原始的文句還更中肯，因為原文中包含「為控制的目的」這個詞（原始的文字是「任何可觀察的統計規則一旦因為控制的目的而在上面施壓，就很容易崩潰」）。這個句子強調古德哈特不僅關心一般性的市場干預或操縱，而且關心央行透過特定由上而下的作法來支配複雜體系的結果。

亞當．斯密、海耶克和古德哈特的結論都是，中央計畫不僅不可取或不理想，而且不可能成功。這個結論符合較晚近的計算複雜性（computational complexity）理論。這個理論將計算上的挑戰，依資料、計算步驟和解決特定問題所需處理能力的困難度加以分類，包括那些被認為不可能計算的問題；如此分類是因為資料的量太大、處理的步驟是無限的，而且就算用上世界上所有的計算能力都不足夠，或者三個挑戰兼具。亞當．斯密、海耶克和古德哈特都明白指出，經濟世界人類行為的多樣性和適應性，就是典型的例子，證明計算複雜性超越人或機器加以最佳化的能力。這不表示經濟體系無法達到最佳化，而是說最佳化與經濟複雜性自然出現，不是央行透過政策可以創造的。現今的央行，特別是美國聯準會，正在重蹈列寧、史達林和毛澤東的覆轍，雖然其中沒有暴力，卻以所得不平等、社會動亂和國家衝突的形式呈現。

亞當．斯密和海耶克對經濟複雜性問題的解釋已廣為人知，古德哈特則增添一段令人膽寒的結語。當央行用來制訂政策的數據本身是以前政策操縱的結果時，會發生什麼事？

財富效應

通膨、失業、所得和其他指標的測量都被央行密切監視，做為決定政策的依據。下降的失業率和上揚的通膨率，可能傳達必須緊縮貨幣政策的訊號，正如資產價格下跌可能代表必須提供更寬鬆的貨幣。決策者對經濟減緩的回應是以改善數據為目的的政策。經過一陣子後，數據本身可能不再反映基本經濟現實，而是政策粉飾的結果。若以這些數據來制訂下個政策，央行可能陷入假訊號引導政策，進而製造更多假訊號和更多政策操縱的迷陣，如此循環不已，導致與現實愈行愈遠，直到撞上一堵無法輕易操縱的鋼牆，例如實質所得和生產。

爭論的重點之一是財富效應。財富效應的概念簡單明瞭，股票和房地產這兩類資產，代表美國人的大多數財富。股票代表的財富明顯可見，美國人每個月會收到401（k）退休金計畫帳戶的報表，如果他們願意，可以隨時查看特定股票的價格。房價較不透明，但從房地產出售登錄和茶水間閒聊蒐集的間接證據，足以證明美國人對自己住家價格都相當了解。財富效應的支持者說，當股價和房價上漲時，美國人會覺得更有錢和更幸福，而且願意減少儲蓄和增加支出。

財富效應是支撐聯準會從二〇〇八年來採取零利率政策和印製更多鈔票的支柱之一。這其中的傳導途徑不難了解。如果利率很低，更多美國人就能負擔抵押貸款，如此可刺激房屋買氣，推升房屋價格。同樣的，在低利率的情況下，證券商提供低廉融資給客戶，刺激更多人買進股票，進而推升股價。

這個過程也有一個重要的取代效應。所有投資人都希望儲蓄和投資能獲得不錯的報酬率，如果銀行帳戶的利息接近零，美國人會把資金轉向股票和房地產，以追求較高的報酬率，如此可以形成自我反饋的作用，推升股票和房屋價格上漲。從表面看，零利率和寬鬆貨幣政策已製造出預期的結果。股價從二〇〇九年到二〇一四年上漲超過一倍，房價在二〇一二年中也開始大幅回升。經過四年嘗試操縱資產價格，聯準會到二〇一四年似乎已經成功。財富已被創造，至少是帳面財富，但達成了什麼效應？

財富效應的力量已經辯論了數十年，但近來的研究對其影響提出許多質疑[3]。很少經濟學家懷疑確實有某種財富效應存在，問題是效應有多大，能持續多久，以及達成它所需的扭曲帶來的負面影響值不值得？

財富效應通常以財富每增加一美元帶來的消費支出增加百分比來呈現，例如，股市和房市價格每增加一千億美元，如果能創造二%的財富效應，就表示能創造出二十億美元的消費支出。國會預算處（CBO）的數據顯示，許多項研究估算的房價財富效應從一．七%到二一%不等。範圍如此大的估計效應顯得很可笑，使這類研究的可信度遭到質疑，並凸顯出這個領域在方法學上的困難。

一項由紐約聯邦準備銀行公布的股市財富效應重大研究，包含了一些發現與聯準會本身對財富效應的看法嚴重矛盾。這項研究說：

> 我們發現……總財富改變與總支出間有正向的關聯……但發現其效應相當不穩定且難以確認。消費成長對意外財富改變的反應並不確定，而且似乎很短暫……我們發現……財富效應……近幾年來很微小。……當我們強制加入一段落後期來觀察消費的反應……財富成長的劇烈改變對消費成長幾乎沒有影響[4]。

另一項調查顯示，財富效應的存在十分集中在富人，對一般美國民眾的支出沒有影響[5]。

紐約大學經濟系主任巴庫斯（David K. Backus）也呼應上述看法：

> 財富效應的概念並未顯現在經濟數據上。根據巴庫斯的看法，一九九〇年代末的股市榮景增進了美國人的財富，但並未造成消費的重大改變……巴庫斯表示，在股市反轉之前，「你看不到消費大幅增加，而在股市反轉後，也未見大幅減少[6]」。

比質疑財富效應多大和發生在何時更令人困惑的是，經濟學家甚至無法確定效應的方向。雖然主流觀點認為股價上漲會增進消費，經濟學家卻指出可能剛好反過來：消費增加可能推升股價。著名的貨幣經濟學家韓特（Lacy H. Hunt）總結對財富效應的研究如下：

> 此處的重點不是聯準會政策是否造成總財富增加或減少，問題是財富的變化是否明顯地改變消費支出。最明確的證據指出，財富的增減對消費支出只有很少或沒有影響。因此，當股市因為聯準會大規模挹注流動性而上漲時，更廣泛的經濟並未受影響[7]。

再看看針對一九九九年或二〇〇七年晚近兩次股市泡沫做的幾項主要財富效應研究。學界研究對股市泡沫的財富效應特別感興趣並不令人意外，因為泡沫期間的財富效應理應最強，但這些研究顯示，財富效應實際上很微弱且不確定。

整體看來，這些研究都顯示：聯準會印製數兆美元的鈔票追求財富效應，實際上可能只是追逐一個幻影。

資產泡沫

現今的美國正經歷過去十五年來發生的第三次股市泡沫，和第二次房市泡沫。這些泡沫對經濟沒有實質幫助，只是增加了經紀商和銀行家的財富。當這些泡沫爆破時，經濟將經歷比二〇〇八年更嚴重的恐慌，而銀行家很快又將奔走哀求紓困。傲慢的央行官員不信任市場，反而一心想操縱市場，將成為罪魁禍首之一。

資產泡沫是聯準會印鈔最明顯可見的惡果，雖然惡果不只一端。其中一個顯著的效應是，透過匯率機制從美國出口通貨膨脹到其貿易夥伴。二〇〇八年以來的聯準會政策一直有個不解之謎，就是美國的消費者物價未出現通膨。自二〇〇八年到二〇一二年，消費者物價指數年增率平均只有一・八%，為一九六五年來最低的五年期水準。聯準會批評家多年來預期美國通膨將因印鈔而大幅竄升，雖然會有時間落差，但通膨至今尚未出現；事實上揮之不去的通縮跡象從二〇一三年就已出現。

美國未出現通膨的主因之一是，通膨透過匯率機制出口到海外。美國的貿易夥伴如中國和巴西，都希望藉壓抑本國貨幣兌美元的匯率來促進出口。當聯準會印製美鈔時，這些貿易夥伴必須擴增自己的貨幣供給，吸收以貿易順差或投資形式湧進國內經濟的美元。這些美國貿易夥伴的印鈔政策導致國內通膨升高。美國本身的通膨很溫和，因為美國從貿易夥伴進口廉價的產品。

從新千禧年初始，整體世界便出現自然的通縮傾向，尤其是美國。美國剛開始是從中國進口通縮，其形式是中國以豐沛的勞動力製造低廉產品，並藉助貶值貨幣以使美元計價的中國產品價格低於經濟基本面，然後出口到美國。通縮傾向在二〇〇一年變得更明顯，當時美國的通膨年率降到一・六%，接近通縮的危險邊緣。

這種通縮隱憂促使當時的聯準會主席葛林斯班（Alan Greenspan）大幅調降利率。在二〇〇二年，聯邦資金利率（Federal Fund rate）只有一・六七%，是四十四年來最低水準。二〇〇三年的平均聯邦資金利率還更低，僅一・一三%，二〇〇四年則為一・三五%。這三年期間的超低利率是為了對抗通縮，而且果然奏效。在正常的時間落差後，二〇〇四年消費者物價指數升至二・七%，二〇〇五年再升至三・四%。葛林斯班像駕駛一架墜落中的飛機，在飛機正要撞上地面時及時將飛機拉起，讓機身恢復穩定，然後提升高度。到二〇〇七年，通膨重回超過四%，聯邦資金利率也突破五%。

葛林斯班擊退了通縮惡龍，但在過程中也製造一個更糟的難題。他的低利率政策直接導致房地產市場的資產泡沫，在二〇〇七年底崩潰時造成災難性的破壞，使經濟進入一個新衰退期。在一年內，資產價格大跌、流動性蒸發，信心淪喪，帶來二〇〇八年的恐慌，數十兆美元的帳面財富在一夕間消失。

聯準會主席的職務在二〇〇六年二月，由葛林斯班交給柏南克（Ben Bernanke），當時正值房市崩盤正要開始。柏南克接收葛林斯班留下的通縮問題，這個問題從未真正消失，只是被二〇〇二年到二〇〇四年的寬鬆貨幣政策掩飾。消費者物價指數在二〇〇八年七月達到短期高峰，然後在下半年大幅滑落。從二〇〇八年到二〇〇九年的通膨年率出現一九五五年來首見的下降；通膨又再度轉成通縮。

這一次原因不是中國人，而是去槓桿（deleveraging）。二〇〇七年的房市崩潰，摧毀了一兆美元次級房貸和其他低品質抵押貸款的擔保。二〇〇八年的恐慌迫使金融公司和槓桿投資人爭相拋售資產以償還債務。一些資產遭拋售則是因為貝爾斯登（Bear Stearns）、雷曼兄弟（Lehman Brothers）和美國國際集團等業者債務違約。隨著新屋開工停頓和營建工作消失，金融恐慌擴散到實質經濟。失業率飆升，進而助長通縮。二〇一〇年通膨降到一・六%，正好和二〇〇一年讓葛林斯班受到驚嚇的一．六%相同。柏南克對隱然成形的通縮威脅，反應甚至比葛林斯班近十年前面對相同威脅時還激進。柏南克二〇〇八年降低聯邦資金利率到接近零，一直持續到現今。

全世界正目睹一場通縮與通膨的大決戰。通縮是內生的（endogenous），源自新興市場生產力提高、人口結構改變，和資產負債表去槓桿。通膨則是外生的（exogenous），來自央行的利率政策和印製鈔票。每隔一段時間測得的物價指數不只是數字，它們更像測震儀，測量地殼構造板塊在斷層線上彼此推擠。斷層線經常是平靜的，近乎靜止不動，但當壓力升高、一個板塊開始推擠另一板塊時，便會很活躍。通膨在二〇一一年相當活躍，年增率達三．二%。通縮在二〇一二年底占上風；從二〇一二年九月到十二月的四個月間，消費者物價指數穩定下滑。現在經濟既不處於通膨，也非通縮模式；通膨與通縮同時存在，且基於互不相同的原因；物價指數顯示出這些互相抵消的力量如何運作。

這種動態對政策產生深遠的影響。它意味著只要根本的通縮力量仍然未消除，聯準會就不能停止寬鬆政策。如果聯準會減緩印製鈔票，通縮將很快掌控經濟，對國家債務、政府歲入和銀行體系帶來災難性的後果。但是通縮的根源並沒有消失。至少有十億名新勞工將在未來幾十年進入亞洲、非洲和拉丁美洲的勞動力，將帶來成本和物價下跌的壓力。另一方面，已開發國家的人口結構改變，也將為先進經濟體的總需求帶來下滑壓力。最後，科技進步加速，代表生產力提高將導致產品和服務更低廉。天然氣、頁岩油和裂岩技術的革命，又是另一股帶來通縮的力量。

總之，世界想要通縮，政府想要通膨。這兩股力量都不會放鬆，因此兩者的壓力將繼續累積，遲早兩股力量之一將出其不意地壓倒對方，屆時經濟遭遇的將不只是泡沫，而是以更深的衰退或更高的通膨為形式的大地震。

市場的震盪

預期會發生在人口集中區的大規模地震，常被稱作「地龍翻身」。但在這類大地震出現前，通常在斷層線附近、遠離大城市的社區，會先發生一些造成小破壞的震動。這可以拿來比喻聯準會的市場干預。急於對抗通縮的聯準會，正在遠離美國公債等主要市場的次級市場造成小崩盤。聯準會的寬鬆貨幣政策造成意料之外的後果，在很多方面已愈來愈明顯、代價愈來愈高，且問題愈來愈大。檢視這些惡果可以發現，聯準會唐吉訶德式的追獵通縮之龍注定會失敗。

通膨從二〇〇八年到二〇一三年雖然很溫和，卻未降至零，而個人所得和家庭所得成長卻接近零。這表示即使在低通膨環境下，實質所得仍減少。如果聯準會允許通縮發生，即使名目所得未增加，實質所得也會成長，因為消費產品價格會降低。因此，通縮是勞工的紅利，因為通縮可提高生活水準，即使薪資停滯不前。然而，現在實質所得卻下滑。經濟學家韓特一針見血地指出這個效應：

> 由於薪資仍然停滯不前，絕大多數美國家庭的實質所得日漸縮水。如果不是聯準會採取這種不尋常的措施，利率和通膨會比現在還低，而我們將可避免聯準會膨脹的資產負債表隱藏的未知風險。基本上，聯準會阻礙了這個療癒的過程，延遲了恢復正常經濟成長的時間，並使所得／財富差距更惡化，同時製造一個新問題——如何從失敗的政策「退場」[8]。

另一個聯準會政策意料之外的後果牽涉對儲蓄者的影響。聯準會的零利率政策導致每年四千億美元的財富，從一般美國大眾轉移到大銀行。這是因為正常的二%利率會支付把錢存在銀行的儲蓄者四千億美元利息。但現在儲蓄者沒有利息可賺，利益都給了銀行，它們可以把這些免費的資金以槓桿方式轉貸出去，賺進大把鈔票。聯準會的目的之一是懲罰儲蓄者，讓他們不把錢存在銀行，鼓勵他們投資在風險資產，例如股票和房地產，以推升這些市場的擔保價值（collateral value）。

但許多儲蓄者天生保守，而且保守有理。八十二歲的退休者不想投資在股市，因為股市泡沫破滅可能輕易讓她損失三〇%的退休儲蓄。二十二歲的專業人士為支付第一間房屋的分期付款而儲蓄，可能為相同的理由避開股市。兩種儲蓄者都希望存在銀行的錢獲得合理的報酬率，但聯準會的利率政策讓他們賺不到利息。結果是，許多民眾把退休給付或薪水的更大部分儲蓄起來，以彌補微薄的利息所得。所以聯準會的操縱原本想阻止儲蓄，實際上反而使預防性的儲蓄增加，以彌補減少的利息。這是教科書上沒教導、或沒被聯準會的模型納入的反應行為。

聯準會的政策也傷害對中小企業的貸款。這不致讓聯準會感到不安，因為聯準會對大銀行情有獨鍾。約翰霍普金斯大學教授漢克（Steve Hanke）指出傷害中小企業貸款的原因[9]：中小企業貸款的融資是透過銀行間貸款，換句話說，銀行A在銀行間市場放款給銀行B，讓銀行B可以貸款給小企業，但現在這類放款無利可圖，因為基於聯準會的干預，銀行間放款利率為零。因為銀行無法從這類銀行間放款獲得市場報酬，它們不願意參與這個市場。結果是，銀行間放款市場的流動性低，銀行沒有把握獲得需要的融資。不確定的融資讓銀行不願意擴充中小企業貸款業務。

中小企業的信用緊縮是失業率居高不下的原因之一。大企業如蘋果（Apple）和國際商業機器公司（IBM）不須藉銀行融資來擴張，它們以自有資金或從債券市場籌資就足以因應擴張的資金需求。但大企業不會創造新就業；就業創造大多數來自小企業。因此當聯準會透過壓低利率扭曲銀行間放款市場時，它剝奪了小企業的營運資金貸款，傷害它們創造就業的資金能力。

其他因聯準會政策造成的意外後果較隱晦，難以一眼看出，例如造成銀行業冒險追逐報酬率。在利率接近零的情況下，金融機構難以創造足夠的股東權益報酬率，因此它們訴諸槓桿操作、利用借款或衍生性金融商品，以增進報酬率。舉債從事槓桿操作會擴大銀行的資產負債表，同時提高它的資本適足要求。因此金融機構偏好衍生性金融商品策略，利用交換合約和選擇權來達成它的報酬目標，因為衍生性商品不列入資產負債表，不須像借貸那樣增加許多資本。

衍生性商品的交易對手會要求高品質的擔保品如公債，以擔保履行合約。但往往銀行可提供的擔保品品質很差，在這種情況下，想做不列入資產負債表交易的銀行也會與投資機構進行「資產交換」，也就是銀行給投資機構低等級的證券，交換像公債等高等級證券。銀行承諾在日後軋平交易時，讓投資機構收回公債。一旦銀行取得公債，就能向衍生性商品交易對手保證是「好擔保品」，並進行交易，進而只需極少的資本需求就能獲得不列入資產負債表的高報酬。這類資產交換的結果是，兩方的交易變成三方交易，牽涉更多承諾，構成一個更複雜的、涉及銀行和非銀行投資機構的交互義務網絡。

這類暗中的交易在市場平靜時很管用，對收回擔保品不會起恐慌。但在類似二〇〇八年發生的流動性危機中，這些錯綜複雜的網絡很快會凍結，因為對「好」擔保品的需求會立即超過供給，各方會爭先恐後拋售擔保品以籌措現金。爭搶好擔保品的結果是，流動性引發的恐慌很快再度發生，製造出市場的震動。

資產交換只是金融機構在低利率環境追逐高收益而增加涉險的許多方式之一。一項IMF做的權威研究顯示，一九九七年到二〇一一年間聯準會的低利率政策，與銀行業提高涉險有關聯[10]。IMF的研究也證明，低利率維持愈久，銀行業的涉險就愈高。研究的結論是，類似聯準會從二〇〇八年採取的長期超低利率政策，一定會提高系統風險。聯準會藉由壓低利率到接近零，鼓勵了追逐高收益，以及伴隨而來的各種不納入資產負債表的技巧和資產交換。在撲滅上次恐慌大火的過程中，聯準會埋下了一場更大火災的火種。

模糊的水晶球

聯準會操縱最令人擔憂的後果是，股市出現幾個月或較短期崩跌的可能性。這種情況可能肇因於聯準會根據嚴重錯誤的預測而採行的政策。事實上，聯準會預測的準確紀錄一向糟透了。

如果聯準會低估成長潛力，那麼利率就會太低，通膨和不利的實質利率可能發生。這種情況會傷害資本形成，而且根據歷史經驗，會製造出比較低的股票報酬率。相反的，如果聯準會高估成長潛力，政策將太緊縮，經濟將陷於衰退，進而傷害企業獲利和導致股價下跌。換句話說，高估或低估的預測都會製造錯誤的政策，導致股市下跌。最後不會傷害股市的唯一情況是，聯準會的預測很正確，政策也正確——但非常遺憾的是，這是最最不可能發生的情況。

在對股票有高期待、銀行有錯綜複雜的交互關係，和隱藏的槓桿等情況下，任何股市的弱點都可能擴散成市場崩盤。這不一定發生，但從當前環境和聯準會過去預測錯誤的紀錄來看，卻有可能發生[11]。

這些例子顯示出，聯準會操縱市場的影響範圍遠超過利率政策。聯準會的政策懲罰儲蓄、投資和中小企業，造成的失業具有通縮性，雖然聯準會極力嘗試提振通膨。逐漸增強的通縮導致美元升值，進而壓低黃金和其他商品的美元價格，使通縮進一步惡化。

反之，聯準會提振美國通膨的政策（方法之一是透過匯率），使美國的貿易夥伴（例如日本）的通縮加劇。貿易夥伴藉壓抑自己的貨幣來反擊。日本是目前最顯著的例子。日圓兌美元匯率從二〇一二年九月到二〇一三年五月中旬暴跌了三三％。日圓貶值的目的是透過提高能源進口價格來提振日本的通膨，但這也傷害與日本出口商競爭的南韓出口公司，例如與索尼（Sony）和豐田（Toyota）競爭的三星（Samsung）和現代（Hyundai）。這促使南韓降低利率以壓抑其貨幣，世界其他國家的情況也類似，紛紛調降利率、印製鈔票、進口通膨，從聯準會操縱全球準備貨幣美元引發出種種連鎖效應。其結果不是有效的政策，而是全球陷於混亂之中。

聯準會為其市場干預辯護，說是解決市場失靈的必要措施，例如二〇〇八年發生的流動性蒸發和貨幣市場信心崩潰的情況。當然，不容否認的是，二〇〇八年流動性危機本身就是二〇〇二年以來錯誤的聯準會政策的產物。當聯準會專注於政策想達到的效果時，它似乎就會對意想不到的效果視而不見。

不對稱的市場

從聯準會的觀點看，紓解市場恐懼的策略最重要的部分是溝通政策，即所謂的「前瞻指引」（forward guidance），聯準會希望透過承諾維持某種措施一段時間，或直到達成特定的失業和通膨目標，來擴大寬鬆政策的影響。對以前瞻指引來輔助市場干預的作法，是學術界長期探討和辯論的現代經濟學主題之一，而這個主題牽涉不完全的資訊，或稱作資訊的不對稱性：即一方比另一方擁有更完全的資訊，並因而導致兩方都從事非理想的行為。

這個領域從阿克洛夫（George Akerlof）一九七〇年發表一篇論文後開始受重視，也就是以二手汽車銷售為例來闡述論點的「檸檬市場」（The Market for Lemon）[12]。阿克洛夫在二〇〇一年獲得諾貝爾經濟學獎，部分原因是這方面的研究。他說，二手車的賣方很清楚汽車品質良好，或者品質低落，也就是「檸檬」（lemon，意為瑕疵品）。買家並不了解，因此買家和賣家之間產生資訊不對稱。不平等的資訊因此以不好的方式制約行為。買家可能假設所有二手車都有瑕疵，否則賣家不會想賣。這種想法導致買家降低他們願意支付的價格。高品質二手車的賣方可能反駁買家提議的太低價格，拒絕賣車。在極端的情況下，二手車可能完全沒有市場，因為買家和賣家要求的價格相差太多，雖然理論上如果雙方都知道所有資訊，就能達成一個市場價格。

二手車只是不對稱問題的一個例子，實際上許多種類的產品和服務都可能發生，包括金融交易在內。有趣的是，黃金沒有這個問題，因為黃金有統一的等級。如果不是詐欺，金條沒有「檸檬」。

從一九七〇年為經濟學家樹立里程碑後，阿克洛夫的理論被應用在無數問題上。他的分析影響極其深遠，如果溝通可以改善，資訊不對稱就能降低，市場就變得更有效率，價格發現機能進行得更流暢，為消費者降低成本。

一九八〇年，資訊在效率市場扮演角色的分析被一位二十六歲的經濟學家再度提出，這個人叫柏南克。柏南克在「不可逆性、不確定性與循環性投資」（Irreversibility, Uncertainty, and Cyclical Investment）[13]的論文中，探討投資背後的決策過程，研究未來政策和景氣情況的不確定性如何阻礙這類投資。這是一個重大的問題。投資是國內生產毛額（GDP）四大根本要素之一，其他三項分別是消費、政府支出和淨出口。在這些要素中，投資可能最為重要，因為它不僅在投資時提高ＧＤＰ，而且可在未來數年透過提高生產力來增加ＧＤＰ。新企業的投資也是雇用的觸媒，可以透過投資獲利帶來的薪資支付而增加消費。投資的任何阻礙都會對整體經濟成長帶來不利的影響。

缺乏投資是大蕭條長期肆虐的重大因素。從傅利曼（Milton Friedman）和舒華茲（Anna Schwartz）到柏南克，都發現貨幣政策是蕭條的主要原因。但對大蕭條為何比一九二〇年的短暫蕭條持續如此久的研究則少得多。金德柏格（Charles Kindleberger）正確指出，大蕭條持久不退的原因是體制的不確定性，這個理論認為，即使當市場價格已低到足以吸引投資人重回經濟活動，投資人還是會有所保留，因為不穩定的公共政策使企業無法正確計算報酬率。體制不確定性，指的不只是由消費者偏好改變或企業計畫執行效果提高或降低引發的一般商務不確定性，也包括政府為改變經濟而制訂、但往往使經濟更惡化的政策所增添的不確定性。

柏南克發表論文的一九八〇年，正好是過去一百年來三個最大的體制不確定期中的一個，即一九三〇年代、一九七〇年代和二〇一〇年代。

在一九三〇年代，這種不確定是由羅斯福總統時斷時續的干預政策造成的，包括價格管制、價格補貼、勞動法、沒收黃金，加上最高法院支持和反對某些計畫的決定也使情況更加嚴重。即使有龐大未利用的勞動力和極低的價格，資本家在一九三〇年代仍然退出市場，直到政策不確定性的烏雲因為第二次世界大戰的強制，及後來一九四六年的減稅所驅散[14]。等到政府終於停止設置障礙，美國經濟才擺脫大蕭條。

在一九七〇年代，美國經歷另一段體制不確定期。這段期間持續十年，從尼克森一九七一年管制工資和價格，以及放棄金本位制開始，持續到一九八〇年卡特（Jimmy Carter）課徵石油暴利稅。

現今美國因為預算爭議、健保法規、稅務政策和環保法令導致的體制不確定性，也引發同樣的經濟失調。問題不在於各項政策的選擇本身是好或壞，大多數投資人可以閃避不好的政策，真正的問題是投資人不知道哪些政策有利，因此無法明確計算資本的風險和報酬。

柏南克在一九八〇年的論文中，以一九二一年最早由奈特（Frank H. Knight）區別風險與不確定性的古典理論來做分析[15]。奈特指出，風險適用於投資人可用已知機率建立模型的隨機結果，而不確定性適用於未知機率的隨機結果。投資人通常願意面對風險，但在面對極度不確定性時可能因而癱瘓。柏南克的貢獻是證明這是一個附帶機會成本的問題。投資人可能不害怕不確定性，但他們可能也害怕不行動，而不行動的成本可能高於冒然投入未知。

反過來看，不行動的成本可能因等待新資訊的利益而降低。在柏南克的公式中：「當等待的成本……超過等待的預期利得……投資將獲得報酬。等待的預期利得是（新）資訊的機率……將讓投資人後悔他決定投資……等待的動機是……擔心可能出現不利的資訊[16]。」

這段文字是柏南克在擔任聯準會主席期間所有貨幣政策的根本解釋。在二〇〇八年以後，柏南克的聯準會將藉由提供投資人現金的零報酬率來提高等待的成本，並提供政策的前瞻指引來降低行動的成本。藉由提高等待成本和降低行動成本，柏南克把天平傾向支持立即投資，並透過投資帶來的就業和所得來協助經濟成長。柏南克的計畫是把資本家推回投資活動。他的意圖清楚表現在他寫的這段文字：「我們將不難……重新塑造在均衡商業循環模式下的經濟實例。誠如前面所提，經濟……最好是從中央計畫者的管理來思考[17]。」

柏南克的邏輯存在根本的瑕疵，因為它假設降低不確定性的政府機構不會同時提高其行為帶來的不確定性。當聯準會提供利率的前瞻指引時，投資人有多確定它不會改變主意？當聯準會說將在特定條件發生時提高利率，投資人有多確定這些條件會達成？聯準會在嘗試消除一種不確定性時，只是以它能否做到承諾的新不確定性來取代它。未來政策的不確定性，被前瞻指引是否可靠的不確定性所取代。這雖然是不確定性的衍生物，但終究還是不確定性，而且因為仰賴計畫者的喜好、而非市場的運作而更加糟糕。

史丹福大學的霍爾（Robert Hall）在二〇一三年八月聯準會傑克森洞（Jackson Hole）會議發表一篇重要論文，證明柏南克理論帶來的反效果[18]。霍爾的論文指出，雇用新員工的決定隱含了雇主計算員工未來生產的現值，而現值的計算取決於把未來的報酬轉換成現值的貼現率。但聯準會反覆不定的政策帶來的不確定性，使貼現率難以確定，並導致雇主減少或延緩雇用。事實上，聯準會刺激經濟的努力反而阻礙了經濟。

在自由市場，意識形態無關緊要，重要的是效率；效率並不完美，卻是僅有的最佳選擇。阿克洛夫證明了資訊不對稱在特定時間的成本，柏南克則證明資訊不確定性的長期成本。兩人的成本理論都很正確，但兩人都忽略了嘗試以政府干預解決問題的所有成本。阿克洛夫至少謙遜地承認這種局限，柏南克則一生始終表現中央計畫者的傲慢。

亞當．斯密和海耶克警告聯準會不可能達成其任務，以及嘗試這麼做的危險，古德哈特則指出一個更大的危險。即便是中央計畫者也需要市場訊號來執行一項計畫。一個下令所有襪子都製造成綠色的蘇維埃衣服部人民委員，可能有興趣知道綠色不受歡迎、以及那些襪子可能堆在貨架上乏人問津。聯準會也依賴價格訊號，尤其是與通膨、商品價格、股票價格、失業率、住宅和其他種種變數有關的訊號。當你使用操縱市場產生的價格訊號來操縱市場時，會有什麼結果？這是古德哈特提出來的問題。

中央計畫者必須暫停相信自己的干預，以便蒐集干預效果的資訊。但這個資訊是假資訊，因為它不是自由市場活動的結果。這是一個遞迴函數（recursive function）的問題。簡單的說，就是中央計畫者沒有選擇，只能相信自己的謊言。這是聯準會和所有想指引經濟體走出新蕭條的央行面對的困局。這些央行愈是干預市場，它們對真實經濟情況所知就愈少，對干預的需要就更迫切。一種形式奈特式的不確定性被另一種取代。體制不確定性變得無所不在，而資本則等待真正的市場回來。

和莎士比亞的薩拉里諾不同，我們再也無法信任市場告訴我們的訊息。這是因為控制市場的人不信任市場本身；葉倫和其他人已漸漸認為，他們的學術之手比亞當·斯密看不見的手更強大有力。其結果是市場工具正慢慢死亡，並進而預告了真實的經濟以及美元，也步步邁向死亡。

CHAPTER 4

中國的新金融戰士

大多數國家的改革和調整過程失敗，原因就是經濟裡……從扭曲中受益的部門，力量強大到足以阻礙消除這些扭曲的努力。

——佩帝斯（Michael Pettis），北京大學
二〇一二年十二月

中國的影子銀行部門已變成系統性金融風險的來源……就某種程度而言，它基本上是個龐氏騙局（Ponzi scheme）。

——肖鋼，中國銀行董事長
二〇一二年十月

歷史的負擔

對現代西方人來說，中國像是一個即將在幾年內稱霸東亞，並在財富上超越西方的強權。但事實上，中國的結構十分脆弱，很容易陷入混亂，歷史上已發生過多次這樣的情況。沒有人比中國人更了解中國，他們自己知道中國的前途充滿了不確定。

中國是世界歷史上持續最久的文明，跨越十二個主要朝代和數十個小王朝，經歷數百個統治者和政權。不過，中國並非高同質性的國家，而是由無數文化和種族組成，涵蓋了緊密交織的區域、城市、鄉鎮的網絡，由貿易和基礎設施所連結，因而避免了從阿茲特克（Aztec）到辛巴威（Zimbabwe）等其他偉大文明遭遇的滅亡。

中國文化綿延持久的主要原因之一是治理特質的變換和更迭，在數千年間集權與分權時期不斷交替。中國歷史就像手風琴擴張和收縮的動作，彈奏的卻是同一首曲子。政治分權的傾向讓中國文明得以保持強韌，避免像羅馬和印加王國一樣的集權崩潰。另一方面，政治集權則避免地方的環節，演化成分散、互異和不連結的農業社會。中國經歷強大和衰弱，但從未消失。

要了解現今的中國，認識中國集權、分權和重振秩序的歷史是不可或缺的。西方金融分析師往往從市場對中國誇大的信心數據來研究中國，卻對它的文化動態沒有足夠的歷史觀。周朝哲學家老子在《道德經》中表達中國人的歷史說：「夫物芸芸，各復歸其根[1]。」了解這個觀點對現今來說同樣重要。

中國的集權古代王朝包括周朝，年代約從西元前一一〇〇年起；秦朝，從西元前二二一年起；以及漢朝，緊接著秦朝，持續到西元二二〇年。中期的中國文明始於西元五八一年的集權隋朝，和西元六一八年接續隋朝的唐朝。過去一千年的政治集權多過於分權，共有四個主要集權王朝，從一二七一年忽必烈的傳奇性元朝開始，延續到一三七八年的明朝、一六四四年的清朝，和一九四九年的共產政權。

著名的分權與分裂期包括約西元前三五〇年的戰國時期，有十四個王國競逐夾在長江和黃河中間地區的掌控權。六百年後的西元二二〇年，另一個分權期開始，魏、蜀、吳三國鼎立，緊接著是晉朝和五胡十六國的時代。第六世紀的動盪未曾停止，陳朝、北周、北齊和梁朝等王朝最後被隋朝統一，開始另一段集權期。最後一段分治期約從九二三年起，有八個王國競逐中國東部和中部的統治權。

不過，混亂不只發生在分權期，即使是集權期間也經歷脫序階段，不是被鎮壓，就是演變成導致王朝更迭的動亂。這些動亂期中最危險的可能是一八五〇年到一八六四的太平天國之亂。在現今看來，這場最後變成內戰的叛亂它的緣起聽來似乎很不可思議。洪秀全原本很有可能成為滿清官員，但是屢次科舉考試都失敗落選，最後重病一場不得不放棄。他把挫敗歸因於在重病中幻覺有一位老人告訴他，他是耶穌的弟弟轉世。在傳教士的協助下，洪秀全展開為中國「斬妖除魔」的運動。一八四〇年代，他吸收更多追隨者，並開始在地方建立自治政權，對抗清朝的統治。

到一八五〇年，洪秀全的教派已凝聚為一支強大的軍力，在一連串戰役中打敗清軍。太平天國的國號正式成立，首都設在現今的南京。一八六〇年八月，在中國南方已能號令一億人的太平天國進攻上海，但被當時由清朝委任的歐洲軍官率領、配備西方士兵和武器的軍隊擊退。到一八六四年，叛亂終於被鎮壓，但付出的代價也很慘重。學界估計，在叛亂中喪生的人數介於二千萬到四千萬人。

類似的混亂發生在一九一六年到一九二八年的軍閥割據期，雖然當時中國在名義上是由中央政府統治。當時有二十七個軍閥領導的派系競逐權力，彼此合縱連橫，直到蔣介石和國民革命軍在一九二八年終於戰勝軍閥，統一才略具雛型。即使在當時，蔣介石一心想剿滅的中國共產黨於一九二七年時仍在南方負隅頑抗，並為躲避國民黨軍隊的攻擊而展開戰略性撤退，直到在中國北方山西省找到避難所，這就是所謂的大長征。

最晚近的分權期政治動亂，發生在一九六六年到一九七六年共產政權統治下的文化大革命。在這段動亂期間，毛澤東動員稱為紅衛兵的年輕黨員，揪出和肅清政府、軍隊、學界和社會中所謂的小資產階級和修正主義者。數千萬人遭殺害、折磨、羞辱，或被強迫從城市遷移到鄉間。歷史遺蹟在「除四舊、立四新」的口號中遭掠奪，藝術品被破壞。直到毛澤東於一九七六年死亡，和毛澤東死後一度大權在握的激進四人幫被逮捕，文化和經濟破壞的大火才終於撲滅。

這些動盪期的歷史記憶深植於中國領導階層的心中，並且解釋了中國對西藏等地區和維吾爾等文化，以及法輪功等教派的嚴厲鎮壓。共產黨不知道下一個太平天國何時會崛起，但對這類事件始終戒慎恐懼。一九八九年，屠殺天安門廣場的學生就是出於同樣的不安全感。在西方會被催淚彈和逮捕控制的抗議事件，對共產黨官員來說，卻是可能擴散和失控的人民運動，因此有理由以致命的武力鎮壓。

當代共產黨革命英雄的後代李大壯最近在上海說，當前共產黨領導階層最恐懼的不是美國軍力，而是移民工和推特行動應用程式，結合可能帶來的動亂效應[2]。中國有超過二億名移民工未獲許可而住在城市中，隨時可能在共產黨命令下被迫返回鄉下。中國嚴格管制網際網路，但透過4G無線行動頻道傳輸的行動應用程式較難監控。無根的工人和難以管制的寬頻通訊結合，在官方眼中的危險性不下於一位深信自己是耶穌弟弟的落魄書生激發的狂熱。動亂的可能是中國領導階層把經濟成長列為最高目標的原因——藉由成長來對抗興起的不滿。

在一九七九年以前，中國經濟根據「鐵飯碗」的原則運作。領導階層不承諾高成長、就業或機會，而是承諾足夠的糧食和生活基本需求。集體農場、奴工和中央計畫便足以履行這些承諾，但也只能如此。穩定是目標，成長只是難以企及的理想。

從一九七九年開始，鄧小平打破鐵飯碗，以追求成長的經濟取代，承諾人民自求多福的機會，而不再保證糧食和生活基本需求的滿足。當時的經濟完全稱不上自由市場，而且共產黨也沒放鬆管制，不過，國內企業和外國買家總算可以利用廉價勞工和進口技術，在種類繁多的可貿易製造業產品上創造比較優勢。

中國奇蹟就此創造出來。中國的GDP從一九七九年二千六百三十億美元，到一九九〇年成長為四千零四十億美元，二〇〇〇年達到一‧二兆美元，到二〇一一年攀升到七‧二兆美元，短短三十年間增加了二十七倍，成果十分驚人。現在，中國經濟總產值大約是美國經濟的一半。中國的高成長率促使許多人推論，在不久的將來中國經濟的總產值將超越美國。預測者說，屆時中國將躍升為全球最大強權之一，恢復久遠之前的明代擁有的地位。

推論很少能正確指引未來，所以這些預測可能言之過早。仔細檢驗從低基期出發的經濟成長過程就會發現，這種成長完全稱不上奇蹟。如果以像新加坡和日本採取的合理政策取代文化大革命的動亂，中國的高成長可能提前幾十年發生。近來的分析和檢驗，也讓許多人質疑中國是否能繼續以飛快的速度成長。

像經濟成長這類動態過程，很容易隨著生產因素的利用或耗竭而改變，不管是變好或變壞。普林斯頓大學教授克魯曼（Paul Krugman）在一九九四年的經典文章〈亞洲奇蹟之謎〉[3]，就曾說明這點。這篇文章因預測中國成長將趨緩而備受批評，但後來證明是先見之明。

克魯曼指出一個根本原則，任何經濟體的成長是勞動力參與和生產力增加的結果。如果經濟的勞動力成長停滯，生產力維持不變，它的產值也將不變，不會有成長。勞動力擴增的驅動力是人口結構和教育，而生產力的驅動力是資本和技術。沒有這些因素的投入，經濟無法擴張。當這些因素的投入很充沛時，成長便唾手可得。

一九八〇年時，中國有充沛的國內勞動力和外國資金流入，其結果不難預測。這種轉型有賴從提高基本識字率出發的教育，以及更高階的科技和職業技術的發展。中國在一九八〇年有超過五億農民，但這並不表示農民可以在一夕間轉變成工廠工人。這個轉變也需要住宅和運輸基礎設施。這些都需要時間，但在一九八〇年，這個過程已經啟動。

隨著勞工在一九八〇年代和一九九〇年代湧進城市，資本也動員起來提升勞動生產力。這些資本來自私人外國投資、世界銀行等多邊機構，以及中國的國內儲蓄。金融資本很快被轉變成利用日增的勞動人口所需的工廠設備和基礎設施。

正如克魯曼指出，勞工－資本因素投入的模式是兩面刃。當這些因素很充沛時，成長可能很快，但當這些因素不足時，會發生什麼事？克魯曼的回答是顯而易見的結論——在勞動力和資本投入減緩時，成長也同步減緩。克魯曼的分析對學界和政策制訂者並不陌生，但華爾街的啦啦隊和媒體則所知不多。那些認定久遠未來仍會快速成長的推測，忽略了生產因素的投入終究無法避免將會減緩。

舉例說明，五個工廠工人以手工組裝產品，可以製造一個特定的產值。如果有五個農民從鄉下遷移到城市，加入既有的工廠勞動力，並使用同樣的手工組裝技術，那麼產值將加倍，因為有兩倍的工人從事相同的工作。假設工廠業主買進機器，以自動組裝取代手工組裝，然後訓練工人操作機器。如果每部機器的產值是手工組裝的兩倍，而每個工人都有一部機器，產值將再增加一倍。在這個例子裡，工廠產出增加了四〇〇%，先是勞動力倍增，然後自動化生產再增加一倍。克魯曼解釋，這不是「奇蹟」，而是簡單明瞭的勞動力和生產力擴增的過程。

這個過程有其極限，到最後，從鄉下來的新工人將停止增加，而且即使有工人，利用資本的能力可能受到實體或財務上的限制。如果每名工人都有一部機器，而同一時間只能操作一部機器，這時候再增添機器也無法增加產值。經濟發展比這個例子複雜得多，有許多其他因素會影響成長的過程，但減少投入會導致成長減緩的根本原理是無可逃避的。

中國現在已接近這個階段。這不表示成長會停止，只是會減速到一個可以持久穩定的水準。中國在一九七八年實施一胎化政策，直到不久前仍鼓勵墮胎和殺女嬰，以致陷入目前的處境。中國的人口成長從三十五年前開始減緩，影響了現今的成年勞動力比率，結果正如IMF近日提出的報告所述：

> 中國正面臨人口結構的大轉變，將對其經濟和社會發展前景造成深遠的影響。在幾年內，工作年齡人口將達到歷史高峰，然後急劇下滑。年齡介於二十歲到三十九歲的工作年齡人口核心，已經開始萎縮。在這種情勢下，龐大低成本勞工的供應，也就是中國成長模式的主要引擎，將不復見，並可能對中國國內和國外造成極深遠的影響[4]。

很重要的是，勞動力參與趨於停滯後，技術將成為推動成長的唯一驅力。美國也面對人口結構的不利情勢，原因是出生率降低，但美國的勞動力仍然以每年一・五％的速度成長，部分功勞歸於移民，而且美國擁有藉由科技優勢加速成長的潛力。對照之下，中國雖然在模仿既有科技上很成功，卻尚未證明有能力發明新技術。勞動力和科技是成長的雙引擎，在中國都已開始減速。

儘管如此，官方統計數據仍顯示中國以每年超過七％的速度成長，讓先進經濟體望塵莫及。如此高的成長率如何解釋克魯曼將近二十年前就已預測的勞動力與資本因素投入減緩？要回答這個問題不只要考慮投入，也要觀察成長的組成。根據經濟學家的定義，ＧＤＰ包括消費、投資、政府支出和淨出口。這些組成的每一項或全部的成長，都會對經濟成長做出貢獻。這些成分如何在中國投入減緩時卻呈現增加？那得靠槓桿、債務和一點欺騙。

要了解箇中緣由，先看中國的ＧＤＰ組成與美國等已開發國家ＧＤＰ的比較。在美國，消費通常占ＧＤＰ高達七一％，而中國的消費占比只有三五％，不到美國一半。另外，投資通常占美國ＧＤＰ約一三％，而中國的投資高達總產值的四八％。在淨出口方面，中國的貿易順差為ＧＤＰ增添了四個百分點，而美國剛好相反，貿易逆差使ＧＤＰ減少了四個百分點。簡單的說，美國經濟是由消費驅動，而中國經濟的推手則是投資。

投資是促進經濟成長的好方法，因為可以收到雙重的效果：做投資時就能讓ＧＤＰ成長，然後投資在未來幾年提供的生產力提升，也能促進ＧＤＰ成長。不過，這種投資導向的擴張並非自動產生的，而要取決於投資的品質，就看投資是否真的能提高生產力，或者只是徒然浪費的所謂不良投資。近幾年來的證據顯示，許多中國的基礎建設投資是浪費。更糟的是，這些投資是靠無法償付的舉債來支應。浪費的資本加上隱然成形的倒債潮，讓中國經濟變成一個即將破滅的泡沫。

投資陷阱

晚近的中國不良投資，已在中國文明興衰史上寫下新篇章，新的主題是中國世襲財閥體制的崛起，新財閥不同於舊時代的軍閥，相同的是，他們都一心追求私利而無視於中國的利益。新財閥憑藉賄賂、貪腐和威嚇而橫行，他們是中國成長模式和所謂中國奇蹟的毒瘤。

一九四九年中國共產黨接管中國後，所有企業都由國家掌控和經營，這個模式持續了三十年，直到鄧小平一九七九年開始推行經濟改革。在接下來的十年，國有企業走上三條路，有些被關閉或併入更大的國有企業以提高效率；有些被私有化，變成上市公司；一些仍然保持國有的企業，變得愈來愈強大，成了特定部門的國家代表企業。

這些超級國有企業中最知名的有中國船舶工業集團、中國石油天然氣集團、中國石油化工，和中國電信集團。有超過一百家這種巨大的政府企業，由國家中央管理。二〇一〇年，十家最賺錢的國有企業總淨利超過五百億美元[5]。這些超級國有企業被組織成十六個超大計畫，以便提升中國的科技和創新，計畫的範圍涵蓋寬頻無線、石油與天然氣探勘，以及大型飛機製造[6]。

不管國有企業走上哪一條道路，貪腐和裙帶主義存在每個環節。被私有化的國有企業經理人都獲得許多好處，包括股票上市前的配股，和在私有化後擔任公司的主管要職。對保持國有的企業來說，貪腐的機會還更直接。董事會成員和高階主管都由政府任命，而且國有企業受到國家保護，可免於國內外的競爭，享受國有銀行的低利融資，以及優先取得政府機構和其他國有企業的產品與服務訂單。其結果是一個緊密交織的政府官員、太子黨和私有化企業經理人構成的網絡，坐享中國成長帶來的財富。這些菁英變成寄生蟲階級，從原本應能健康、正常成長的體制吸取養分以自肥。

寄生蟲菁英的興起與不良投資盛行息息相關。IMF和其他機構都呼籲中國經濟必須從投資轉向消費，但這與菁英的私利衝突，因為這些菁英偏好基礎建設，改革將阻礙利益流向他們的鋼鐵、鋁和其他重工業。即使經濟學家警告服務業和消費的成長不足，新財閥對從基礎建設獲利已經成癮。了解這個問題並不表示問題就能解決，和包括美國在內的所有社會一樣，一旦菁英階級的政治權力牢不可破，他們的利益往往凌駕國家利益。

一些基礎建設計畫的例子可以證明，浪費已司空見慣。南京是中國的大都市之一，人口接近七百萬。這裡曾是歷史上最重要的都市之一，是數個朝代和太平天國的首都。晚近孫逸仙和蔣介石領導的中華民國，在一九二二年到一九四九年間就把政府設在此地。

南京和其他中國城市一樣有汙染和成長失控帶來的問題，但整體而言這裡的環境相對宜人，有許多公園、博物館和十九世紀末帝制時代留下的廣闊林蔭大道。南京位於北京－上海高速鐵路幹線上，與這兩個都市的交通十分便捷。南京是現今中國最重要的政治、經濟和教育中心之一。

緊鄰南京市南方的江寧區正在進行中國目前最有企圖心的基礎建設計畫之一。江寧區現在包含七個正在興建的新城市，以高速公路和地下捷運系統連結。每個城市都各有摩天高樓群、豪華購物中心、五星級飯店、人造湖、高爾夫球場、休閒中心，以及住宅和科學設施。整個都會群的北邊是高鐵南京南站，南邊則有一座新蓋的機場。訪客對計畫的規模、已完工階段的品質，以及計畫進行的速度，都免不了讚歎有加，但是讓近來參訪此地的人感到納悶的是，所有壯觀的設施裡都渺無人跡。

省級官員和計畫經理人都很樂於陪伴有興趣的團體參觀新城市，解說發展的潛力。一座實驗室據說將是中國無線寬頻科技未來的希望，另一座摩天大樓被生動地描述為明日中國另類資產管理業的孕育場。另一棟未完成的飯店將接受世界級會議的訂位，世界各地重量級人士將在此發表演講。

參訪者一眼望去是綿延數里的泥淖地，處處可見鋼筋水泥基座，準備再興建數十座商場、摩天樓和旅館。七座新城市的景象已經夠嚇人了，但參訪者這才想起，南京只是中國各地興建這類超大規模城市群的地區之一。中國已經在全球博得媲美埃及法老拉美西斯二世（Pharaoh Ramesses II）的營建專家美譽。

高鐵南京南站並不空蕩，但它同樣顯示了中國舉債發展基礎建設的作法。二〇〇九年，中國和美國一樣面對二〇〇八年恐慌引發的全球需求重挫，經濟搖搖欲墜，當局的對策是推動四兆人民幣的刺激方案，相當於六千億美元，主要用於投資基礎建設。不過，若以同樣的基準衡量，美國的經濟規模是中國的兩倍多，中國的刺激若用在美國等於一・二兆美元。這項方案推行四年後，成果就是處處可見像北京─上海高鐵和南京南站這樣的計畫。

南京南站有四百九十萬平方呎樓層面積，和一百二十八部電動扶梯；屋頂的太陽能板可以製造超過七百萬瓦電力。月台的票務和入口高度自動化和有效率。新火車即使以時速三百零五公里的高速奔馳也很舒適安靜。很難得的是，這座車站的建造只花兩年時間，雇用了二萬名工人。如果這類基礎建設的目的只是創造短期工作而不是運輸利潤，南京南站可能稱得上成功。長期的問題是，從上海到南京的高鐵車票價格只要三十美元，而美國同樣距離的車程要花兩百美元。中國因打造這座標竿性高鐵車站而背負的債務，無法以如此低折扣的票價來償付。

中國官員反駁產能過剩的批評說，他們是為長期發展興建高品質的基礎設施，即使要花五到十年才能充分利用產能，這種投資也值回票價。但產能是否被利用仍然有待觀察。

除了基礎設施的驚人規模外，中國發展科學與科技部門的藍圖也遭遇體制和法律方面的障礙。南京的高科技無線寬頻實驗室就是例子。這座研究設施有龐大的建築群和寬敞的辦公室、會議室和實驗所，環繞著漂亮的道路和高效率的運輸。地方官員向訪客保證一萬五千名科學家和支援的員工很快會報到，但一流的科技專家需要的不只是美觀的建築。這些科學家也需要創業的文化，能與尖端的大學研究室毗鄰，還要能很方便地利用不只是提供財務支持的創業金融顧問。這些外部因素能否像硬體建築那樣充分供應，仍是未知數。為長期發展興建的建築還有個問題：過時和折舊可能在等候利用時折損建築計畫的價值。

中國的政治領導人了解中國經濟充斥著浪費的基礎建設支出，但和其他國家的政治領導人一樣，他們的政策受到許多因素制肘。這些計畫確實能創造就業，至少就短期來說是如此，而且沒有政治人物願意採用會導致就業流失的政策，即使它們能帶來有利的長期結果。政治的考量往往是短期的，而長期的利益經常被忽略。

另一方面，基礎建設計畫為掌管國有企業的太子黨、親信和黨幹部帶來暴利。計畫需要鋼鐵、水泥、重機設備、玻璃和銅等。大肆營建對這類材料與設備的生產商有利，他們的利益向來是支持不計成本或需求而進行更多營建。中國沒有節制這類利益或導引投資到更有利方向的市場機制。中國有的是一個菁英寡頭階級堅持其利益凌駕國家之上。政治菁英挺身對抗經濟菁英的能力有限，因為兩類菁英往往交錯混雜。彭博新聞社（Bloomberg News）曾披露，中國的政治與經濟菁英透過交叉所有權、家庭關係、門面公司和名義股東的方式，形成錯綜複雜的利益網絡[7]。

中國可以繼續進行這場基礎建設狂歡，因為中國仍有許多未利用的借貸能力，可以用來融資新計畫，和粉飾舊計畫的虧損。然而，這類擴張有其極限，中國領導階層很清楚這點。

畢竟，如果你蓋了建築，人卻不來，那麼來的就會是硬著陸。

影子金融

在這個無法持續的基礎建設榮景背後，是一個更危險的銀行業結構，為過度建設提供融資。《華爾街日報》的分析師堅稱，中國銀行體系沒有緊繃的跡象，而且有穩健的資產負債表。中國的財政準備超過三兆美元，在必要時可以提供紓困銀行體系的資源。問題是中國的銀行業只是全局的一部分，其他部分包括一個影子銀行體系，背負龐大的不良資產和隱藏的債務，大到足以危及中國銀行業的穩定，導致能震撼全球的金融恐慌。但這個體系的透明度低到連中國銀行監管當局也不知道風險有多大和多集中。這可能使恐慌一旦發生時更加難以阻止。

中國的影子銀行有三個構成要素：地方政府債券、信託產品和財富管理產品。中國的市級和省級政府不能像美國一樣發行市政和州政債券，不過，中國地方當局利用保證、合約和應付帳款戶等或有債務（contingent obligation）的方式來運用財務槓桿。中國的信託產品和財富管理產品則是西方結構式金融的變形。

中國人有很高的儲蓄率，原因是基於理性的考量而不是任何非理性的或文化的特性。理性的動機包括缺少社會安全網、健保醫療、失能保險和退休收入。過去的中國人依賴大家庭和孝養長輩，但一胎化政策已侵蝕這個社會支柱，現在年老的中國夫妻發現必須自求多福。高儲蓄率是理性的對策。

但和西方的儲蓄者一樣，中國人也渴求高報酬。中國的銀行提供極低的利率，這種金融壓迫和美國的作法類似，這使得中國的儲蓄者很容易被高收益報酬吸引。資本管制讓中國人無法購買外國金融產品，而國內的股市波動劇烈，且近幾年來表現不佳，中國的債券市場也尚未成熟。因此，中國儲蓄者受到兩類資產吸引——房地產和結構式金融產品。

中國房地產市場泡沫眾所周知，尤其是公寓住宅，但並非每個中國儲蓄者都有條件參與這個市場。銀行業為他們設計信託產品和「理財產品」。理財產品是共同集資或基金，讓眾多投資人可以購買小單位，集資者再以累積的資金投資在高收益資產。不難想見，這些資產通常包括抵押貸款產品、房地產和公司債。中國的理財產品不受法律規範，因此這些理財產品就像西方最糟的金融產品。理財產品類似擔保債權憑證（CDO）、抵押化貸款債務（CLO），以及抵押擔保證券（MBS），而這幾種資產在二〇〇八年幾乎摧毀西方資本市場。理財產品在中國的銷售完全不受監管，不像在美國至少有債信評級機構和證管會監督，儘管這些機構不一定稱職。

理財產品由銀行發售，但相關的資產和債務並不列在銀行的資產負債表。這使銀行業得以宣稱財務健全，而實際上它們的財務是建立在倒金字塔式的高風險債務上。投資人受到理財產品較高的收益率吸引，他們假設有銀行的支持，理財產品就像有存款保險一樣安全，但高收益率和本金的保護實際上都是虛幻的。

投資在理財產品的錢被用來融資基礎建設和房地產泡沫，這和最近這波信用緊縮措施之前銀行業利用資金的方法如出一轍。這些計畫創造的現金流不夠用來支付給理財產品投資人的收益。理財產品的到期日往往是短期的，而它們投資的計畫卻是長期的。結果是資產與負債的不匹配，可能導致投資人在恐慌時拒絕展延到期的理財產品。這就是二〇〇八年造成貝爾斯登和雷曼兄弟倒閉的原因。

發售理財產品的銀行業，因應資產違約和到期日不匹配問題的方法是，發售新理財產品。然後新理財產品被用來以高估的價格收購舊理財的壞資產，以便舊理財產品到期時可以被贖回。這是個巨大規模的龐氏騙局。據估計，二〇一三年時存在的理財產品有兩萬種，遠多於二〇〇七年的七百種。報導也說，二〇一二年上半年的理財產品銷售估計籌募了近二兆美元[8]。

龐氏騙局的崩潰是遲早的問題，而影子銀行支撐的中國房地產和基礎建設泡沫也不例外。崩潰將從特定的計畫展延失敗開始，或是與特定計畫有關的貪瀆被揭露。潰敗的具體觸發時機不重要，因為發生是必然的，而一旦發生，不靠政府控制或紓困將一發不可收拾。只要一出現崩潰跡象，投資人將大排長龍贖回權證，銀行將支付排在最前面的投資人，但隨著人龍愈來愈長，銀行將宣布停止贖回，絕大多數的人將空留一文不值的證券。投資人會說銀行曾經擔保可拿回本金，但銀行會一口否認。然後銀行本身將開始發生擠兌，主管當局將宣布關閉部分銀行。社會動亂將發生，而共產黨的夢魘——太平天國或天安門廣場示威的歷史重演，將為時不遠。

中國三兆美元的外匯存底足夠挹注銀行業的資本，並彌補這種假設情況的損失。必要時，中國在主權層次上還有額外的借貸能力可用來應付危機，同時ＩＭＦ提供中國的信用額度也是另一個支持來源。總結而言，如果房地產龐氏騙局一如前述的演變，中國有充足的資源來鎮壓不滿和清理金融爛攤。

但信心受到的打擊將大到難以估計。諷刺的是，一旦金融崩潰，儲蓄會增加而不是減少，因為個人必須存更多錢來彌補損失。股市將重挫，因為投資人得變賣流動資產以彌補現在不流動的理財產品造成的影響。在全世界正等待中國消費者救援疲弱的世界成長時，中國消費將急劇萎縮。通縮將籠罩中國，使中國更不願意讓人民幣兌貿易夥伴的匯率升值，尤其是對美元。對信心和成長的傷害將不局限於中國，而會擴散到全球。

財閥之秋

中國的菁英了解這些弱點，並預期混亂將來臨。對中國金融崩潰的預期心理正驅動世界史上最洶湧的一波資金外流潮。中國的菁英和寡頭，甚至一般市民，都想趕在來得及前把錢挪移到國外。

中國法律禁止人民每年匯出超過五萬美元到國外，不過，把現金透過合法或非法手段弄出國外的技巧僅受限於想像力和創意。一些技巧很直接，就是把現金塞進行李箱登上出國的飛機，例如二〇一二年《華爾街日報》報導的一則例子：

> 今年六月，一名飛抵溫哥華機場的中國男人攜帶了約十七萬七千五百美元現金——主要是美元或加幣百元大鈔，塞在他的皮夾、口袋，還有藏在他行李箱的襯裡……發現這些現金的加拿大邊境署官員說，這名男人告訴他攜帶這些錢準備用來買房子和汽車。他帶著現金離開機場，只支付了隱藏而未申報這些錢的罰款。[9]

另一個例子是，一名中國釀酒業億萬富豪從上海搭機抵達雪梨，開一小時車到鄉間參觀一座葡萄園，當場出價三千萬美元買下那座酒莊，然後又以同樣匆忙的速度返回上海。我們不知道這位富豪是否喜愛葡萄酒勝過啤酒，但在為他的財富選擇避風港上，他一定偏好澳洲勝過中國。

其他資金外逃的技術較複雜、但同樣有效。一個廣受喜愛的方法是與貪腐的澳門賭場業主打好關係，出手闊綽的中國賭客可以憑銀行帳戶擔保獲得信用額度。這名賭客可以故意在貴賓室假裝的豪賭牌局中輸掉一筆巨額款項。賭債很快透過賭客在中國的銀行帳戶簽帳支付。這種轉移並未被計算在每年匯出外國金額的限制，因為它被當作合法的債務支付。這位「不幸的」賭客日後再從貪腐的賭場業主要回現金，並支付洗錢服務的佣金。

更巨額的金錢則可透過虛報發票金額的出口和進口而挪移到外國。例如，一名中國家具製造商可以在巴拿馬等避險天堂設立空殼經銷公司。假設每件家具正常的出口價格是兩百美元，這名中國製造商可低報發票金額給巴拿馬公司，只收每件一百美元。巴拿馬公司可以把貨物以每件二百美元轉賣給正常的經銷管道。如此可從低報發票金額得到每件一百美元的「獲利」，並留在巴拿馬。如果銷售的家具有數百萬件，累積在巴拿馬的假獲利可能達到數億美元。如果不用發票造假的手段，這些錢原本應該匯到中國。

菁英的資金外逃，只是中國菁英與平民階級所得不平等這個更大問題的一部分。在都市地區，頂層一%家庭的所得，是所有都市家庭平均的二十四倍。就全國來看，頂層一%和平均家庭的所得差距達到三十倍。如此大的差距還是官方公布的數字，如果把隱藏的收入和資金外逃計算進去，差距還更懸殊。《華爾街日報》報導：

> 解決不平等有賴於挑戰從現狀獲益的菁英，抑制容許官員中飽私囊的貪腐。中國國民經濟研究所副所長王小魯，和加州大學戴維斯分校經濟學家胡永泰說，如果計算所謂的「隱藏」所得（包括以不正當手段獲利的未申報所得），中國最富裕一〇%家庭的所得，是最貧窮一〇%家庭的六十五倍[10]。

克萊蒙特麥肯納學院（Claremont McKenna College）的中國專家裴敏欣指出，中國的貪腐、循私舞弊和所得不平等如此明顯，以致社會的情況類似法國革命之前的法國[11]。整體的金融、社會和政治不穩定如此嚴重，已對中國共產黨的繼續統治構成威脅。

中國當局仍持續淡化基礎建設不良投資、資產泡沫、過度槓桿、貪瀆和所得不平等。雖然官員承認這些問題都很嚴重，但他們堅稱已經採取矯治措施，且以中國經濟的整體規模和活躍成長來看，這些問題都可以控制。這些威脅被視為新中國誕生的生長痛，而不是正在形成的危機。

已開發和新興市場在過去三十年來發生崩潰與恐慌的歷史斑斑可考，因此中國領導人對他們避免金融災難的能力可以太過樂觀。國有企業、銀行業、政府和儲蓄的民眾規模如此龐大，且彼此緊密交織，製造出的複雜體系已處於臨界狀態，只待一點火星就能觸發燎原火勢。即使領導階層宣稱可以控制特定問題是正確的，他們仍得面對連共黨都承認難以輕易解決的整體經濟困境。中國領導階層面對的更大問題是，中國無法在經濟從投資轉向消費的再調整過程中避免成長大幅下滑。這種成長下滑，也就是眾人擔心的硬著陸，是共產黨和全世界都還沒做好準備的事。

要了解中國面臨的再調整挑戰，必須重新檢討中國對基礎建設的癮頭。中國過度投資的證據不限於報導所述的巨大火車站和空蕩的新城市。IMF對中國的投資進行了一次嚴格的分析研究，並與三十六個開發中經濟體做比較，其中包括十四個亞洲經濟體，得到的結論是，中國的投資高得離譜，並因而犧牲了家庭所得和消費。IMF的報告說：「中國目前的投資占GDP的比率，可能比經濟基本面應有的水準高出約十個百分點[12]。」

過度投資的責任歸屬也很清楚，IMF的研究直接指出，國有銀行和國有企業、親信貸款的貪腐體制，以及不良投資在中國處處可見：「國有企業往往牽涉其中，因為它們的隱含資金成本被人為壓低……中國的銀行體系在資本配置上持續偏袒它們。」國有銀行供應低廉的資金給國有企業，國有企業則把錢浪費在過度擴充產能和打造鬼城。

更令人不安的是，基礎建設投資不僅浪費，而且無法長期持續。中國現在每投資一美元製造的經濟產值，低於過去投資一美元的產值，意謂邊際報酬率正在下降。如果中國想在未來幾年保持ＧＤＰ成長率，將需要占ＧＤＰ超過六〇%的投資。這個趨勢不只是消費和投資取捨的問題。「家庭延遲消費來支持投資，以便未來可以消費更多」是個典型的發展模式。但中國目前的投資計畫並非健康的投資模式。中國的不良投資是經濟的負擔，因此無法在未來換得消費。中國正在以這種模式摧毀財富。

家庭承擔這種不良投資的成本，因為儲蓄者的銀行存款獲得低於市場水準的利率，讓國有企業的貸款只須支付低於市場水準的利息。據ＩＭＦ估計，結果是約占四%ＧＤＰ的財富從家庭轉移給大企業，相當於每年三千億美元。這是極度財富不平等的原因之一。因此中國經濟正陷在一個循環的迴圈中。菁英堅持繼續投資，但投資製造低報酬；而家庭收入減少，因為財富轉移給這些菁英。如果ＧＤＰ因為大量的不良投資而減緩，中國將陷於崩潰的險境。

總之，崩潰已經為期不遠。北京大學的佩帝斯根據ＩＭＦ的基礎建設研究做了一項有趣的演算。首先，佩帝斯反駁ＩＭＦ估計的中國過度投資只占ＧＤＰ的一〇%，他指出ＩＭＦ用來衡量正確投資水準的同類國家本身已經過度投資，因此，中國實際的不良投資超過ＧＤＰ的一〇%。不過，他仍接受ＩＭＦ對中國必須減少占一〇%ＧＤＰ投資的結論。他寫道：

> 讓我們……給中國五年時間把投資從目前占GDP的五〇%降低到四〇%。中國投資成長的速度必須遠低於GDP成長才能實現這個目標。降到多低？……投資必須比GDP成長率低約四．五個百分點，才能符合條件。
>
> 換句話說，如果中國的GDP成長率為七%，中國的投資成長率必須是二．三%。如果中國以五%速度成長，投資必須成長〇．四%。如果中國成長三%，投資實際上必須萎縮一．五%……
>
> 結論應該很明顯……中國異乎尋常的過度投資如果要做有意義的再調整，必須要讓投資成長率極大幅度地降低，甚至是投資萎縮[13]。

中國必須再調整經濟，從投資轉向消費的說法並非新聞；美國和中國的決策者多年來已持續討論這個問題。重點在於，再調整意謂中國的成長率將從近幾年來的每年七%進一步減緩。然而，中國可能已來不及達成平順的再調整，也就是說，中國的「再調整期」已經來了，而且過了。

再調整必須結合提高家庭所得，以及降低儲蓄率。這兩者帶來的可支配所得，將可流向產品和服務的支出。促進所得提高的方法包括提高利率以獎勵儲蓄者，以及提高薪資以獎勵工人。但高利率和高薪資的缺點是會降低企業獲利，進而對中國寡頭不利。在過去十年，中國GDP可歸功於薪資的比率已從超過五〇%降到四〇%。相較之下，美國的比率則維持穩定的五五%。消費的情況比這個平均值暗示的情況還糟，因為中國的薪資增加偏向高所得階層，而高所得者增加支出的可能性較低。

另一股比財閥更強大的勢力，也正在阻礙消費支出的成長，這股力量就是人口結構的趨勢。年輕的勞工和老年的退休者都有較高的支出傾向；介於兩者之間的中年勞工是儲蓄的主力，目的是為日後的消費做準備[14]。中國的勞動力現在以中年人口為主，事實上，不管政策或寡頭的貪婪有沒有改變，中國將因人口結構而陷於高儲蓄率直到二〇三〇年或以後。

根據這種人口結構，中國轉向消費導向成長模式的理想時期是二〇〇二年到二〇〇五年，正好是投資導向模式的效果開始減弱，而年輕人口偏好增加支出的時期。併用高利率以獎勵儲蓄者、提高匯率以鼓勵進口，以及提高工廠勞工的薪資以增加支出，很可能刺激消費大增，並將資源從浪費的投資轉向消費。然而，寡頭勢力龐大，利率、匯率和薪資因而被壓抑在應有水準之下。人口結構改變原本有利於提振消費，卻受到壓抑而錯失良機。

即使中國現今扭轉政策（會不會這麼做頗值得懷疑），也將面對重重困難，因為人口的平均年齡已提高到接近儲蓄年齡。沒有任何政策可以在短期內改變這種人口結構，因此中國消費不振的危機已是無可避免。

如果把GDP的成分考慮進去，中國在許多方面已被認為瀕臨崩潰。人口結構導致的低薪資和高儲蓄已使消費受害。人民幣升值，以及美元和日圓貶值則傷害中國的出口。不良投資和邊際報酬率下滑導致投資減緩。雖然經濟暫時獲得高投資支撐，但這只是建築在壞帳流沙上的海市蜃樓。中國許多投資的價值十分空虛，正如它製造的空蕩建築。即使是這些不良投資的受益者（金融財閥），也像棄沉船而去的老鼠般慌忙把資金移往國外。

中國應藉提高利率和薪資而提振家庭所得來因應這種困境，但這些政策雖可協助人民，卻會導致許多國有企業倒閉，而且將遭到金融財閥的頑強抗拒。另一個有效的方法是大規模的私有化，以釋出創業能量和創造力。但這個方法將不只與財閥的利益衝突，也與共黨本身相違背。反對私有化是財閥自私和共黨生存本能匯聚之處。

中國未來最多只能達到四%的成長率，而如果財閥能夠如其所願，結果還會更差。持續對不良投資提供補貼和壓抑薪資，將使壞帳和所得不平等兩大危機更加惡化，很可能引發導致社會動亂的金融恐慌，甚至導致革命。中國的外匯存底可能不足以撲滅金融恐慌的火勢，因為這些存底大部分是美元，而美國聯準會決定透過通膨來使美元貶值。在財閥淘空經濟的同時，中國的外匯存底也正被聯準會淘空。現在不清楚的是，中國的成長奇蹟是否會在重重摔落的哀嚎中結束，但結束已是無庸置疑的事。

中國不是第一個忽視自身歷史的文明。中央集權製造出複雜性，而一個緊密交織的互惠網絡本質上就是個複雜系統。任何部分的小失靈會很快擴散到整體，而沒有防火巷或高山可以阻擋火勢。雖然共產黨視集權為優勢，但集權卻是危險的弱點，因為它讓人對即將來臨的崩潰視而不見。

中國已成為新金融財閥的犧牲者，他們一手劫掠儲蓄，另一手則將掠奪的戰利品輸送到國外。中國的成長故事還沒有結束，但它正步向崩潰。更糟的是，它的影響將不局限於中國，而會擴散到全世界。這將發生在美國、日本和歐洲已經飽受成長減退的時候。和一九三〇年代的情況一樣，蕭條將蔓延到全球，所有人都將身受其害。

CHAPTER 5

新德意志帝國

但我還要告訴你們一個訊息……歐洲央行已準備要竭盡所能保護歐元。相信我，那將會很足夠。

——德拉吉（Mario Draghi），歐洲央行總裁

二〇一二年七月

如果沒有危機，歐洲不會動起來。

——蕭伯樂（Wolfgang Schäuble），德國財政部長

二〇一二年十二月

德意志第一帝國

那些幸災樂禍預測歐洲和歐元將會解體的人，應該了解我們正目睹一個一千兩百年前就已開始的夢幻計畫。不斷重演的長遠歷史可以告訴我們，為什麼歐元是世界上最強勢的貨幣。現今的歐元正伺機而動，將成為終結美元霸權的另一個威脅。

歐洲過去就曾結合成一體：不是指地理上的整個歐洲，而是一個定義夠明確的歐洲政治體，相對於只是由城邦、王國或國家組成而統稱歐洲的地區。這個結合始於約進入第九世紀時查理大帝（Charlemagne）建立的法蘭克王國。查理大帝的王國與二十一世紀歐洲的相似處十分顯著，而且對現今感覺難以了解歐洲發展的人，特別是美國人，具有相當的啟發性。

雖然許多人強調歐洲內部的差異、國家特性和個別的文化，但有一小群領導人在各自的人民支持下，從第二次世界大戰留下的瓦礫中堅持不懈地展開統一歐洲的大業。「多元一體」（united in diversity）是歐洲聯盟官方的標語，而批評和懷疑這個迄今已進入第八個十年政治計畫的人，最常忽視的就是「一體」這個詞。市場的力量很強大，政治力量更大，而這個事實在倫敦、紐約和東京的交易廳裡已漸漸被了解。儘管有許多缺陷和發生過許多次危機，歐洲和它的貨幣歐元將繼續存在。

在八世紀末和九世紀初建立帝國的基督徒查理大帝，是四七六年西羅馬帝國滅亡以來第一位西方皇帝。羅馬帝國不是一個真正的歐洲帝國，而是地中海帝國，雖然它的版圖從羅馬核心地帶延伸到現今的西班牙、法國，甚至英格蘭。查理大帝是第一位把領土擴大到現今德國、荷蘭和捷克共和國的皇帝；連同前羅馬的省份和義大利，他在與現代西歐相似的區域建立了一個統一的實體。教宗和俗世都尊稱查理大帝為「歐洲之父」。

查理大帝不只是一位國王和征服者，他還精於文藝和各種學術，他在阿亨城（Aachen）建立的宮廷匯聚了中世紀早期最優秀的人才，例如約克聖者歐古因（Saint Alcuin of York）被當代人和傳記作家艾因哈德（Einhard）譽為「最博學者」[1]。查理大帝的成就和他追求教育、藝術和建築，促成了歷史學家稱為卡洛林文藝復興（Carolingian Renaissance）的時期，在漫長的黑暗時代即將終結時，迸射出光明。重要的是，查理大帝了解在他帝國的統一對管理、通訊和商務的重要。他倡導的卡洛林小草書體取代了無數從歐洲各地衍生的書寫形式，他也進行管理與軍事改革，以便把征服的多樣文化結合成一個凝聚的王國。

查理大帝在追求統一的同時也努力維持穩定。如果對他支持教育和宗教的大目標有利，他就會鼓勵多元性。他提倡教士使用羅曼語和德語方言，但後來被天主教教會廢止（直到一九六五年又被第二次梵蒂岡大公會議恢復）。他授予被征服的敵人領土地位，而不摧毀他們的文化和體制。在這方面，他採用現今歐盟稱為附屬（subsidiarity）的政策，也就是統一規定只適用於「有必要為了全體利益而提高有效性的地區」，否則應優先採用地方的習俗與規制。

查理大帝的貨幣改革對歐洲央行來說應該似曾相似。查理大帝之前的歐洲貨幣標準是金幣蘇（gold sou），源自三一二年由拜占庭羅馬君士坦丁大帝採用的金幣索里達（solidus）。黃金從古代就已從上尼羅（Upper Nile）和安那托利亞（Anatolia）附近地區供應給羅馬帝國。不過，伊斯蘭在第七世紀崛起，加上義大利敗給拜占庭帝國，切斷了東方和西方間的貿易。這導致黃金短缺，以及查理大帝在西方的帝國貨幣供應緊俏。他藉由轉向銀本位進行一種早期形式的量化寬鬆（QE），因為白銀在西方遠比黃金充沛。他也創造稱作利弗爾卡洛林（livre carolinienne）的單一貨幣，相當於一磅白銀，做為重量和貨幣的標準，而王國通行的貨幣則是旦尼爾（denire），相當於金幣蘇的二十分之一。隨著貨幣供給增加和幣制標準化，加上其他改革，法蘭克王國的商務開始蓬勃發展。

查理在八一四年去世，他的帝國在他死後只維持了七十四年。帝國剛開始分裂成三部分，各自擁護一位查理的兒子，但早夭、不合法統的子嗣、兄弟間的戰爭，加上挫敗的外交，導致帝國長期衰頹，最後在八八七年崩解。儘管如此，已經奠定了現代法國和德國的政治基石。法蘭西王國的遺緒延續到神聖羅馬帝國建立，和九六二年鄂圖一世（Otto I）加冕為皇帝，並展開另一種形式的發展。這個帝國就是德意志第一帝國（First Reich），持續了八個世紀，直到一八〇六年被拿破崙解散。藉由恢復羅馬的政治統一和提倡藝術與科學，查理大帝和他的王國變成古羅馬和現代歐洲最重要的橋梁。

儘管神聖羅馬帝國建立了許多規制，查理大帝後的一千年大體上是一段劫掠、戰爭和征服不斷的時期，間歇性地發生了一些種族與宗教屠殺事件。從九〇〇年到一一〇〇年間的世紀，偶爾會遭遇維京人及其諾曼後代的突襲和侵略。一一〇〇年到一三〇〇年間的主軸，是海外的十字軍和國內的騎士爭戰。十四世紀爆發黑死病，導致歐洲三分之一到一半人口病逝。從一五四五年反宗教改革開始的新紀元尤其血腥，新教徒與天主教徒間的教條衝突，在一五六二年到一五九八年的法國宗教戰爭轉變為暴力，並以一六一八年到一六四八年的三十年戰爭達到高潮，這是一場捲入全歐洲的現代初期全面戰爭的例子，平民和非軍事目標在戰爭中與軍隊一樣遭到摧毀。

在這幾個世紀發生的苦難和殘酷，都反映在對一五七二年桑塞爾（Sancerre）圍城戰的描寫中。桑塞爾城中捱餓的人民陸續吃掉他們的驢子、騾子、馬匹、貓和狗。然後，桑塞爾人吃掉皮革、獸皮、羊皮紙。馬丁斯（Lauro Martins）引述當代作家德萊理（Jean de Léry）描述接下來發生的事：

> 最後是同類相食……德萊理……接著說，桑塞爾的人「看到這種驚人的……罪行就發生在他們的城牆內。在七月二十一日，有人發現並證實一名叫波塔德的葡萄農、他的妻子尤珍和一名與他們同住的老婦人……吃掉他們約三歲女兒的頭、腦、肝和內臟[2]。」

這類大屠殺之後，緊接著是路易十四從一六六七年到一七一四年持續發動的戰爭，只因為這位「太陽王」想藉征服來統一曾被查理大帝統治領土的法國。

歐洲接著發生的一連串殘酷戰爭還有七年戰爭（一七五四年到一七六三年）、拿破崙戰爭（一八〇三年到一八一五年）、法俄戰爭（一八七〇年到一八七一年）、第一次世界大戰、第二次世界大戰，以及大屠殺（Holocaust）。到了一九四六年，歐洲的精神和物質都已耗竭，人們回顧歷史，對民族主義、沙文主義、宗教歧異和反猶太主義感覺既厭惡又驚駭。

法國參與了幾乎每一次戰爭，而德法的衝突更是晚近三次大戰的核心，分別在一八七〇年、一九一四和一九三九年，每次相隔不到七十年，約為一個人的壽期。第二次世界大戰後，英國面對帝國崩解和美蘇共管演變成鐵幕和冷戰的同時，歐陸的政治家、經濟學家和智識分子也開始嚴肅面對如何避免德法之間再度爆發戰爭的問題。

新歐洲

建立統一的歐洲聯邦第一步發生在一九四八年創立的海牙會議，包括來自左派和右派的公職知識分子、專業者和政治人物，針對歐洲建立政治與經濟聯盟的可能性進行廣泛的討論。邱吉爾、艾德諾（Konrad Adenauer）和密特朗（Francois Mitterrand）等人都參與其中。緊接著是一九四九年歐洲學院成立，致力於促進西歐國家的團結和訓練執行這項任務的專家。在背後支持海牙會議和歐洲學院的政治人物還包括史巴克（Paul-Henri Spaak）、舒曼（Robert Schuman）、莫內（Jean Monnet）、加斯貝利（Alcide De Gasperi）。

這些領導人的真知灼見是，經濟結合將引導政治整合，進而使戰爭變成歷史陳跡，甚至不可能發生。

邁向經濟整合的第一個具體步驟，是一九五二年創立的歐洲煤鋼共同體（ECSC），六個創始會員國分別為法國、西德、義大利、比利時、盧森堡和荷蘭。歐洲煤鋼共同體是煤和鋼鐵的共同市場，當時歐洲最大的兩個產業。一九五七年歐洲原子能共同體（Euratom）成立，致力於發展歐洲的核能產業；緊接著歐洲經濟共同體（EEC）也根據羅馬條約而成立，它的宗旨是在歐洲創建一個產品和服務的共同市場，不局限於煤和鋼鐵。

一九六七年的合併條約（Merger Treaty）把歐洲煤鋼共同體、歐洲原子能共同體和歐洲經濟共同體結合在一起。一九九二年馬斯翠條約承認歐洲共同體是新歐洲聯盟（European Union）的三大支柱之一，另兩大支柱則為警政與司法合作（Police and Judicial Cooperation）和共同外交與安全政策（Common Foreign and Security Policy），做為新歐盟對世界的共同代表。最後，在二〇〇九年，里斯本條約進一步把三大支柱併入單一的法律實體歐盟，並指派歐洲議會主席掌管一般性的目標與政策。

在經濟和政治進行整合的同時，還有一個同樣恢宏的貨幣整合計畫。貨幣聯盟的核心是一九九二年馬斯翠條約擘畫的歐洲中央銀行，並根據阿姆斯特丹條約於一九九八年正式成立。歐洲央行發行歐元（Euro），是歐元區十八國成員使用的單一貨幣。歐洲央行擬訂貨幣政策，它的單一任務是維持歐元區物價穩定，必要時也在外匯市場交易，以影響歐元對其他貨幣的匯率。歐洲央行為歐元區內的十八個國家管理外匯存底，並操作一個銀行業稱為

「TARGET2」的支付平台。

目前歐洲最具體可見的象徵是歐元。數億歐洲人實際擁有、兌換、收入或儲蓄歐元，全世界也有無數人每天進行數以兆計的歐元交易。在二〇一四年底，歐洲央行進駐將近六百呎高的新總部大樓，這座位於法蘭克福東區、四周環繞著優美景色的大樓，就是歐洲央行和歐元將永久存在和受到世人重視的里程碑。

許多分析師，特別是美國的分析師，透過效率市場理論和標準金融模型的透鏡來看歐洲和歐元，卻極度缺少歷史觀。歐洲確實存在結構性問題，分析師也正確指出來。像諾貝爾獎得主克魯曼和史提格里茲（Joseph Stiglitz）等人的見解，西班牙和希臘這類國家應退出歐元區，恢復它們原本使用的國家貨幣，並以貶值來提升出口競爭力，忽略了這些國家當初為什麼加入歐元區。義大利人和希臘人很清楚過去他們的本國貨幣持續貶值，是國家盜竊儲蓄者和小企業以圖利銀行和菁英階層的一種形式。官僚透過貶值貨幣的盜竊，等同於歐洲人決心以大歐洲計畫來消除的戰爭和劫掠。歐洲人認為有比貶值貨幣更好的選項可以用來提高競爭力。從贊成歐元的力量在每一次民主選舉或公民投票都獲得勝利，以及支持歐元的民意在調查中始終占上風，可以證實這種觀點的普遍。

查理大帝開明的統一政策，結合了地方習俗的延續，存在於現今歐盟的附屬原則中。現代的歐盟標語「多元一體」可以說是查理大帝創造的。

從布列敦森林協定到北京

歐元計畫是更廣泛的國際貨幣體系的一部分，而國際貨幣體系本身則承受許多壓力，且每隔一段時間就經歷改造。從二次大戰以後，這個體系已經歷幾個截然不同的時期，如所謂的布列敦森林協定、華盛頓共識和北京共識等時期。三個名稱代表了國際金融的共同行為準則，也就是遊戲規則。

布列敦森林協定在一九七〇年代末崩潰後，華盛頓共識取而代之。國際貨幣體系在一九八〇年到一九八三年間，因為伏克爾提高利率和雷根降低稅率而獲得拯救，兩個人合力創造了健全美元或美元王（King Dollar）政策。高利率、低稅率和放寬管制，使美國變成吸引全世界儲蓄的磁石，因而拯救了美元。到一九八五年，美元已如此強勢，各國因而特地在紐約的廣場飯店舉行國際會議以促使美元貶值。一九八七年，另一次國際會議在巴黎羅浮宮舉行，進一步非正式地讓匯率穩定下來。廣場協議和羅浮宮協議確立了新美元標準，但國際貨幣體系仍然持續追尋一套協調一致的準則。

一九八九年，威廉森（John Williamson）為新美元標準提供了缺少的思想膠水。在他具有里程碑意義的論文「華盛頓的政策改革意旨為何」中，威廉森提出「華盛頓共識」做為其他國家在新美元標準世界中的行為典範。他在文章開頭明白指出：

沒有任何因應債務危機的聲明……能夠不包含呼籲債務國透過「自理門戶」、「進行政策改革」或「屈從於嚴格的條件」來履行協議責任。本論文提出的問題是，這些詞句的意旨，特別是它們在華盛頓通常被詮釋的意旨……本論文指的華盛頓，既是國會的政治華盛頓，也是……國際金融機構、美國政府的經濟部會、聯準事會以及各智庫的行政與官僚的華盛頓[3]。

我們很難想像有更直言不諱的聲明，來描述這個從華盛頓特區發散出的全球美元霸權。這個聲明在談到一九八九年和之後的國際金融情勢時，完全未提到美國以外的國家，或任何非美國掌控的機構。

威廉森繼續描述華盛頓希望債務國「自理門戶」。他提出構成華盛頓共識的十種政策，其中包括財政紀律、取消浪費的補貼、低稅率、有利的實質利率、開放外國投資、解除管制和保護智慧財產權等理所當然的措施。顯而易見的，這類政策有利於自由市場資本主義和美國銀行業與企業在全球市場的擴張。

到二〇〇〇年代初期，華盛頓共識已搖搖欲墜，原因是崛起中的新興市場經濟體認為美元霸權有利美國，卻對它們有害。這種看法在ＩＭＦ處理一九九七年到一九九八年亞洲金融危機時特別凸顯，ＩＭＦ的撙節計畫導致雅加達和首爾等城市發生血腥暴動。

華盛頓長期以來未能遵守自己訂的財政處方，加上亞洲經濟在一九九九年後加速成長，使北京共識應運而生，成為取代華盛頓共識的政策選擇。北京共識有互相衝突的版本，且缺少像威廉森提供給華盛頓共識的思想一致性。雷默（Joshua Cooper Ramo）被譽為北京共識的提出者，他在二〇〇四年討論這主題的講座文章中廣泛使用這個詞彙[4]。雷默在頗具原創和聳動性的分析中，坦率承認北京共識缺乏具體的定義：「北京共識……很有彈性，幾乎難以被歸類為一套理論。」

儘管有無數經濟成分被納入北京共識的大雜燴，雷默最重要的分析貢獻是，承認這個新經濟典型不完全是經濟性質的，也具有相當的基本地緣政治性質。無所不在的威廉森在二〇一二年擴充雷默的論述，定義北京共識的五大要點為漸進改革、創新、出口導向的成長、國家資本主義和獨裁主義[5]。

從中國的觀點看，北京共識是十七世紀盎格魯－荷蘭重商主義與十八世紀漢密爾頓（Alexander Hamilton）美國學派發展政策的奇怪混合。而從中國共產黨的詮釋看，它結合了保護國內產業、出口導向的成長，以及累積龐大的外匯準備。

就在政策思想界下了定義後不久，北京共識也因為國內的矛盾和悖離初期的重商主義模式而開始崩解。一如漢密爾頓的建議，中國以保護主義支援初萌芽的產業，但中國未遵循漢密爾頓的支持國內競爭。漢密爾頓利用保護主義給新產業奠定基礎的時間，但他仰賴競爭來讓新產業茁壯成長，以便它們最終可以獨立進行國際貿易。對照之下，中國菁英保護「國家重點企業」，使大部分這些企業沒有國家補貼就沒有全球競爭力。到二〇一二年，北京共識的缺失和局限已昭然若現，雖然它的政策已廣被實行。

柏林共識

到了二〇一二年，新的柏林共識已從二〇〇八年全球金融危機、和二〇一〇年至二〇一一年歐洲主權債務危機的灰燼中興起。柏林共識並不自詡為全球一體適用的經濟成長模式，而是針對歐洲，以及歐盟和歐元區演進中的體制而設。具體來說，柏林共識代表把德國的成功模式透過布魯塞爾和歐洲央行的媒介，在歐洲的周邊國家實施。德國總理梅克爾（Angel Marlel）把她的努力總結為「更歐洲」（More Europe）的口號，但更正確地說，這個計畫的目的是要「更德國」。如果沒有結構性的調整來讓周邊國家更願意接受德國模式，並且能彼此互補，柏林共識可能無法完全實行。

德國提出並應用於歐元區的柏林共識，由七根支柱構成：

- 以創新和科技來促進出口。
- 低企業稅率。
- 低通貨膨脹。
- 合作的勞資關係。
- 具有全球競爭力的單位勞動成本和勞工流動性。
- 良好的企業環境。

七根支柱都針對促進特定目標和創造持續成長而設計，這些政策反過來預設特定的貨幣管理。柏林共識的核心理念是，肯定儲蓄和貿易是通往成長的最佳道路，而非借貸和消費。

再逐項探究柏林共識的內容，首先是強調創新和科技是強大出口產業的關鍵。思愛普（SAP）、西門子（Siemens）、福斯（Volkswagen）、戴姆勒（Daimler）等眾多德國企業就是這項原則的範例。據世界智慧財產權組織（WIPO）的報告，二〇一二年十個申請國際商標權最多的國家有六個是歐盟成員國。二〇一一年根據WIPO專利合作條約申請的專利權案有十八萬兩千一百一十二件，其中二七・五%是由歐盟國家提出，二六・八%由美國提出，九%則由中國提出[6]。歐盟在大學教育、基礎研究和智慧財產權上的達成率，現在已趕上美國，並遙遙領先中國。

智慧財產權要能推動經濟成長，必須企業能利用它來創造高附加價值產品。這種企業透過創新提高生產力的能力需要一個關鍵因素——低企業稅率。法定稅率不是理想的參考指標，因為實際繳納的稅率可能因減免、扣抵和折舊免稅額而比較低；不過法定稅率仍然是分析的好起點。歐洲在這方面又居於優勢。歐洲的企業稅平均為二〇・六七%，相較於美國合計地方稅與國家稅高達四〇%，中國也有二五%[7]。歐洲的企業主要繳納國家稅，這表示只要根據所在國的獲利繳納稅金給該國政府，相較於美國的全球稅制要求企業在外國和國內的獲利都必須繳稅，歐洲顯然較有利。

歐盟和美國近幾年來都維持相當低的通膨率，但歐洲只用很少印鈔票和操縱殖利率就達到這個目的，這也意謂未來因貨幣周轉速度改變而通膨升高的可能性較低。相對的，中國長期以來就有通膨的問題，因為中國致力於吸收聯準會印製的鈔票以維繫人民幣緊釘美元的匯制。在這三大經濟區中，歐盟就近來的經驗和未來的展望而言，通膨的情況都較佳。

歐盟的基礎建設策略已帶來較高品質和更有生產力的投資，勝過美國或中國的作法。由於歐洲的大型基礎建設計畫通常牽涉跨國合作，它們傾向於比較注重經濟上的合理性，而較少受制於政治壓力。哥達基線隧道（Gotthard Base Tunnel）就是顯著的例子，這條預定二〇一七年動工的隧道總長三十七哩，穿過瑞士阿爾卑斯山底下，上有一萬呎高的山脈，將是世界最長的隧道之一，工程浩大足以與巴拿馬運河和蘇伊士運河齊名，號稱世界史上為促進貿易與商務而進行運輸基礎建設的一大成就。雖然哥達基線隧道完全在瑞士境內，卻是泛歐洲高速鐵路運輸網絡的一個重要環節。

對旅客來說，該隧道將使從米蘭到蘇黎世目前三小時四十分鐘的路程減少一個小時。對鐵路貨運而言，隧道將使通過哥達隘口的運輸能量增加二五〇％，從目前每年二千萬噸提高到預估的五千萬噸[8]。哥達基線隧道將連結歐洲跨歐高速鐵路網路（TEN-R）的數十條高速鐵路。類似的歐洲基礎建設計畫在長期報酬率上遠優於中國的鬼城，以及美國虛擲許多經費的投資計畫，例如太陽能電池製造商Solyndra和電動車製造商Fisker，兩家公司都已宣告破產。

德國稱作「共同決定」（Mitbestimmung, codetermination）的大企業勞資協調模式從二次大戰結束後就已實施，一九七六年進一步擴大，規定員工超過五百人的企業必須讓勞工代表擁有董事席位。共同決定目的不在於取代工會，而是藉由讓勞工參與決策變成例行而持續的作法來彌補工會的不足，這種作法也容許偶發、但往往具有破壞性的集體談判和罷工。這個模式是德國所獨有，其他歐盟成員國可能無法仿效實施。共同決定對歐洲很重要不在於具體的模式，而是它為提高企業生產力和競爭力建立了典範。德國模式比中國模式有利，因為中國的勞工只享有少數權利，而與美國比較，美國的勞資關係則是敵對多過合作。

在柏林共識的支柱中，最難在歐盟整體、尤其是周邊國家達成的是有效率的勞動力這根支柱，包括降低單位勞動成本。這根支柱的政策是透過降低歐元名目薪資來推行內部調整，而非藉由貶值歐元，或希臘和西班牙等國家放棄歐元、恢復各國貨幣的外部調整。凱因斯曾宣稱薪資具有黏性（sticky），對正常的供需力量沒有反應。克魯曼解釋主流的凱因斯觀點：

> 如果真的有大量的勞動力過度供應，我們會不會看到薪資大幅下降？
>
> 答案是不會——薪資（和許多價格）的運作機制不是這樣的。為什麼？這是個有趣的問題……但名目薪資真的下降很罕見，而且只在極大壓力下才會發生，這是個單純的事實……
>
> 因此，我們沒有理由相信降低薪資會有幫助[9]。

和許多凱因斯理論一樣，這個分析最多只適用於封閉市場中高度工會化勞動力的特例，而不適用較開放市場的無工會勞動力。就歐洲來說，克魯曼忽略了最重要的一點，也就是強調薪資黏性和降低薪資的假設是，所牽涉的勞工已經有工作或曾經有工作。在西班牙、義大利、希臘、葡萄牙、法國等地，數百萬受過良好教育的年輕人從未有過工作。這些勞動力對應該賺多少錢沒有既定的期待。任何有良好工作環境、訓練和升遷機會的工作都會吸引勞工，即使薪資只有老一輩可能拒絕的水準。

柏林共識中有效率的勞動力支柱第二部分是勞工流動性。早至一九六一年孟岱爾（Robert Mundell）就在他畫時代的文章〈最佳貨幣區理論〉中，強調這對單一貨幣的重要性：

> 在由許多地區和單一貨幣組成的貨幣區中，通膨的速度取決於中央當局容許赤字地區失業情況的意願……失業可以避免……如果央行同意國際調整的負擔應該落在盈餘國家肩上，這些國家可以提高通膨，直到赤字國家的失業消除……一個貨幣區……無法避免不同成員國同時有失業和通膨問題。[10]

雖然這篇文章寫於歐元推出近四十年前，對歐元區的重要性卻絲毫不減。當貿易條件變得對周邊國家不利而對德國有利時，如果不是周邊國家會有失業，就是德國會有通膨，或者兩者兼有。由於德國間接控制歐洲央行，且截至目前不願意容忍通膨，周邊國家的失業升高就無可避免。

不過，孟岱爾也指出，這種困境的解決方法是跨越國境的資本和勞工流動性。如果資本可以從德國轉移到西班牙以利用充沛的勞動力，或者如果勞工可以從西班牙轉移到德國，利用以工廠和設備為形式的資本，那麼失業問題就能解決而不會有通膨。歐盟的指令和使用歐元已在增進資本流動性上貢獻良多，不過，在勞工流動性方面，歐洲落後已開發世界其他國家，部分原因是各國人口語言和文化上的差異[11]。這個問題已廣泛被承認，而且由於歐盟內部已採取提高勞工流動性的措施，所以成長的前景實際上比許多觀察家的看法更樂觀。

這引導到柏林共識最後一根支柱的分析——良好的企業環境。經濟學家說的體制不確定性，就是長期低迷的蕭條與短期急劇的衰退之間的主要差異。貨幣政策和財政政策的不確定性可能對經濟產生不利影響，正如美國在一九二九年到一九四〇年大蕭條期間，以及始於二〇〇七年的衰退期所見的情況。如果企業不願投入資本和創造與這類投資有關的新工作，政策就無法改善經濟。一旦蕭條引發的金融恐慌期結束，資本投資的最大阻礙就是與稅制、健保、法規和其他與經商成本有關的政策體制不確定性。美國和歐盟都深受體制不確定性之害。柏林共識的目的就在於藉提供物價穩定、健全的貨幣、財政責任，以及統一跨歐洲的重要法規事務，以便盡可能去除不確定性。

良好的企業環境會變成吸引資本的磁石，不僅吸引本地來自本地創業家和企業主管的資本，也吸引海外的資本。舉例來說，柏林共識正吸聚一股歐盟的新興成長動力——中國資本。隨著北京共識瓦解和中國資本尋找新落腳處，愈來愈多中國投資人轉向歐洲。中國領導人意識到他們已過度投資在美元計價的資產；他們也知道不能很快脫售這些資產。但至少他們正逐步分散投資在新準備貨幣上，包括歐元計價的資產。中國在二〇一一年並未積極救援岌岌可危的歐元區，但現在歐盟已經穩定下來，中國發現歐元區是美元計價資產的好替代品。《華盛頓郵報》二〇一三年報導這個現象：

> 中國公司和企業家已開始擴大投資海外，他們愈來愈被歐洲吸引，使中國對歐洲的外來直接投資（FDI）在兩年間大幅增加，超越流向美國的金額。在過去兩年，中國公司總共投資歐盟超過二百億美元，相較之下，投資美國只有一百一十億美元[12]。

《華爾街日報》二〇一三年報導，管理中國外匯準備的國家外匯管理局「是歐洲金融穩定機制發行債券的早期投資人之一……且從那時候就開始定期投資這個紓困基金[13]」。穩健的歐元在吸引中國資本上居功厥偉，因為穩定的貨幣可降低投資人的匯率風險。中國的資本流入確實提供了歐元的支撐，這也是健全貨幣與資本流入間良性回饋循環的例證。

歐元區日增的資本流入不只來自中國。美國貨幣市場業者也大舉投資歐元區。在二〇一一年的恐慌式流出後，美國十大貨幣市場基金在二〇一二年夏季到二〇一三年初，對歐元區的投資幾乎增加一倍[14]。

柏林共識正在歐洲生根，而這七根支柱在布魯塞爾的歐盟和柏林同等分量的指導下，已漸漸紓解對德國經濟霸權的憎恨。這個共識從一輛良性的三頭馬車獲得動力，也就是德國的科技、周邊國家的年輕勞動力和中國的資本。而這股動力則靠高瞻遠矚的低通膨、健全的貨幣，以及有利的實質利率來維繫。柏林共識很可能以歐陸的規模，複製德國在二次大戰後重建的「經濟奇蹟」。

德國總理梅克爾出生於德國重建時期的一九五〇年代，在共產東德長大，並親身經歷一九九〇年代的東西德統一。很少政治領袖有她面對如此艱巨的發展挑戰的經驗。她正把這些技術用在面對最大的發展挑戰：促進歐洲周邊國家的發展，同時維繫歐元的命脈。

歐元懷疑派

歐洲有意願維繫統一和保有歐元，但是辦得到嗎？儘管柏林共識確立了最高政治目標，但二〇〇八年金融危機以後的事件，引發許多人質疑歐洲是否有能力因應接踵而來的危機。仔細檢驗後就會發現，這些懷疑並未切中要旨，而且歐元計畫比批評者想像的更強韌。

自二〇〇九年十一月二十七日杜拜世界公司（Dubai World）宣告違約，引爆全球主權債券危機以來，外匯和債券市場始終處於動盪狀態。任何在違約之前參訪杜拜的人都可看出房地產泡沫正在形成，從綿延數哩到天際線的空蕩辦公室大樓和待售的豪華公寓，就可看出跡象。投資人以為，杜拜有富鄰阿布達比提供的石油財富將可度過難關，然而事與願違，結果杜拜的崩潰引發傳染效應，散播到歐洲，尤其是希臘。

到二〇一〇年初，希臘的國家會計爆發嚴重的舞弊，肇因則是高盛和其他華爾街銀行提供的未列帳交換合約。情勢已明顯呈現，如果沒有大規模結構改革和外界的協助，希臘將無法償付債務。主權債務危機已擴大成危機，愛爾蘭和葡萄牙也瀕臨違約邊緣，並引發對西班牙和義大利等更大經濟體公共財政的質疑。

對主權財政的憂慮很快蔓延到受影響國家的銀行業，於是形成一個惡性循環。由於銀行持有主權債券，債券違約將傷害銀行資本。如果銀行需要紓困，主權監管當局則必須提供資金。但這意謂發行更多債券，進一步危及主權債信，進而又傷害銀行的資產負債表，形成一個主權信用與銀行信用同時內爆的惡性循環。只有債信沒受損的外來新資本，才能打破這個循環。

危機經過三年時斷時續的蔓延，IMF、歐洲央行和歐盟「三巨頭」在德國的支持下，終於提出解決方案。IMF向有充沛外匯準備的國家如中國和加拿大借錢，歐盟則從成員國募資，主要來自德國。歐洲央行靠印製需要的鈔票而創造資金。三巨頭的運作是根據央行的新口號「竭盡所能」。到二〇一二年底，歐洲主權債券和銀行危機大致已控制住，雖然重建銀行資產負債表和做必要的結構調整，將需要幾年的時間才能完成。

儘管歷經這番動盪，歐元仍然健在，出乎許多分析師和投資人意料，特別是美國專家。二〇〇八年七月，歐元升值到一．六美元的高峰，並在主權債券危機期間維持一．二美元到一．六美元的交易區間。在動盪期間，歐元兌美元匯價始終高於一九九九年創始時的匯價。歐元從創始以來占有全球準備貨幣的比率也大幅提高。IMF有一份各種貨幣的官方外匯準備組成資料，一九九九年第一季資料顯示，歐元占全球外匯準備配置為一八．一%；到二○一二年底，歷經三年的危機後，歐元占全球準備貨幣的比率升到二三．九%[15]。

這些客觀的資料與歐元懷疑派提出的誇大論說不合，也因此到了二○一三年初，那些歐元末日審判先知大部分已對歐元區解體的主題三緘其口。懷疑派犯了一連串分析失誤，即便是在二○一二年初的懷疑派狂熱高潮時也明顯可見。第一個分析失誤牽涉到交叉匯率的零和本質。

從二○一○年開始，美國推行弱勢美元政策，目的在以能源、電子產品、紡織品和其他製造業產品進口價格提高的形式，從外國進口通膨。美國在一些宣示中清楚表達它的弱勢美元政策，包括歐巴馬總統於二○一○年的國情咨文宣布的國家出口計畫（National Export Initiative），和聯準會主席柏南克在二○一二年十月發表東京演說，他警告美國的貿易夥伴，如果不容許它們的貨幣對美元升值，通貨膨脹就會上升。由於美國希望美元貶值，所以樂見歐元對美元升值[16]。實際上，美國是以強大的政策工具來推升歐元匯率。為什麼許多美國分析師看不出這個明顯的事實，實在令人費解，但歐元持續弱勢向來就不符合美國的政策。

第二個分析失誤是，分析師傾向於把同時發生的債務、銀行和貨幣危機混為一談。分析師看到希臘主權債券違約和西班牙銀行的脆弱，很快就下結論歐元一定也很弱。這是膚淺的看法：就經濟上看，弱勢債券、脆弱的銀行，和強勢貨幣之間並不衝突。

雷曼兄弟就是例子。二○○八年雷曼的數十億美元債券違約，違約意謂債券大跌，但美元並沒有大跌，因為債券賴以計價的貨幣動力與債券不同。貨幣的強弱與央行政策和全球資金流動比較有關，而與以這種貨幣發行的特定債券的波動比較無關。把歐洲銀行、債券和單一貨幣視為受同一利空影響的分析師，犯了根本的錯誤。儘管希臘債券和愛爾蘭的銀行落難，歐元仍然可以保持強勢。

第三個分析盲點是，沒能認清在決定匯率中，資本流動的影響力超越貿易流動。分析師把太多注意力放在歐洲缺少出口競爭力上，尤其是歐元區周邊國家的愛爾蘭、葡萄牙、西班牙、義大利、希臘和賽普勒斯。出口競爭力對成長很重要，但它不是決定匯率的最關鍵因素。資本以換匯的形式從聯準會流向歐洲央行，以及以中國外匯準備配置和直接外來投資為形式的資本流動，為歐元提供了堅實的基礎。如果世界兩大經濟體美國和中國不希望歐元倒下，歐元將不至於倒下。

第四個盲點，與降低單位勞動成本以提振歐元區周邊國的全球競爭力有關。歐元懷疑派深受被誤導的凱因斯經濟學和黏性薪資神話（正式名稱為「向下名目薪資僵硬性」〔downward nominal wage rigidity〕）所害。凱因斯學派依賴黏性薪資理論來解釋通貨膨脹或向儲蓄者偷竊。這個理論是，薪資會在通膨期間上升，但在通縮期間不會輕易下滑；薪資傾向於黏在舊名目薪資的水準。

結果將會是薪資沒能往下調整，雇主因而解雇員工，失業增加，總需求降低。流動性陷阱於是形成，通縮隨著這個自我循環增強而惡化，造成超高的債務、破產和蕭條。通膨被認為是合宜的政策，因為通膨讓雇主可以提高員工的名目薪資，即使物價高漲使實質薪資並未提高。這是央行耍弄的貨幣幻象或欺騙員工的方法，但理論上這對降低實質單位勞動成本有效。以歐洲為例，凱因斯派的觀點是，達成所需通膨，最快的方法是成員國放棄歐元，恢復以前的各國貨幣，然後讓貨幣貶值。這是許多人預測歐元必然失敗的立論基礎，因為認定成員國放棄歐元才能讓經濟成長。

在二十一世紀的經濟體中，這種理論從各方面看都站不住腳，尤其是其立論的前提。黏性薪資是一種特例，發生在有限度的條件下，也就是勞動力是生產力的主要投入因素、勞動力取代匱乏、工會化盛行、全球化委外不可得，以及失業率處於相當低水準等情況。現今所有這些因素都已改變。

現在資本是最主要的投入因素，自動化和委外生產已經很容易取得，而且民間部門的工會活動很微弱。結果是，工人願意接受較低的名目薪資，如果這麼做能讓他們保住工作的話。這種降低單位勞動成本的形式，就是所謂透過降低薪資來進行內部調整，而不是透過貶值貨幣和通膨來進行外部調整。

外部調整在一九三〇年代的英國可能很管用，當時正值凱因斯首度提出他的黏性薪資概念。不過，在二十一世紀的全球化情況下，內部調整是更加理想的矯治方法，因為這麼做可直接處理問題，並避免拆解歐元區衍生的外來成本。舉例來說，二〇一三年七月二日，希臘統計局公布從二〇一二年第一季以來，希臘的私部門薪資下跌了二二・三％，清楚地反駁了凱因斯和克魯曼老舊的黏性薪資理論[17]。

儘管學界理論浮誇不實，在歐元區經濟萎縮和薪資下滑的情況下，歐元區周邊國家的民眾仍然普遍抱持維護歐元的看法。二〇一三年，渥克（Marcus Walker）和賈隆尼（Alesssandra Galloni）在《華爾街日報》為這個主題做了深入的報導：

> 在南歐各國，人們排斥恢復各國貨幣的想法，擔心這麼做可能再度引發通膨、去除節制貪瀆的機制，並導致各國納入歐洲核心部分的恢宏計畫擱淺。這種憂慮很強烈，甚至勝過促使許多英國經濟學家預測歐元區會瓦解的悲觀成長展望。
>
> 近日的調查顯示，只有二〇%的義大利人說，脫離歐元對經濟有利……絕大部分西班牙人、葡萄牙人、希臘人和愛爾蘭人，也拒絕退出歐元區……
>
> 沛優研究中心（Pew Research Center）的調查發現：「現在使用歐元的歐洲人並不想放棄歐元、重回他們以前使用的貨幣。」近日的民調呈現，在西班牙和葡萄牙，七〇%以上的人想繼續使用歐元[18]。

歐元懷疑派第五個、也是最後一個分析盲點是，他們不了解歐元是一個政治計畫而不是經濟計畫（而且一直以來都是），而維繫它的政治意志從來就不容置疑。法國知名的智識分子索爾孟（Guy Sorman）為真正對歐元的了解做了結論：

> 歐洲不是為了經濟原因而建立，而是想為歐洲各國帶來和平。這是一個政治願景，這是我們的世代唯一的政治計畫，我們將為拯救這個計畫付出努力[19]。

總結來說，歐元很強健，而且愈來愈強健。

歐元的未來

上述對歐元懷疑派分析盲點的概述，不僅駁斥了對歐元的批評，而且指出歐元的根本優勢和未來的方向。這些優勢是個崛起中的更大世界觀的一部分，指引出如何在高度競爭的全球化經濟中繁榮興盛的道路。

近來最令人鼓舞的報導與過去遭世人詬病的希臘有關。從二〇一二年六月到二〇一三年二月，有超過一．七五億美元的新資金流入希臘股市，《華爾街日報》的報導說，「投資人踴躍買進從房地產到能源等各類股票[20]」。二〇一三年四月，三巨頭通過提供希臘更多紓困援款，理由是希臘在削減政府支出和邁向平衡預算上大有進步。二〇一三年五月十四日，惠譽（Fitch）提高希臘的債信評等，《紐約時報》也在希臘經濟的評論中說，「主要是透過大幅降低薪資成本以提高競爭力的努力，終於也開花結果。這在占國內生產毛額一七％的觀光業上最明顯。該年的稅收預料將激增九％至一〇％[21]。」希臘也從政府資產私有化獲利，一萬五千英畝的前雅典機場土地，預料將吸引六十億美元投資，準備興建一項應可創造二萬多個工作的綜合發展計畫[22]。

近日另一則希臘的報導是一項帶著實驗性質的計畫；經濟學家一直尋找這種實驗的機會，卻很難得找到了。在二〇一〇年以前，希臘主要港口比雷埃夫斯（Piraeus）的港口設施一直是由政府擁有，那一年政府將一半港口以五億歐元賣給中國航運業者中國遠洋運輸公司（COSCO），自己仍保留一半。比較中國和希臘控制的港口設施在二〇一二年的營運狀況，發現極為鮮明的對照：

> 在中國遠洋運輸擁有的港口這邊，貨運流量過去一年來增加超過一倍，達到一百零五萬個貨櫃。雖然利潤仍然極為微薄……主要因為中國公司把大部分錢重新投資在港口……希臘擁有的港口這邊……曾在中國遠洋運輸進入前連續三年經歷一連串嚴重的罷工……在希臘這邊的港口，工會規定九個人操作一台起重機，而中國遠洋運輸只用四個人操作[23]。

這個比較充分說明希臘的工人或基礎設施本身並沒有缺少競爭力的問題，希臘需要的只是更有彈性的工作規定、較低的單位勞動成本，以及新資金的挹注。中國資金顯然協助解決部分問題，而且中國遠洋運輸等中國投資人在保證友善的經營環境下，也樂於投入資金。

西班牙的發展同樣鼓舞人心。西班牙的單位勞動成本相對於德國已滑落超過七％，經濟學家預期還會進一步下降。二〇一二年二月，西班牙總理拉霍伊（Mariano Rajoy）實施提高勞工彈性的法律，容許雇主在不景氣時解雇工人、降低遣散支付，和重新協商在二〇〇八年之前房地產榮景期間簽訂的勞動合約。結果大幅提升西班牙製造業的競爭力，尤其是汽車業。

效果很快顯現，雷諾汽車（Renault）宣布在西班牙北部帕倫西亞市的工廠增產計畫。福特汽車和標緻汽車（Peugeot）也宣布各自的西班牙工廠增產。二〇一二年十月，福斯（Volkswagen）宣布在靠近巴塞隆納的工廠投資八億歐元。這些投資和擴張計畫都會造成有利的漣漪效應，因為大製造商與零件供應商的網絡，和遍及西班牙的承包商都有密切關係[24]。

西班牙薪資降低帶來的雇用和生產增加，是反駁凱因斯和克魯曼黏性薪資理論的明證，從希臘到愛爾蘭的許多國家也普遍發生這種情形。雖然這是艱難而痛苦的調整過程，但這種轉變證明是長久的，而且使歐洲得以再度變成具有全球競爭力的製造基地，和吸引資金流入的磁石。

《經濟學人》和許多刊物都認為，不利的人口趨勢是歐洲穩健成長的重大障礙[25]。歐洲確實是快速老化的社會（正如俄羅斯、日本、中國和其他主要經濟體）。在封閉的社會中，工作年齡人口的分布在二十年期間是可以預期的，而且是經濟表現的重要決定因素，但這種觀點忽略了即使封閉社會也有不同形式的彈性。

工作年齡人口與勞動力的定義不同，當失業率高時，就像目前歐洲大多數國家，新加入者進入勞動力的比率可能比人口成長率高（假設他們能找到工作）。現今歐洲受過良好教育的失業者人數如此多，以致人口結構對有益的勞動因素投入不會造成短期阻礙。正如前面談到，提升勞動流動性也使歐元區受創地區失業人口得以遷移到較繁榮地區、供應所需的勞動力，因而有助於有益的勞動力成長。東歐和土耳其的移民可供應西歐充沛的勞動力，正如數十年來中國內陸供應勞動力給沿海地區的工廠。總之，只要有未充分利用的勞工、勞工流動性和移民，人口結構就不是歐洲成長的阻礙。

＊＊＊

光靠內部經濟調整可能不足以確保歐元和歐盟未來的前景。歐盟的體制擴張也不可或缺，正如梅克爾「更歐洲」的口號傳達的。歐盟像是只有一側機翼的飛機；它可以選擇留在地面，或是建造另一側機翼。因應二〇一〇年和二〇一一年危機的努力（包括貨幣寬鬆和多邊紓困方案）雖然足以避免崩潰，卻不足以矯正歐元和歐洲央行設計上的根本矛盾。除了提高貨幣聯盟成員的勞動與資本流動性外，事實已證明，如果沒有統一的貨幣政策和銀行法規，單一貨幣將難以發揮機能。

好消息是，歐洲的政治和金融領袖都很了解這些缺點，並且正迅速採取矯治措施。二〇一三年一月一日，歐盟財政穩定條約在十六個通過該條約的成員國實施，包括所有周邊國家。這個條約包含具備約束力的程序，要求簽署國的財政赤字必須低於GDP的三%，同時債務對GDP比率必須低於六〇%。萬一債務對GDP比率超過六〇%，赤字必須低於GDP的〇・五%。條件也包含債務煞車條款，要求債務對GDP比率超過六〇%的簽署國每年降低超出的比率五個百分點，直到該比率低於六〇%。條約的條款暫時在成員國的層次上實施，但條約註明成員國必須在二〇一八年一月一日前，把條約規定併入整體歐盟法律架構。

跨歐盟的銀行存款保險計畫目前正在研議中，以便用來紓解銀行恐慌；發行以歐元區整體信用擔保的歐元債券也已提出，以取代歐元區成員國各自發行的主權債券。這些措施可能相繼實施，但歐盟必須先在財政管理和其他市場改革上獲得更多進展。

銀行聯盟和聯合紓困基金的機制已開始結合，二〇一三年六月，由歐元區資深財政官員組成的歐元區工作小組，宣布成立一個六百億歐元的紓困基金，以便對困頓的銀行業者提供直接支援[26]。

除了財政和銀行改革，歐盟前途也因為新成員加入而更加充滿希望，包括加入歐盟、歐元區或同時加入兩者。二〇一三年七月，拉脫維亞獲得歐洲執委會和歐洲央行認可，將採用歐元為貨幣。克羅埃西亞在二〇一三年七月一日正式成為歐盟成員，克國央行總裁伏耶義（Boris Vujćić）宣布，克國將盡快開始以歐元為貨幣。其他已經是歐盟候選國、但還沒完成程序的國家包括蒙特內哥羅（Montenegro）、塞爾維亞、馬其頓和土耳其。還沒達到歐盟成員國要求標準的潛在候選國、但正努力朝向達成標準的國家有阿爾巴尼亞、波士尼亞與赫塞哥維納（波士尼亞與赫塞哥維納），以及科索沃。在未來，如果蘇格蘭和烏克蘭申請加入也不會令人意外。

歐盟已是世界最大的經濟勢力，合計的GDP已超越美國，而且是中國和日本GDP的兩倍多。在未來十年，歐盟注定要變成世界的經濟超級強權，版圖從小亞細亞跨越到格陵蘭、從北極海到撒哈拉沙漠。

德國位居這廣闊的經濟與人口領域的心臟地帶，雖然德國在政治上無法控制整個地區，它將是區內最大的經濟勢力，透過間接控制歐洲央行和歐元，將支配歐盟的商務、金融和貿易。歐元債券將提供一個深厚、流動的可投資資產池，規模超過美國公債市場。必要的話，歐元可以用區內成員國持有的黃金準備為後盾，總共超過一萬公噸，比美國公債的官方黃金準備多約二五%。龐大且流動的債券市場，加上健全的貨幣，和雄厚的黃金準備，可望使歐元到二〇二五年取代美元成為世界的首要準備貨幣。這種可能性將鼓舞俄羅斯和中國，因為兩國從二〇〇九年就已經開始設法擺脫美元霸權體制。德國也是這個貨幣演化過程的要角，因為德國堅持穩健的貨幣政策，也因為它為出口大國不靠貶值貨幣成長樹立了典範。

透過歐盟、歐元和歐洲央行發揚光大的新德意志帝國，將是查理大帝統治以來德國社會、政治和經濟影響力最輝煌的表現。即使這個改變將以美元隕落為代價，它將從許多方面帶來利益，因為德國有極高的生產力且遵循民主價值。歐洲多元的歷史和文化展現將在更好的經濟架構下繼續留存。在德國的領導和高瞻遠矚下，歐洲的箴言「多元一體」將得以真正落實。

CHAPTER 6

BELL國家、金磚五國和其他

我們的宗旨是，促進金磚五國在一系列重要議題上發展為成熟的協調機制……隨著全球經濟展開重新塑造的過程，我們將致力於探索新模式。

——《金磚五國宣言》

二〇一三年三月

波羅的海國家的人民應該感謝他們的領導人，當初沒有聽克魯曼的話。

——阿斯蘭德（Anders Aslund）

二〇一二年九月

超國家集團

歐盟、**美國、中國和日本**組成了一個全球**四國幫**，據IMF的統計，**占全球經濟產值的六五%，世界其他一百五十七國則占了三五%**。而這一百五十七國中又有個「**十國幫**」，成員有**巴西、俄羅斯、印度、加拿大、澳洲、墨西哥、南韓、印尼、土耳其和沙烏地阿拉伯**，各國產值分別占全球產值的一%到三%，其他更小的一百四十七國，各別產值都不到全球的一%，最小的產值更是遠低於一%。

財富集中在特定國家的情況，就像在國內集中於少數人一樣。在產值較低的八〇%國家中，每個國家都明白就算自己從世界消失對全球成長也不會產生明顯的影響。

當華爾街分析師鼓吹投資新興市場、邊境市場和更偏遠的市場時，更應該牢記上面的數字。事實是，規模夠大的資本市場很少，它們吸收資金的容量有限，而且它們在吸收資本時很容易出現過熱的現象。然而，在中國步向硬著陸、美國的復甦仍然有氣無力、日本進入第三個十年的不景氣，以及歐洲蹣跚進行結構調整之際，十國幫的投資吸引力令人難以忽視，其他國家如**波蘭、台灣、南非、哥倫比亞和泰國的潛力也不容輕忽**。

拿金磚五國（BRICS）來說，分析師往往為了促銷生意而把較小的國家組合成國家集團，並冠上組成國的字首縮寫名稱，金磚五國是這類聯盟的祖師爺，包含了巴西、俄羅斯、印度、中國，以及較晚加入的南非。每個金磚成員各有其優點和缺點，但實際上金磚五國沒有多少共同點。

俄羅斯經濟被看做是一場開採天然資源的狂歡派對，由寡頭和政客做莊，他們搜括了大部分的利潤，只投資一小部分足夠讓遊戲繼續下去的錢。中國創造了實質的成長，但也製造大量浪費、汙染和貪腐，嚴重到中國模式難以長期持續，並且對中國難以竊取科技的外國公司充滿敵意。印度經濟出現成長且深具潛力，但距離充分發揮潛能仍有一段遙遠的距離，因為它惡名遠播的繁文縟節扼殺了創新。在金磚五國中，巴西和南非堪稱是「真正的」經濟體，因為兩國的經濟成長似乎比較可能長久，貪腐尚未達到猖獗的程度，而且創業精神仍有呼吸空間。

不過，金磚五國的成功是不容否認的事實。金磚五國脫胎於歐尼爾（Jim O'Neill）和他高盛的同事在二〇〇一年創造的名詞金磚四國（BRIC），用來凸顯這個國家集團占全球GDP的分量，以及它們經濟成長速度比已開發國家如七大工業國（G7）快很多[1]。但歐尼爾的分析不是以經濟為主軸，而是著重在政治。除了規模與成長等基本事實外，歐尼爾呼籲世人重新思考七大工業國的國際治理模式，降低歐洲扮演的角色，並在新的「G5＋BRIC＝G9」模式中增加新興經濟體的分量。

在他提議的G9模式中，歐尼爾以「其他成員國必須認清，所有成員國並不須都要『相同』[2]」這句話輕鬆帶過這些國家在社會發展上的差異，包括人權與法律等根本原則的不同。他承認金磚四國在經濟模式上南轅北轍：「這四個國家在經濟、社會和政治上差異極大。」

歐尼爾初始的研究如何從一項政治宣言變成投資題材，可以解釋為華爾街的銷售人員偏好以動聽的故事來吸引顧客。但我們看不出歐尼爾有意這麼做，他的目的是政治性的，而且也達到了他的目的。

到二〇〇八年，七大工業國實際上已成為古董，而二十國集團（G20），包括金磚五國和其他國家，已成了國際貨幣體系實際上的董事會成員。歐尼爾正確地預見了在戰後全球化的世界裡，經濟實際上與政治密不可分。經濟產值超越公民社會和其他凝聚全球領導集團的傳統標準。金磚五國的概念一直都是一個政治宣言，勝過投資題材，而世人知道其中的差別。

金磚五國成功地繁衍出一連串字首縮寫的模仿者，這場命名大會的新加入者之一是所謂的ＢＥＬＬ國家，由保加利亞（Bulgaria）、愛沙尼亞（Estonia）、拉脫維亞（Latvia）和立陶宛（Lithuania）組成；還有歐盟周邊國家組成的ＧＩＩＰＳ國家，包括希臘、愛爾蘭、義大利、葡萄牙和西班牙。

ＧＩＩＰＳ這個國家集團的特性是，成員都是歐元區國家，使用歐元，且正進行艱困的內部調整過程。雖然同為ＧＩＩＰＳ國家，西班牙和義大利是屬於同一等級的經濟大國，兩國產值合占全球經濟的比率接近五％；葡萄牙、愛爾蘭和希臘則屬於另一個等級，合起來的產值還不到全球總值的一％。整體來說，ＢＥＬＬ和ＧＩＩＰＳ的經濟同質性比金磚五國高，有明確的經濟主題可將它們串連在一起，相較之下，歐尼爾和高盛提出金磚國家的概念，主要是從政治的觀點。

BELL國家

BELL國家的規模都很小，幾乎完全不重要，四個國家加起來的經濟產值只占全球GDP的〇・二%。但在地緣政治上卻極其重要，這四國形成歐盟東部疆界，是歐洲與傳統東方勢力俄羅斯和土耳其之間的緩衝國。和金磚五國不同，BELL有許多共同點，除了都是歐盟成員國外，它們的貨幣匯率都緊釘歐元。緊釘歐元，導致BELL國家進行與歐元區周邊國家一樣的內部調整和貨幣貶值，因為它們不能利用貨幣貶值做為快速矯治經濟問題的方法。

經濟學家惋嘆這四個國家不能做國家經濟的科學實驗，因為許多變數無法控制，而且程序無法複製。但還是有些例子有足夠的控制變數，可以在類似條件下觀察採取不同政策會產生什麼結果。最近就有兩個牽涉到BELL國家的這類準實驗，第一個實驗是比較BELL和GIIPS，第二個則是拿BELL國家相互比較。

實驗通常藉控制參與者的特定變數來進行，然後衡量未控制的因素呈現什麼差異。在這個真實世界的實驗中第一個控制變數是，BELL和GIIPS都沒貶值貨幣。BELL維持本國貨幣緊釘歐元，未曾讓貨幣貶值。事實上，愛沙尼亞在二〇一一年一月加入歐元時，正值反歐元的情緒達到最高潮；拉脫維亞則在二〇一四年一月一日加入歐元。

第二個控制變數是BELL和GIIPS在始於二〇〇八年、並持續進入二〇〇九年的經濟崩潰中，受影響的嚴重程度。每個BELL國家在這兩年間都出現產值減少約二〇%，失業率也攀升到二〇％。同一期間，GIIPS的產值減退程度較輕微。第三個控制變數是，BELL和GIIPS的直接外來投資都消失了，資本市場管道斷絕，必須以各種官方協助來彌補資金短缺。簡單說，BELL和GIIPS在二〇〇八年和二〇〇九年，都經歷產值銳減、失業率升高，和外來投資突然停止的問題。在同一時期，儘管專家不斷呼籲，這些國家的政府都不曾認真考慮讓貨幣貶值。

從這些可比較的初始條件開始，這些國家各自採取了分歧的政策。GIIPS國家剛開始繼續推行經濟刺激措施，只小幅削減公共支出，而希臘實際上在二〇一〇年和二〇一一年還增加政府雇員。GIIPS解決財政問題的主要方法是增稅，它們降低單位勞動成本的內部調整程序一直到二〇一〇年才開始，嚴肅的財政和勞動市場改革也到了二〇一三年才啟動；到目前仍有許多措施沒有進行。

對照之下，BELL國家採取立即且激進的措施來整頓財政，因此從二〇一〇年就已恢復強勁的成長，而且現在的成長率是歐盟國家中最快的。這個扭轉很戲劇化，拉脫維亞的經濟在二〇〇八年到二〇〇九年萎縮二四％，但二〇一一年到二〇一二年成長超過一〇％；愛沙尼亞經濟在二〇〇八到二〇〇九年間萎縮二〇％，但二〇一一年強勁成長七．九％；立陶宛在危機中受創程度不像其他BELL國家那麼慘重，在二〇〇八年還成長二．八％，雖然二〇〇九年出現衰退，但二〇一一年很快彈升了五．九％。

波羅的海BELL國家在崩潰後緊接著出現強勁成長的模式，是典型的V型反轉，近幾年來常被人討論、卻很少見到，因為美國等國家的政府通常會以印製鈔票來抹平V型，製造時間拖延、但力道疲弱的成長。

我們如何解釋波羅的海國家扭轉衰退的強勁成長，而歐盟周邊國家的經濟成長卻遲緩？華盛頓特區的彼得森國際經濟研究所（PIIE）學者、也是東歐和俄羅斯經濟體專家阿斯蘭德（Anders Aslund），在這個主題有許多論述。他把二〇〇九年到二〇一二年波羅的海國家的經濟成功和南歐國家的失敗，歸因於幾個特定的因素[3]。他指出，當面對嚴重的經濟萎縮時，受影響的國家必須面對危機並將它轉變成政治優勢。

向人民清楚解釋經濟選擇的政治領導人，能爭取到民眾對艱難政策的支持，而像美國和南歐國家否認問題嚴重性的領導人，卻會發現人民的急迫感減退，比較不願意做必要的長期犧牲。阿斯蘭德也鄭重呼籲，面對經濟危機的國家應該擁護敢於創新的新領袖。與舊領導階層有關的既得利益很可能死守失敗的政策，而新領導人則能致力於削減政府支出，以恢復財政健康。

阿斯蘭德建議政府必須事先清楚地溝通應變的經濟措施，並把重點放在削減支出多過於增稅。民眾將支持他們了解的政策，但如果政治人物粉飾情勢並拖延過程，民眾對必須削減支出將舉棋不定。阿斯蘭德也說，指出「可信的罪魁禍首」也很有用。以拉脫維亞為例，被指出的禍首就是三位在二〇〇六年掌控經濟的寡頭，以及他們控制的政黨擁有國會五一%的席次。改革派政治人物帶頭反對他們的貪瀆，到了二〇一一年這些寡頭在國會的代表比率降低到一三%。美國也有腐敗的銀行家可當作現成的罪魁，但美國卻選擇提供紓困，而不追究他們在危機前種種過分的作為。

最後也是最重要的，阿斯蘭德強調重建過程必須公平，且採取社會契約的形式。所有社會部門、政府和非政府、工會和非工會，必須付出代價以重振經濟的活動。他針對拉脫維亞寫道：「政府禁止資深公務員享有雙所得……高層官員減薪的幅度比資深公務員大，部長級官員減薪幅度高達三五%[4]。」同樣的，波羅的海國家的重建過程與美國等國家呈現鮮明的對比，美國的政府支出在危機以後呈現增加。在美國，有工會的公部門和政府雇員的薪資與福利大體上受到保護，因此調整帶來的衝擊落在無工會的私部門。阿斯蘭德的結論是，他的建議在波羅的海國家大部分被採納，在南歐周邊國家則被忽視，結果是波羅的海國家現在強勁成長，南歐周邊國家則仍深陷不景氣，未來展望禍福難料。

BELL國家在迅速恢復成長和競爭力上的成功，與GIIPS國家成鮮明對比，後者的進展拖延長達六年，且在達成財政永續性上仍有漫長的路要走。

來自波羅的海地區的經濟報告絕大多數是好消息，例如CNBC新聞台的艾米斯（Paul Ames）報導二〇一二年的愛沙尼亞說：「在中古世紀就已建立的首都塔林（Tallinn），購物者成群擁進北歐設計師精品店和時髦的餐廳；最尖端的科技公司則抱怨，他們提供的職缺找不到員工[5]。」BELL國家也善用他們的人力資源和教育水準相當高的勞動力。特別是愛沙尼亞已變成一個以其最成功的企業Skype為中心的高科技重鎮；Skype對員工很友善的總部園區位於塔林附近，雇用超過四百名員工[6]。

《紐約時報》二〇一三年刊登一篇拉脫維亞的報導，正確地捕捉了原本是典型景氣循環應該呈現的急遽崩潰與強勁復甦軌跡，但大多數西方政府卻刻意避免這種反轉，反而犧牲了長期經濟成長，必須付出極大的代價。

> 二〇〇八年，由信用膨脹帶來的經濟榮景在這個小波羅的海國家破滅時，經營一家小建築公司的克魯明斯（Didzis Krumins）解雇員工……然後結束公司營運。他看著拉脫維亞的災難在嚴苛的撙節措施下不斷加深，薪資、就業機會和國家撥給學校、醫院的經費，都遭到大幅削減。但克魯明斯並未走上街頭抗議這些削減……反而買了一輛曳引機，開始拖拉木頭到需要燃料的暖氣廠。等到拉脫維亞開始脫離經濟直線下墜的危機後，他重新回到建築業，現今雇用了十五人，比過去多五人[7]。

IMF曾多次表示反對波羅的海國家大幅削減政府支出，但總裁拉加德也在二〇一三年里加（Riga）的演說中，肯定波羅的海國家的成功：

> 雖然現今仍然存在許多挑戰，你們已經恢復了強勁的成長並降低了失業率……你們已削減財政赤字，並維持歐盟國家中最低的政府債務比率。你們已透過削減薪資和降低價格，在世界市

場變得更有競爭力。你們已重振信心，並透過良好的總體經濟政策而壓低利率。我們現今聚在這裡慶祝你們的成就[8]。

將貨幣釘緊歐元，以及像愛沙尼亞和拉脫維亞實際改用歐元，證明對ＢＥＬＬ國家的復甦和成長貢獻良多。把貨幣匯率釘緊歐元，最後進一步採用歐元，可以為貿易夥伴、投資人和債權人消除匯率的不確定性。提供經濟確定性的好處，從彭博社近日一份報告可清楚看出：

> 現今，愛沙尼亞經濟是歐元貨幣集團中成長最快的，消費者和企業都支付較低的利息，且企業與芬蘭（歐元區成員國、也是愛沙尼亞的主要貿易夥伴）的關係比以往都更緊密……
>
> 愛沙尼亞最大銀行業者瑞典銀行（總部設在瑞典斯德哥爾摩）執行長培瑞恩斯（Priit Perens）說：「最重要的是，我們終結了所有克朗（kroon）可能貶值的揣測。」波羅的海國家最後可能貶值貨幣的隱憂，長期以來就是投資人信心的障礙。貶值貨幣將帶來災難性的後果，因為愛沙尼亞的銀行在國家正式採用共同貨幣前，已開始以歐元放款。用貶值的克朗支付歐元計價的貸款，將對企業和消費者增添沉重的負擔[9]。

立陶宛和保加利亞是實驗中的實驗，因為它們執行的財政整頓並不像拉脫維亞和愛沙尼亞那樣嚴苛，也因此無法那麼快恢復成長。但整體來說，ＢＥＬＬ國家進行財政整頓和其他形式的改革比ＧＩＩＰＳ國家積極得多，它們也達成了可持續的債務和赤字水準、貿易順差，債信評等也得以提升。

即使不是完美控制的實驗，ＢＥＬＬ和ＧＩＩＰＳ國家政策選擇的對照，是很強力的案例研究，它的結果顯示經濟審慎發揮了功效，而凱因斯式刺激政策則失敗。這並不令人意外，因為凱因斯主義過去數十年的紀錄乏善可陳，而且他的主張缺少實證的支持。反觀ＢＥＬＬ國家的例子，可望在未來數十年引起客觀觀察者的共鳴，因為人們尋找的是經濟證據而不是教室裡的假設。

ＢＥＬＬ和ＧＩＩＰＳ的例子說明了財政整頓（例如ＢＥＬＬ國家採行的）的利益，以及延遲和否認的成本（例如ＧＩＩＰＳ的作法）。而共同的教訓是，貨幣貶值不是復甦的先決條件，反而是阻礙。強勢、穩定的貨幣是投資的磁石，也是貿易擴增的觸媒。危機之後的快速成長，基本元素是可責性（accountability）、透明性、財政整頓，以及公平的犧牲分配。ＢＥＬＬ國家從二〇〇八年到二〇一四年的經驗，對未來幾年仍得持續調整的南歐周邊國家，將可提供極有用的教訓。

金磚五國

在ＢＥＬＬ國家為整頓財政的成效展示新標竿的同時，經濟力量更強大的金磚五國也顛覆了主流看法，對美元是否能夠繼續扮演全球主要準備貨幣的前景埋下變數。

金磚五國領導人於二〇〇六年九月，在紐約市舉行財長會議時，就已展現與歐尼爾最早的預測一致的種種演進跡象，當時金磚五國也非協調一致的經濟集團，而是一股政治勢力。那些會議演變成二〇〇九年六月在俄羅斯葉卡捷林堡（Yekaterinburg）舉行的正式領袖高峰會，以及此後持續舉行的部長級和元首級會議。二〇一〇年，初始的金磚四國巴西、俄羅斯、印度和中國邀請南非加入，縮寫也從BRIC改變成BRICS。二〇一一年四月，南非首次以正式成員身分參加在中國海南島三亞市舉行的金磚五國領袖高峰會。

歐尼爾一直忽視南非應加入金磚國家的想法，因為南非的經濟與人口規模，以及失業問題，讓它顯得不夠格躋身一流的開發中經濟體[10]。這在經濟上是事實，但諷刺的是，南非的加入證明了歐尼爾的金磚國家政治性超過經濟性的初始前提。金磚四國分別位處東歐、亞洲和拉丁美洲，而非洲大陸則是東方和南方聯合對抗西方很明顯的缺口。雖然南非的規模相對較小，卻是非洲最大經濟體，正好以它先進的基礎設施和高教育的勞動力彌補這缺口。

金磚五國結合起來的經濟重要性不容許否認，集團成員代表了超過四〇%的全球人口、二〇%的全球經濟產值，以及四〇%的總外匯存底。金磚五國已經崛起成為與高度發展經濟體組成的初始，G7相抗衡的集團，並且是成員更多的G20內一個勢力龐大的核心集團。不過，金磚五國還沒把它的經濟體整合成自由區或類似歐盟的貨幣聯盟，截至目前仍局限在雙邊的合作。金磚五國的主要影響力在於以統一的口徑，提出對全球治理和未來國際貨幣體系的主張。

金磚五國領袖已開始在五項關鍵議題提出激進的新立場，分別是：ＩＭＦ投票、聯合國投票、多邊援助、開發援助，以及全球外匯準備的組成。他們在聲明中呼籲，重新思考或推翻二次大戰後在布列敦森林和舊金山做成的ＩＭＦ、世界銀行和聯合國初始形式的安排。金磚五國堅持除非這些機構改革成更能接納金磚五國要求的目標，否則將採取具體措施來建立自己的機構，以發揮地區性功能。這些機構的演進不可避免地將削弱它們想取代的舊機構的角色。目前還無法確定這些提議只是在論壇中用來促進實質改革的掩護，或者是金磚五國宣示方向的具體計畫。不管是哪種情況，金磚五國不願接受國際貨幣與治理的現況。

具體來說，金磚五國呼籲擴增聯合國安理會永久會員國，把巴西和印度包括在內；俄羅斯和中國已經是永久會員國。這將使永久會員國增加到七國，由金磚五國擁有四個席次，成為多數。這提議不包括取消美國的否決權，但增加巴西或印度的否決權將大幅提高金磚五國在安理會投票前閉門協商的影響力。把巴西和印度包括在內，也會增加金磚五國擔任輪值安理會主席的機會。安理會主席賦予東道國決定議程和影響安理會程序的能力。

金磚五國也大力推動ＩＭＦ投票的改革，尤其是中國要求的最積極。如果把人口、外匯存底和經濟產值納為相關的標準，那麼ＩＭＦ目前的投票權顯然偏袒西歐而忽視金磚五國。ＩＭＦ領導階層承認這點，總裁拉加德直言不諱支持投票權必須改革，尤其是有關中國的投票權。困難之處在於，比利時和荷蘭等國家必須讓出投票權給中國。這個程序已拖延多年，金磚五國至今一直很聰明地打手中的牌，把投票權改革當作條件，來交換金磚五國提供ＩＭＦ迫切需要的貸款。金磚五國在這場賭局裡的王牌是，如果ＩＭＦ不提高它們的投票權，它們將推出一個替代的多邊外匯準備貸款機制。

金磚五國建立取代ＩＭＦ和世界銀行機構的藍圖，是二〇一三年三月在南非德爾班（Durban）舉行高峰會時擬訂的。金磚五國在這次高峰會發表公報，做出如下的結論：

> 我們曾指示財政部長檢討設立新發展銀行的可行性與可能性，以動員基礎建設所需的資源……我們對設立新發展銀行的可行性與可能性感到滿意。並已同意建立這家銀行……
>
> 我們要求財政部長和中央銀行總裁研究透過（在金磚五國間）創立應急儲備基金來建構一個金融安全網……我們的看法是，建立初期規模為一千億美元的應急儲備基金是可行的……
>
> 我們呼籲改革國際金融機構，以使它們更有代表性，可以反應金磚五國日增的分量……
>
> 我們仍然關切ＩＭＦ改革速度遲緩的問題[11]。

金磚五國高峰會還特別談到美元扮演世界首要準備貨幣的問題，以及可能以特別提款權（SDR）來取代它：

> 我們支持國際貨幣體系的改革和改善，建立一套基礎更廣泛的國際準備貨幣體系，以提供穩定性和確定性。我們歡迎特別提款權在既有國際貨幣體系中扮演角色的討論，包括特別提款權

一籃子貨幣的組成問題[12]。

最後，為了更明確傳達金磚五國是一個政治計畫而非經濟計畫，德爾班高峰會花了許多時間在敘利亞危機、以色列屯墾區、伊朗核武發展、阿富汗戰爭、剛果情勢的動盪，以及其他純粹地緣政治性的議題上。

金磚五國在二〇一三年九月五日於俄羅斯聖彼得堡舉行的高峰會（與G 20高峰會同時舉行），重申建立新多邊貸款機制的承諾。在高峰會上，金磚五國同意各國貢獻給新基金的資金比率為中國四一%，俄羅斯、巴西和印度各出資一八%，南非則出資五%。

史諾登（Edward Snowden）驚爆美國監聽盟邦通訊機密的內幕後，巴西出乎意料在二〇一三年九月宣布建造兩萬哩海底光纖纜線網路的計畫，將從巴西的福塔雷薩（Fortaleza）連接俄羅斯的海參崴，並與南非開普敦、印度清奈和中國汕頭建立連結，預定在二〇一五年完工[13]。這個纜線網路形同一套可以避免美國監聽的金磚五國網際網路。美國長期以來擁有絕佳的監聽海底纜線的能力，因此新系統實際的安全性仍然人有疑問。儘管如此，這套系統的專用性可以輕易改變成包含一套金磚五國的銀行間支付系統，提供可取代美元支付的工具。

除了金磚五國領袖定期舉行會議外，許多環繞金磚五國的輔助機構與影子機構紛紛設立，包括金磚國家智庫理事會、金磚國家商會理事會，以及金磚國家虛擬祕書處等。金磚五國也趁每年一度在紐約舉行聯合國大會時舉行外交部長會議，以協調外交政策。這些措施已衍生出一群新的國際籌辦協助業者，稱作叫「金磚雪巴」（BRICS Sherpa），甚至還有雪巴的雪巴。這些金磚機構在其他由IMF、聯合國和G20主持的機構中，已形成一個勢力龐大的國家集團。

現今金磚五國已被視為一股強大的經濟和政治力量，雖然部分成員國近來的成長率呈現減緩，尤其是中國。不管從領土、人口、產值、自然資源和金融準備的角度看，金磚五國的全球影響力已不可能被忽視。金磚五國既已形成團結一致的政策和程序，世界應該預期它們對未來願景和對西方創制的機構，觀點將趨於一致。

這種趨於一致有許多面向，但可以歸納為一個主題：美元的國際角色縮小，以及美國和它的緊密盟友在主要論壇和在地緣政治爭議中影響結果的能力將逐漸式微。金磚五國在歐尼爾簡短的研究論文中也許出身都很寒微，但這個國家集團現在已走出自己的路。

上海合作組織

在區域集團國家近幾年來紛紛崛起的情況下，看出新興經濟體共同性的人不只有華爾街分析師。這些基於所處位置的接近或共同利益的結盟關係，已開始挑戰二次戰後由主要西方經濟體做的安排。它們包括上海合作組織（SCO）和波斯灣合作理事會（GCC）。同樣的，這些集團共同的傾向是，希望縮小美元扮演主要準備貨幣的角色。它們的目標超越世界處處可見的自由貿易區和共同市場，而是涵蓋戰略、軍事、天然資源和國際貨幣體制上的合作。雖然這些集團達成目標和克服內部矛盾的成效不一，它們在推動未來國際貨幣體系的改革和演進上，勢必將扮演重要角色。

上海合作組織創立於二〇〇一年六月，是前身「上海五國」機制的延續。上海合作組織的初始成員國是上海五國成員——俄羅斯、中國、哈薩克、吉爾吉斯和塔吉克，加上新成員烏茲別克。不過，上海合作組織的非會員觀察國還包括印度、伊朗和巴基斯坦，並定期邀請前蘇聯共和國和東南亞國協（ASEAN）的成員參加會議。

上海合作組織緣起於成員國共同的安全問題，包括鎮壓高加索地區、西藏和台灣的分裂主義者。成員國在打敗蓋達組織和車臣與中國西部的其他恐怖主義團體也有共同利益。但該組織很快演進成一個與北大西洋公約組織（NATO）抗衡的亞洲組織。透過該組織，俄羅斯在東歐與北約對抗可取得中國的支持，而中國在東亞與美國對抗也取得俄羅斯的支持。在這情況下，上海合作組織在二〇〇五年拒絕美國申請為觀察國並不令人意外[14]。

除了舉行聯合軍事演習和合作進行數十項能源、電訊和水力的大規模基礎設施計畫之外，上海合作組織也推動與未來國際金融體系息息相關的銀行和跨國金融措施。上海合作組織的總理理事會在二〇〇五年十月二十六日的莫斯科高峰會中簽訂協議，創設銀行聯合體（Interbank Consortium），以促進成員國央行之間的經濟合作，進行聯合基礎建設融資，和設立特殊開發融資機構[15]。

二〇〇八年十月上海合作組織在哈薩克阿斯塔納（Astana）舉行的總理高峰會中，當時的中國總理溫家寶和俄羅斯總理普亭同意伊朗申請成為上海合作組織的正式成員國。在高峰會上，伊朗副總統達沃迪（Parviz Davoudi）表示，「上海合作組織是在國際銀行體系之外創設新銀行體系的好場所[16]」。上海合作組織在二〇〇九年六月的高峰會，與在俄羅斯葉卡捷林堡舉行的金磚五國峰會同時同地舉行。中國國家主席胡錦濤和俄羅斯總統麥維德夫（Dmitry Medvedev）利用該組織與金磚五國峰會的場合，簽署了中俄聯合聲明，呼籲改革全球金融體系和國際金融機構，同時提高開發中經濟體在ＩＭＦ的代表性[17]。

當時新上任不久的伊朗總統魯哈尼（Hassan Rouhani）於二〇一三年九月十三日，在吉爾吉斯首都比斯凱克（Bishkek）的上海合作組織峰會，舉行一場相當於初次社交宴的國際會議。伊朗獲得俄羅斯、中國和其他上海合作組織成員國的強力支持，將不干預伊朗的濃縮鈾發展計畫。

隨著地緣政治在國際經濟的領域扮演日益重要的角色，不再局限於純軍事領域，上海合作組織從安全同盟演進成潛在的共同貨幣區並不難想像。當伊朗的貨幣匯兌受到美國和歐盟制裁的時候，俄羅斯和中國的銀行在提供伊朗硬貨幣交易中扮演的角色，證明這種情形早已經存在。

金磚五國和上海合作組織在國際貨幣事務上的目標趨於一致，應該讓傳統西方菁英最感憂心。背後的推手是這兩個組織中實力最強大的俄羅斯和中國。金磚五國和上海合作組織在軍事和戰略事務上可能有不同的目標，但它們在ＩＭＦ投票權這件事的立場一致，而且對美元霸權角色的厭惡感愈來愈深。

波斯灣國家

另一個戰略和地理位置接近的同盟是波斯灣合作理事會，這是一個真正有潛力形成單一貨幣區、並削弱美元角色的集團。

波斯灣合作理事會創立於一九八一年五月二十五日，巴林、科威特、阿曼、卡達、沙烏地阿拉伯和阿拉伯聯合大公國（UAE，阿聯），在沙國首都利雅德（Riyadh）簽訂這項協議。此後這個集團沒再增加新成員，雖然目前正在考慮是否讓摩洛哥和約旦加入。

波斯灣合作理事會與伊拉克或伊朗沒有關係，雖然這兩國和波斯灣合作理事會所有會員國一樣都位於波斯灣附近，原因很簡單，伊拉克在一九九〇年入侵該合作理事會會員國科威特而與該會決裂，伊朗沒被考慮入會則是因為種族和宗教與波斯灣阿拉伯國家不同，也因為伊朗是沙烏地阿拉伯的宿敵。但約旦和摩洛哥如果入會則是言之成理。既有的波斯灣合作理事會會員國都是阿拉伯君主國，而約旦是君主國，摩洛哥是阿拉伯君主國和阿拉伯國家聯盟（Arab League）的會員國。波斯灣合作理事會雖然支持相對開放的經濟和貿易政策，卻仍然是阿拉伯國王的準俱樂部。

波斯灣合作理事會走的路線類像歐盟，已在二〇〇八年成功地建立共同市場，現在正朝向單一貨幣邁進。波斯灣合作理事會對國際貨幣體系的影響主要在它的單一貨幣措施，超過在戰略和經濟合作等其他面向，因為後者大多只有區域的重要性，而較少國際影響性。和歐元一樣，該理事會推行單一貨幣將需要十年或更久的時間才能完成，必須解決的主要問題包括會員國在財政和貨幣政策上的統合標準，以及新央行的職權。短期而言最棘手的是央行總部設在哪裡，以及央行理事會組成與治理的政治安排。

波斯灣合作理事會會員國已經形成一個準聯盟，因為各國的貨幣都已釘緊美元，因此彼此間採用固定匯率。不過，該理事會會員國仍保留獨立的中央銀行。這種安排類似歐洲匯率穩定機能（ERM，創立於一九七九年，並存續到一九九九年，是歐元的前身），不過，波斯灣合作理事會在這方面比歐洲匯率穩定機能更成功，因為歐洲匯率穩定機能設定的會員國固定匯率變動過無數次。

從目前波斯灣合作理事會的安排邁向單一貨幣似乎是個直接的程序，但近來歐元區遭遇的挫折讓該理事會會員國放慢腳步，因而阻礙了貨幣整合的進程。最凸顯的阻礙是在分歧的財政政策下實施單一貨幣政策。這個問題是歐洲主權債務危機的主要肇因之一。希臘和西班牙採取無法永續的財政政策，以強勢貨幣歐元大肆發行債券，賣給誤以為歐元區所有會員國將擔保歐元計價主權債券的投資人。任何單一貨幣聯盟（例如波斯灣合作理事會）的核心問題是，如何在單一央行和單一貨幣政策下，在會員國間執行財政紀律。貨幣聯盟必須避免重蹈希臘搭強國財政紀律便車的覆轍。

波斯灣合作理事會已在二〇〇九年「杜拜世界」倒閉時經歷這種搭便車問題。杜拜是阿聯的大公國之一，另六個大公國中最著名的是阿布達比。各大公國使用由設在阿布達比的央行發行的共同貨幣迪拉姆（dirham）。

杜拜世界是杜拜統治者穆罕默德（Sheikh Mohammed bin Rashid Al Maktoum）創立的投資控股公司。雖然杜拜世界堅持其債務未由政府擔保，但投資人顯然認為其債券等同於這個阿聯大公國的主權債券。在二〇〇六年到二〇〇九年間，杜拜世界借貸約六百億美元以融資基礎建設計畫，包括辦公室大樓、公寓和運輸系統，許多建築迄今仍然空蕩或利用不足。

二〇〇九年十一月二十七日，杜拜世界出乎意料宣布要求暫停支付債權人，並延展所有到期的債券。就是這個違約事件觸發了從二〇一〇年到二〇一二年襲捲歐洲的主權債券危機，而不是由發生於歐洲的事件觸發。最後杜拜和阿聯央行介入紓困杜拜世界，它的方法類似歐盟和歐洲央行紓困希臘、葡萄牙、愛爾蘭和西班牙。阿聯和歐洲的教訓全都看在沙烏地阿拉伯、卡達和其他富裕的波斯灣合作理事會會員國眼裡。該理事會的單一貨幣計畫要能順利推行，會員國必須簽訂一套可執行的財政條約，能限制各國的赤字支出。

波斯灣合作理事會單一貨幣面對的其他重大問題之一是設定相對於美元的初始幣值。太低的幣值將引發通膨，太高則會製造通縮。英國在一九一四年加入第一次世界大戰而暫停金本位制、一九二五年重新採用時就遭遇這種兩難的局面。當時英國犯了錯，把英鎊兌換黃金的價格訂得太高，導致嚴重的通縮，進而引發了大蕭條。

當一國或國家集團把幣值釘緊美元時，實際上等於把貨幣政策外包給聯準會。如果聯準會採取寬鬆貨幣政策，而匯率釘緊美元的國家有貿易順差或資金流入，這些國家就必須印製鈔票以買進流入的美元，以便維繫釘緊美元的匯率。就效果來說，聯準會的寬鬆貨幣政策便透過這種匯率機制出口到其他國家，迫使釘緊美元的國家也採取寬鬆貨幣政策。如果釘緊美元的國家經濟成長比美國強勁，這種寬鬆政策就會製造通膨，就像中國和波斯灣合作理事會國家從二〇〇八年以來的情況。簡單的解決方法是放棄與美元的聯繫匯率，容許本國貨幣對美元升值。這種降低美元匯價的作法就是聯準會採取弱勢美元政策的目的。

另一個解決之道，是讓單一貨幣的幣值釘緊非美元的另一種貨幣。貨幣專家建議幾種可釘緊匯率的替代貨幣[18]，其中之一是IMF的特別提款權（SDR）。SDR本身是以包括美元在內的一籃子貨幣來決定它的幣值，但給予歐元、英鎊和日圓相當高的權值。很重要的是，IMF可以定期改變SDR的組成貨幣，適時加入新貨幣，以反映組成一籃子貨幣國家的貿易模式、相對優勢的變化和相對經濟表現。貨幣匯率如果釘緊SDR，將使未來的波斯灣合作理事會貨幣更能與貿易夥伴協調一致，降低聯準會對該理事會貨幣政策的影響力。

波斯灣合作理事會成員國經濟體高度仰賴石油出口做為收入和成長的來源，當該理事會貨幣釘緊美元時，石油的美元價格波動就會轉變成經濟表現的波動。因此，釘緊SDR一籃貨幣可以合理地擴大為把石油的美元價格納入籃子裡[19]。這麼做將可讓波斯灣合作理事會貨幣的匯率與石油美元價格同步波動。如果聯準會採用弱勢美元政策，造成波斯灣合作理事會的通膨，且石油美元價格因而上漲，那麼該理事會貨幣將自動升值，並減緩該理事會的通膨。

這麼做將使波斯灣合作理事會貨幣仍然採取聯繫制度，同時可以不受聯準會弱勢美元政策的影響。

波斯灣合作理事會釘緊貨幣的問題對未來國際貨幣體系有重大影響，而這個問題還有個更激進的解決方法：以該理事會本身的貨幣來為石油與天然氣出口訂價，因而讓該理事會貨幣對其他貨幣自由浮動。這可能真正變成宣告美元扮演油價基準貨幣的終結，並立即創造出對波斯灣合作理事會貨幣的全球需求。

這股朝向放棄美元做為油價基準貨幣的趨勢，在二〇一三年底大幅加速，原因是白宮嘗試恢復伊朗在中東地區的霸權地位。美國從一九四五年就私下保證沙烏地阿拉伯的安全，以交換沙國支持美元當作能源出口唯一的匯兌貨幣，以及沙國承諾向美國購買武器和基礎設備；這個承諾到一九七四年進一步變成公開宣示。但到二〇一三年底，這段長達七十年的關係卻因美國總統歐巴馬與伊朗達成臨時協議、暗中容忍伊朗核武野心而面臨嚴重的質疑。

美伊親善發生在沙國與美國關係已經緊繃的時機，主因是歐巴馬在二〇一一年阿拉伯之春的動亂期間，放棄沙國盟友埃及的穆巴拉克（Hosni Mubarak），以及歐巴馬未支持敘利亞內戰中沙國支持的叛軍。沙國又花費數十億美元協助埃及恢復軍事統治，並擊敗歐巴馬較偏袒的埃及穆斯林兄弟會。更晚近的是沙國公開表現對美國的不悅，並斷然向俄羅斯購買武器，從巴基斯坦進口核子技術，並取得以色列的安全協助。這些演變帶來的沙、俄、埃聯盟移除了美元的另一根支柱，創造出沙國與俄羅斯的共同利益，而後者則已公開宣示寧願有個去除美元霸權的的國際貨幣體系。

波斯灣合作理事會貨幣如果想變成真正的全球準備貨幣而不只是貿易貨幣，將必須進一步擴大該理事會金融市場和建構必要的基礎設施。不過，沙烏地阿拉伯重新評估與美國的安全關係，加上歐元擴張勢力，以及金磚五國及上海合作組織收購黃金以擺脫美元的支配，可能預示美國扮演國際準備貨幣角色的快速式微。

雙島國：英國和日本

有兩個國家自外於上述的貨幣多邊主義潮流，而且對當前的國際貨幣體系感到非常不滿意，那就是英國和日本。英國是北約和歐盟的成員，日本則是與美國簽訂長期條約的重要盟友。

兩國都未加入貨幣聯盟，也未明白表示反對美國在國際貨幣體制中的支配地位。日本和英國都保有自己的貨幣和央行，而且各自擁有位於東京和倫敦的金融中心。日圓和英鎊都是ＩＭＦ正式承認的準備貨幣，日本和英國大體上也都有健全的債券市場，以便支撐它們的貨幣扮演準備貨幣的角色。

儘管如此，日本和英國的黃金準備部位很虛弱，黃金準備對ＧＤＰ比率只有美國或俄羅斯的二五％左右。日本和英國的黃金對ＧＤＰ比率甚至比本身缺乏黃金的中國還低。美國、歐元區和俄羅斯都有足夠的黃金，可以在萬一發生危機時維繫對它們的貨幣信心。對照下，日本和英國是完全仰賴法定貨幣的標準例子，兩國都處於必須印製鈔票、黃金不足、缺少貨幣盟友和沒有應變計畫的危險。

日本和英國是一項美國聯準會主導的全球貨幣實驗的一部分，前聯準會主席柏南克曾在兩場演說中闡述了這項實驗，一場演說於二〇一二年十月十四日在東京發表，另一場於二〇一三年三月二十五日在倫敦發表。柏南克在二〇一二年東京的演說中表示，美國將在可預見的未來繼續透過量化寬鬆，實施寬鬆貨幣政策[20]。貿易夥伴因此有兩個選擇，可以把貨幣釘緊美元，如此可能導致通貨膨脹——正如波斯灣合作理事會國家發生的情況，或者這些貿易夥伴可以讓貨幣升值，也就是弱勢美元政策想得到的結果，但他們的出口將受害。

部分貿易夥伴抱怨這種非通膨、即出口減少的霍布森式選擇（Hobson's choice），但柏南克解釋說，如果聯準會不採寬鬆貨幣政策，結果對他們將更不利：美國經濟大幅滑落將傷害世界需求和全球貿易，讓已開發市場和新興市場一同陷入全球衰退。

儘管柏南克言之成理，他的弱勢美元政策卻可能引發以鄰為壑式的貨幣競貶——一場可能導致貿易戰的貨幣戰爭，正如一九三〇代發生的情況。柏南克在二〇一三年的倫敦演說中嘗試紓解這個顧慮，他說，一九三〇年代貨幣貶值的問題之一是，它們是相繼發生、而不是同時發生。每個在一九三〇年代貶值貨幣的國家可能都獲得成長和出口市場占有率，但都讓未貶值的國家付出代價。當時貶值貨幣得到的成長效益不高，因為是以高成本換來的。柏南克的解決方法是讓美國、日本和英國和歐洲央行同時而不是依序採取寬鬆措施。理論上，這麼做便可以在主要經濟體創造刺激，而不致讓貿易夥伴承擔短期成本：

> 現今大多數工業化經濟體仍然……深陷從大衰退（Great Recession）以後緩慢復甦中。在通膨大體上受抑制下，這些國家的央行都正在提供寬鬆貨幣政策以支持成長。這些政策是否包含了貨幣競貶？剛好相反，因為絕大多數先進工業化經濟體的貨幣政策是寬鬆的，我們不會預期這些國家之間的匯率會出現大幅度且持續的改變。先進經濟體貨幣寬鬆的利益並非藉由顯著的匯率改變來創造，反而是來自支持各國或各地區的國內總需求。此外，因為各經濟體的強勁成長會帶給貿易夥伴有利的外溢效果，所以這些政策不是「以鄰為壑」，而是正和（positive-sum）的「與鄰共榮」（enrigh-thy-neighbor）行為[21]。

柏南克的「與鄰共榮」理論忽略了新興市場的鄰國如中國、南韓、巴西、泰國，和其他貨幣必須升值（出口因而受害）的國家，因為升值才能讓柏南克的「刺激」在已開發經濟體發揮作用。換句話說，日本的出口可能受益，但這必須以韓國等國家犧牲出口為代價。這或許不是與所有國家敵對的貨幣戰爭，但仍然是美國、英國和日本三個國家與二十國集團其他國家敵對。

日本和英國還有另一個理由支持聯準會提議的印鈔票和伴隨而來的貨幣貶值。印鈔票不只是為了提振出口，也是為提高進口價格。提高進口價格會導致通膨，可以抵銷通縮，而美國和英國都有通縮的危險，日本則已長期陷於通縮中。以日本來說，通膨主要將來自能源價格上漲；就美國和英國來說，通膨將來自衣服、電子產品和某些原料和食物的價格上漲。

美國和英國的債務對GDP比率都大約為一〇〇%，且持續上升中，日本的債務對GDP比率則超過二二〇%，美、英、日三國的債務比率都已達到歷來最高。對投資人來說，債務比率的趨勢比絕對值重要，而趨勢正在惡化。如果未能調整政策以使債務對GDP比率回到下降走向，這三個國家將步向主權債務危機。

債務對GDP比率是以名目金額計算，而不是實質金額。名目債務需要名目收入成長來償付。名目成長等於實質成長加上通膨，由於實質成長不振，央行必須製造通膨，寄望因此能增加名目成長，以及降低債務對GDP比率。在已經不可能再調降政策利率時（因為利率已接近零），可以造成貨幣貶值、進而進口通膨的量化寬鬆，就成了央行偏愛的技巧。

英格蘭銀行（英國央行）已進行四輪量化寬鬆，第一輪從二〇〇九年三月開始，後續幾輪分別在二〇一一年十月、二〇一二年二月和同年七月。擴大收購資產目前已經停止，但英格蘭銀行接近零利率的政策仍然持續。英格蘭銀行坦承以名目成長為目標，而非實質成長，雖然仍希望可能帶來實質成長。英格蘭銀行對為了執行量化寬鬆而收購債券的官方解釋是：「收購的目的是直接挹注資金到經濟體，以便提振名目需求。儘管執行貨幣政策的方式不同，目標卻沒有改變，也就是達成消費者物價指數（CPI）升到二%的通膨目標[22]。」

日本的情況不同。日本在一九八〇年代經歷股市和房地產泡沫破滅後，從一九八九年十二月至今一直處在長期蕭條的狀況。在整個一九九〇年代，日本主要仰賴財政刺激來維繫經濟不墜，但到了一九九〇年代末，經濟陷入更危險的蕭條狀態。日本的名目GDP在一九九七年達到高峰後，到二〇一一年下滑了一二%。日本消費者物價指數在一九九八年攀升到最高點，此後穩定下跌，只有少數幾季的CPI出現正值。當通膨轉變成通縮時，一個名目GDP滑落的經濟體仍然可以有實質成長，這是事實，雖然有點反直覺。但這種實質成長對政府解決債務、赤字和提高稅收毫無幫助，因為這些問題都得靠名目成長才能解決。

日本銀行（央行）在處理量化寬鬆、通膨和設定名目GDP目標上，都比英格蘭銀行透明。日銀在二〇〇一年前的寬鬆貨幣措施斷斷續續，且在日銀內部引發許多爭議。二〇〇一年三月曾實施一項溫和的量化寬鬆計畫，但規模太小，沒有帶來多少效果。IMF調查日本從二〇〇一年到二〇一一年實施量化寬鬆的影響，並下結論說：「對經濟活動的影響很有限[23]。」

二〇一二年十二月十六日，自民黨在國會大選獲得壓倒性的勝利，安倍晉三出任首相，日本的政治和貨幣政策出現一百八十度的大轉變。安倍的政黨在國會取得絕對多數席位，可以推翻參議院的否決。安倍的競選政綱明白主張印鈔票，甚至揚言如果央行不肯印鈔票，將修改管理日本銀行的法律。安倍說：「貨幣政策變成選舉的焦點很罕見。我們在競選時主張，必須擊退通縮，而我們的主張贏得強力支持。我希望日銀接受這個結果，做出適宜的決定[24]。」

由於日銀在之前二十年對寬鬆貨幣政策很冷淡，安倍勝選並未讓市場完全相信日銀真的會採取不一樣的措施。二〇一三年三月二十日，安倍任命的黑田東彥出任日銀總裁。不到幾天，黑田說服日銀理事會實施全世界歷來最大規模的量化寬鬆計畫。日銀保證在二〇一三年和二〇一四年的兩年期間，以印鈔票來收購一．四兆美元的日本公債[25]。日本同時宣布延長所收購公債的到期日結構，類似聯準會「扭轉操作」（Operation Twist）的購債措施。以美國的經濟規模做比較，日本的印鈔計畫是聯準會二〇一二年宣布的第三輪量化寬鬆計畫的兩倍大。和英格蘭銀行一樣，日銀不諱言推升通膨以增進名目（甚至實質）GDP的目標：「央行將在盡可能短的時間內……達成讓消費者物價指數比上年漲二％的目標[26]。」

到二〇一四年，情況就像聯準會、日銀和英格蘭銀行在打一場貨幣牌局，而且把所有的籌碼都押注下去。三家央行都利用印鈔票和短期利率來製造通膨，以便提高名目GDP。名目GDP能否轉變成實質GDP並不重要，事實上，從二〇〇九年以來這三國的實質經濟都呈現低迷不振。這三國的貨幣政策都明白宣示，首要目標是提高通膨和名目GDP。

美元、英鎊和日圓加起來占全球的指定外匯準備七〇％，也占SDR一籃子貨幣六五％權值。如果聯準會是國際貨幣體系的基石，日本銀行和英格蘭銀行則是聯拱石。但三家央行現在都正進行空前規模的貨幣實驗，面對高度不確定的結果。他們宣示的目標不是實質成長，而是為了償付債務而追求通膨和名目成長。

金磚五國、上海合作組織和波斯灣合作理事會，以及其他新興市場國家裡的債權國和外匯準備持有國，都帶著備感挫折的心情密切注意這場印鈔票大賽，並且愈來愈堅決想結束容許這種搭經濟便車的作法、卻讓他們國家承受通膨、出口減退和財富縮水苦果的國際貨幣體制。國際貨幣體系會無法承受自己的重量而崩潰，或者被新造成的輸家因為美國、英國和日本所犯的這種世紀罪行而推翻，則仍然有待觀察。

| 第三篇 |

貨幣與財富

CHAPTER 7

債務、赤字和美元

前瞻指引（forward guidance）……應該承諾貨幣政策不會拿走雞尾酒缸，而會讓派對持續到深夜，以確保所有人都能盡興。

——普洛瑟（Charles I. Plosser），費城聯邦準備銀行總裁

二〇一三年二月十二日

只有不熟悉過去幾十年貨幣政策設計辯論的人，才會把採用名目所得目標……視為創新。至今還沒有人設計出讓它行得通的方法……相反的，設定目標會被認為只是掩飾，實際上是為了追求高通膨。

——古德哈特（Charles Goodhart）

二〇一三年三月十八日

貨幣的意義

美元是什麼？這個問題其實不容易回答。大多數人會說，美元是貨幣或是錢，他們賺的、花的或儲蓄的東西。這引發另一個問題：貨幣是什麼？專家會舉出貨幣有三方面的定義：交易的媒介、價值的儲存，以及會計的單位。會計單位這方面的定義很有用，但幾乎無關緊要，瓶蓋也可以拿來當會計單位，繩結或針線也行，會計單位只是加或減已知的價值。交易媒介也間接牽涉到價值，因為交易各方必須知道交易產品或服務的單位價值。這三方面的定義中，有兩個隱含價值的定義，因此整個標準定義可以歸結為只剩這個定義，也就是價值的儲存。

那麼，如果貨幣是價值，價值又是什麼？問到這裡，分析已涉及哲學和倫理層次。價值可以由個人擁有，同時又被一個文化或社會共有。價值可能是主觀的（在倫理學層次上）或絕對的（在宗教層次上），價值也可能彼此衝突，例如，相競爭的或相鄰的群體有著大不相同的價值。

儘管價值有各種意義，有兩個面向卻特別凸顯，第一是度量的概念：即衡量價值的存在、不存在或不同程度的方法。第二是信任的概念：當一個人把價值交付給另一個人或團體時，這個人相信對方會採取符合該價值的行為。彼此信任以回報或利他行為的形式，表達出前後一致的行為。

就本質來說，美元是貨幣，貨幣是價值，而價值是前後一致被履行的信任。不管在世界任何地方買一罐可口可樂，我們相信那罐可樂採用的是原廠配方，罐裡裝的東西並未被改造；就這方面來說，可口可樂不會令人失望。這是前後一致被履行的信任，代表一罐可口可樂有它的價值。

當顧客買可口可樂時，他交給店員一美元。這不是單純的以物易物，而是價值的交換。美元價值的來源是什麼？美元如何展現它也是前後一致被履行的信任？

要回答這個問題，我們必須追究得更深。美元本身不管是紙幣或數位形式，都是代表性的物體。美元代表什麼？信任是指向誰？當談到信任時，雷根的名言就派得上用場：信任，但要驗證。由民間銀行擁有的聯邦準備系統（Federal Reserve System）是美元的發行者，聯準會要求我們信任，但我們如何驗證信任是否被履行？

在法治社會裡，驗證信任的慣用方法之一是書寫契約。法學院一年級學生在契約課中很快就學到要「寫成文字」。一份契約中，雙方認定和預期的事項會被寫下，並唸出來給雙方聽。假如雙方都同意，便可以簽署契約，從此以後這份契約就會實現雙方的信任。有時候契約文字的意義，或條款的執行會引發爭議，國家有法院可以解決這類爭議。這套契約、法院以及由憲法指導的決定，就是法治社會運作的方式。

聯準會在這個體系扮演何種角色？從一個層面來看，聯準會遵循書寫契約的模式，我們看一美元鈔票上印的文字，就可以發現書寫的貨幣契約。這份契約的雙方被註明為「聯邦準備理事會」和代表人民的「美利堅合眾國」。

一美元鈔票上的契約由聯準會的十二個地區聯邦準備銀行開立。換句話說，這些書寫契約有些由達拉斯聯準銀行開立，有些則由費城聯準銀行開立。較大面值的鈔票如二十美元的契約則由「聯邦準備理事會」開立。這些契約都由一個代理機構簽署——代表人民的美國財政部。

書寫的美元契約，最重要的條款出現在每張鈔票最上端，就是「聯邦準備紙幣」幾個字。紙幣代表義務，是債務的一種形式。聯準會確實會在它的資產負債表上登記發行的貨幣數量。資產負債表左方顯示資產，右方顯示負債，資產減去負債就是資本，記載在下方。聯準會發行的紙幣記載在資產負債表的右方，代表是負債項目。

聯準會的紙幣是非尋常形式的債務，因為不支付利息，也沒有到期日。從契約理論描述一美元鈔票的另一個方法是，這是聯準會發行的無期限、無利息債券。任何借貸者都知道無期限、無利息的債務是最好的債務，因為永遠不必還，同時不必支付任何成本。不過，這還是一種債務。

因此，美元是貨幣，貨幣是價值，價值是信任，信任是契約，而契約是債務。以數學的遞移律來看，美元是聯準會以契約形式積欠人民的債務。這個觀點可稱作貨幣的契約理論[1]。了解這個理論的另一個方式是，每當碰到貨幣這個詞時，用「債務」來取代。這時候世界會變成一個不一樣的地方，這是一個債務的世界。

以契約觀點看貨幣，只是眾多貨幣理論之一。最有影響力的理論是貨幣數量論（quantity theory of money），由二十世紀的費雪（Irving Fisher）和傅利曼（Milton Friedman）提出[2]。貨幣數量論是聯準會用來指導貨幣製造的理論之一，雖然由傅利曼提出的原始公式已不再流行。

另一個方法是貨幣的國家理論。這個理論假設，沒有擔保的紙幣具有價值，是因為國家可能規定以這種貨幣繳納賦稅。國家可能使用嚴重到判死刑的脅迫來課稅；因此人民為貨幣工作，並且珍惜貨幣，因為貨幣可以滿足國家。

這種貨幣與國家的關係，基於國家權力這種媒介，紙幣具有超過內在價值的外在價值。這類貨幣就是所謂的表徵貨幣，貨幣的國家理論有另一個名稱就是表徵主義（chartalism）[3]。一九二〇年代，凱因斯在呼籲廢除金本位制時採用貨幣國家理論[4]。晚近支持貨幣是國家力量理論的專家，有債券業巨擘太平洋投資管理公司（PIMCO）前主管麥考利（Paul McCulley），以及標榜現代貨幣理論的密蘇里大學經濟學家凱爾頓（Stephanie Kelton）[5]。

新加入貨幣理論競技場的是信用數量論（quantity theory of credit）。這套由鄧肯（Richard Duncan）提出的理論是貨幣數量論的變形，鄧肯認為信用創造已變得如此之多且普及，現在的貨幣概念已被納入信用的概念中，信用創造才是貨幣研究與政策應該聚焦的重點[6]。鄧肯提出令人印象深刻的統計和政府資料論證分析，探究信用的擴張。他的研究可稱作信用主義（creditism），雖然實際上只是十九世紀英國銀行學派貨幣觀點的二十一世紀版[7]。

貨幣主義、表徵主義都有個共同的概念，即相信法定貨幣。「法定」（fiat）這個詞的拉丁文根源是「讓它實現」。應用在貨幣上，「法定」指的是國家命令以一種特定形式的金錢當作貨幣，並視為法律規定的貨幣。三種貨幣理論都同意，貨幣不必有內在價值，只要有國家賦予的外在價值。

理論只有在它與實際現象一致、並能協助觀察者了解和期待現實世界事件時才有用處。以國家力量來解釋的貨幣理論，是不可憑恃的虛弱葦草，因為國家力量是變化難測的。就這層意義來說，這幾種不同的貨幣理論可說都只解釋了一時的現象。

回到我們初始的話題，貨幣的契約論專注於貨幣的內在價值。貨幣可能是紙印的，但紙上有書寫文字，而書寫內容是法律契約。人民可能根據各自的原因而珍惜這紙契約，與國家的命令無關。人民可能重視契約的履行甚於法定的義務。這個理論不僅對了解美元有幫助，也能解釋美元契約是否被履行，不管是現在或未來。

雖然美元是沒有利息也沒有到期日的債務，美元仍然牽涉聯準會和美國財政部履行的義務，也就是契約上記載的兩個當事人。這種履行將在經濟中實現，如果經濟表現良好，美元就很有用，契約的履行就令人滿意或有價值。如果經濟機能失調，履行上可能無法令人滿意，甚至達到違背契約的程度。

金本位制是執行貨幣契約的方法之一。支持金本位者堅稱，所有紙幣都沒有內在價值，只有以黃金或者白銀為形式的有形貴金屬，才能提供內在價值。這種觀點誤解了黃金在金本位制扮演的角色，而且少數人堅持以金幣和金條做為唯一的交易媒介，更是完全不切實際。

所有金本位制都牽涉到實體黃金與黃金的紙本代表之間的關係，不管這種代表被稱為紙幣、股份或票據。一旦這種關係被接受，人們很快又回到契約的世界。

在這個觀點上，黃金是提供的擔保或抵押，以確保貨幣契約獲得令人滿意的履行。如果國家印製太多貨幣，人民便有權利宣告契約已被違背，並要求按照市場匯率以紙幣贖回黃金。這實際上就是人民取得擔保品。

黃金的提倡者說，紙幣與黃金間的兌換率應該固定且維持。這種想法有它的優點，但固定匯率對黃金在契約式貨幣體系扮演一個角色並非必要條件。只有在人民能隨時自由買賣黃金下，固定匯率才有必要。任何個人都可以用紙幣美元購買黃金來建構自己的金本位制，而任何不買黃金的人則表達了暫時對紙幣契約的滿意。

因此，黃金的紙幣價格是衡量聯準會和財政部履行契約的標準。如果履行上令人滿意，黃金價格應該會保持穩定，因為人民對紙幣契約很放心。如果履行上令人不滿意，黃金價格會大幅攀升，因為人民紛紛終止貨幣（債務契約），透過在公開市場購買黃金來取得擔保品。和任何債務人一樣，聯準會希望人民（債權人）不知道他們有主張擔保品的權利。聯準會賭的是，人民不會集體要求兌換黃金擔保。這場豪賭仰賴人民對貨幣契約、黃金的特性，以及他們有權在未履行契約時可主張擔保品的高度滿足。

這就是為什麼聯準會和法定貨幣經濟學家，會使用像「野蠻遺蹟」和「傳統」這類詞句來形容黃金，並堅稱黃金在現代貨幣體系中無足輕重。聯準會的觀點很荒謬，就像說土地和建築物在抵押貸款時無足輕重一樣。貨幣是以黃金當作擔保品的紙幣債務，主張擔保品的方式就是直截了當地購買黃金。

聯準會寧可投資人不知道這層關係，但有一位投資人很清楚這種關係，他就是巴菲特。雖然巴菲特購買的不是黃金，而是購買硬資產，但他的故事很有啟發性。

二〇〇九年十一月，在市場經歷二〇〇八年恐慌後的大拋售最高潮之後不久，巴菲特宣布收購伯靈頓北方聖大菲鐵路公司（BNSF）一〇〇%股權。他形容這樁併購案是「押注國家」[8]。

或許真是如此。鐵路是終極的硬資產，包含了一籃子硬資產，例如道路權、鄰近的採礦權、軌道、轉轍器、訊號裝置、車廠和鐵道車輛。鐵路公司藉運輸其他硬資產而賺錢，例如運送小麥、鋼鐵、鐵礦砂和牛隻。鐵路公司是運輸硬資產的硬資產。

巴菲特收購伯靈頓北方聖大菲鐵路公司百分之百股權，實際上是將這家鐵道公司從公開交易的上市公司變成私有股權公司。這表示如果股票交易在金融恐慌中關閉，對巴菲特的持股也不會有影響，因為他並不在意流動性。其他人可能對持有的股權突然失去流動性感到驚慌，巴菲特會老神在在。

對巴菲特的收購，最好的解釋是把紙幣換成硬資產，同時讓資產隔絕於股市交易所關閉的風險之外。這可能是「押注國家」，但這也是對通膨和金融恐慌的避險。無法收購整家鐵路公司的投資人，也可以藉買進黃金來做同樣的押注。巴菲特向來以貶抑黃金聞名，但他是硬資產投資之王，當我們看超級富豪時，最好專心看他們的行動，別太在意他們說什麼。紙幣是以黃金擔保的契約，而黃金是至高無上的硬資產。

債務、赤字和可持續性

聯準會並非美國貨幣體系中唯一與政府有關的債務人；事實上，聯準會還不是最大的債務人。美國財政部以國庫券、中期公債和長期公債的形式，發行了十七兆美元的債務，比較之下，聯準會只印製四兆美元（相當於債務）的紙鈔。

和聯準會的紙鈔不同，美國公債不被視為貨幣，雖然這種流動性最高的工具常被稱作「約當現金」（cash equivalents）。聯準會紙鈔和公債另一個不同點是，公債有到期日，而且會支付利息。聯準會的紙鈔可以無限量發行，而且無限期保持流通；但公債受制於債券市場的規則，而投資人每天在這個市場交易的美國公債數量就超過五千億美元。

市場規則包括投資人持續不斷評估財政部的負債是否可長可久。這種評估會考量財政部能否依約償付流通中的債券。如果答案是肯定的，市場會樂於購買支付合理利息的美國公債。如果答案是否定的，市場會拋售公債，利率將大幅飆升。在缺乏資金或缺乏償付意願的極度不確定性中，公債可能變得一文不值，就像美國革命戰爭後發生的情況，許多別的國家也曾多次發生類似情況。

當答案不是肯定或否定，而是都有可能時，政府債務的分析最為困難。就是在這種臨界點（也就是複雜性理論家所稱的「相變」），公債市場介於信心和恐慌間，債務違約似乎真的可能發生。歐洲主權債券市場在二〇一一年底接近這個點，直到二〇一二年九月仍然徘徊在邊緣，也就是歐洲央行總裁德拉吉宣示「竭盡所能」挽救歐元的時候。德拉吉的意思是，歐洲央行將以貨幣債務來取代主權債券，而且金額將大到足夠讓主權債券的持有人放心。這個保證果然奏效，把歐洲主權債務市場從崩潰邊緣拉回來。

近幾年來，以聯準會印製的鈔票收購的政府債券，占財政部淨新發行債券的比率很高。聯準會堅稱它購債是寬鬆貨幣情勢的政策工具，並非有意把國家債務貨幣化。另一方面，財政部堅稱自己是世界最佳債務人，且在籌資滿足美國政府資金需求上毫無困難。儘管如此，旁觀者可能認為，聯準會正在藉貶值貨幣來把債務貨幣化——從歷史看，這是經濟和政治體系走向崩潰的一步，從古代羅馬到現今的阿根廷都是如此。

聯準會的信心豪賭是用它不支付利息的紙幣，交換財政部支付利息的債券，然後將賺得的利息退還給財政部。公債市場和整體投資人面對的挑戰是，要如何決定可長久持續的公債發行量是多少，以及聯準會以多少數量的鈔票交換公債是可接受的、而不致超過相變點而引發崩潰。

政府債務與赤字的動態關係，比主流觀點承認的還要複雜。債務和赤字的辯論往往淪落為二元的選擇：債務對經濟體是好或壞？美國的赤字是否太高，或是美國能否承受？茶黨保守派採取赤字支出本質是惡的觀點，主張平衡預算本質上最理想，而人盡皆知美國正要步上希臘後塵。克魯曼式的自由派採取的觀點是，舉債資助某些好計畫是不可或缺的，而且美國曾經有過這麼高的債務對GDP比率。美國的債務對GDP比率在第二次世界大戰之後達到一〇〇％，大約是現今的水準。美國曾在一九五〇年代和一九六〇年代逐漸降低債務，而自由派說，只要小幅增稅，美國就能再次辦到。

這兩種觀點都有道理，但也都有弱點。在形成決策上，以這種方式進行辯論，會製造出假二分法，導致無法達成解決方案而徒然爭辯不休。債務本身沒有善惡的區分，債務的功用取決於舉債者如何利用錢。債務水準本身沒有太高或太低的分別；債權人重視的是債務的趨勢是否可以長久持續。

債務如果被用來支應赤字，且除了以債養債外，別無償債的計畫，那就可能帶來毀滅性的結果。如果債務用來支應生產計畫，能創造高於成本的收益，且長期能償付債務本身，那麼這種債務便具有建設性。如果債務不斷升高，即使債務對GDP比率相對較低，也可能出問題。如果債務逐漸降低，即使債務對GDP比率偏高，也不足為慮。

債務辯論

以這種方法辯論債務和赤字只會引發更多問題。決定債務是否被用於理想用途，以及債務對GDP比率是否朝正確方向發展的指導原則是什麼？幸運的是，這兩個問題都可以用嚴格且非意識形態的方式回答，不必陷入保守派與自由派的口舌之爭。

以債務支應政府支出，在符合三個條件時是可接受的：支出的效益必須高於成本、政府支出必須導向民間部門無法自己做的計畫，以及整體債務水準必須可以長久持續。這些測試必須獨立進行，而且都必須通過。即使政府支出證明可以創造淨效益，如果民間營運可以做得更好，也不應由政府進行。當政府支出會製造淨成本時，便會摧毀社會的財富，除了在戰爭等生存危機情況外，不應被容許發生。

當成本與效益定義不明確，還有當決策過程中以意識形態取代分析時，困難就可能產生。有兩個例子可以說明這種問題：網際網路和二〇〇九年的歐巴馬刺激方案。

政府支出的支持者指出，政府資助促成了網際網路的早期發展。政府確實贊助了美國高等研究計畫署網路（ARPANET）的發展，它原本是一套大學電腦間的大規模訊息交流系統，用以促進冷戰期間的合作研究。不過，ARPANET能夠發展成現今的網際網路，是民間部門透過建立全球資訊網（WWW）、網路瀏覽器和許多其他創新而促成的。以現今的標準看，ARPANET原本的目標很保守，但是它做得相當成功。政府未封存ARPANET計畫，反而對民間開發商公開通訊協定，並採取不干預的態度。網際網路是政府把事情交給民間做的典範。

惡性的政府支出例子，是二〇〇九年的歐巴馬刺激方案。該方案預期的利益是根據所謂凱因斯乘數（multiplier）的錯誤假設推論而得。事實上，歐巴馬刺激方案主要目標是補貼國家和地方政府裡的工會工作，以及學校管理人員的薪資，而這些人有許多是冗員、生產力低落，因而具有摧毀財富的效應。其餘的經費流入低效率、無法規模化的科技，如太陽能面板、風力渦輪和電動車。這些支出不僅沒創造乘數效應，甚至無法帶來和名目支出相等的名目成長[9]。歐巴馬的刺激方案是政府支出未通過成本效益測試的典型例子。

有一個通過所有可接受支出測試的政府計畫範例，就是州際高速公路系統。一九五六年，當時的美國總統艾森豪提議並獲得國會授權興建州際高速公路系統，以現今的幣值花費約四千五百億美元。這套系統的效益遠超過四千五百億美元，時至現今仍持續累積中。很難想像民間部門能創造出媲美這套高速公路網路的計畫；我們最多只能興建出一些胡亂拼湊的收費公路，而且有許多地方無法通達。只有政府能完成全國規模的計畫，而且當時的債務對GDP比率仍保持穩定。這套州際高速公路系統通過三項高效益政府支出的測試，因此合乎舉債的條件。

現今的長期利率接近歷來最低水準，美國可以輕易用二・五%的利率借貸一千五百億美元，為期七年。舉例來說，政府可以用這些錢沿著州際高速公路系統興建一條新天然氣管線，並在既有的設施上興建天然氣加氣站。這些州際管線可以連結主要節點的大型天然氣主幹，然後政府可以規定十年內所有州際卡車運輸必須從柴油改用天然氣。

管線和加氣站網絡具備後，民間公司如雪弗龍（Chevron）、埃克森美孚（ExxonMobil）和福特就可以接手，將天然氣運輸繼續擴大和創新，像ARPANET這樣的公共轉民間投資建設模式就得以延續。轉向天然氣驅動的卡車運輸將可促進天然氣驅動車輛的發展，天然氣的需求將促進探勘和生產，美國擅長的相關科技也得以不斷提升。

和州際高速公路系統一樣，州際天然氣燃料系統對經濟的大幅提振將是立即可見的，不是來自神話的乘數效果，而是直接來自有生產力的支出。數十萬個工作將在實際的管線營建中創造出來，更多工作也將來自車輛從使用汽油改為天然氣。對外國原油的依賴也將結束，美國的貿易逆差將消失，帶來促進成長的效果。環保的利益也明顯可見，因為天然氣燃料比柴油或汽油更清潔。

但這會實現嗎？很值得懷疑。共和黨專注於減輕債務勝過促進成長，民主黨的意識形態反對所有高碳的能源，包括天然氣。政治明星們似乎一致反對這類不按牌理的解決方案。不過，政府舉債支出如果能通過三項檢驗：正報酬率、不取代民間部門的計畫，和持久穩定的債務比率，就是可被接受的政府支出。

可持續的債務

另一個非問不可的問題：債務水準可以長久持續嗎？這個問題又導引到另一個問題：決策者如何知道他們正把債務對ＧＤＰ比率的趨勢推向好的方向？聯準會在「可持續的赤字」和「可負擔的債務」上扮演什麼角色？

聯準會的貨幣政策與國家債務和赤字之間的關係，攸關債務—貨幣契約承擔的風險。就原始的層次看，聯準會實際上可以將財政部發行的債券無限量地貨幣化，直到對美元信心崩潰的程度。在政策層次上的問題是，對聯準會印鈔能力受制於哪些規則或限制。可自由裁量的貨幣政策必須遵守哪些指導原則？

從歷史看，金本位制就是限制自由裁量權並透露貨幣政策什麼時候出軌的方法之一。在古典金本位制下，黃金流向貿易夥伴顯示出貨幣政策太寬鬆，因而必須緊縮。緊縮將產生衰退效應，降低勞動成本，提升出口競爭力，然後重新吸引實體黃金流入。這個過程會自我規律，扮演一具自動恆溫器。古典金本位制有它的缺點，卻比次佳的體制好些。

在晚近的數十年，泰勒法則〔Taylor Rule，以創造它的經濟學家泰勒（John B. Taylor）命名〕是聯準會貨幣政策實務上的指導原則。它的優點是採用遞迴函數（recursive function），所以最近發生的事件會反饋到下次的政策決定，製造出網絡科學家所稱的路徑依賴結果（path-dependent outcome）。泰勒法則是徹底推翻伏克爾與雷根在一九八〇年代初所創的健全美元標準（sound-dollar standard）的工具之一。健全美元政策持續實施到一九八〇年代末和一九九〇年代，共和黨及民主黨政府的財政部長貝克（James Baker）與魯賓（Robert Rubin）都奉行不渝。即使當時的美元比不上黃金，至少以物價指數衡量它仍維持了購買力，而且至少為尋求貨幣參考點的其他國家扮演了基準的角色。

現今所有參考點都已經不存在。現在沒有金本位制，沒有美元標準，也沒有泰勒法則。剩下的只是金融作家葛蘭特（James Grant）所稱的「博士標準」（Ph.D. Standard）：掛著由少數菁英學校博士頭銜的新凱因斯派、新貨幣主義派學者的政策作為。

學界政策制訂者用來定義赤字可持續性的法則，展現在菁英經濟學家的辯論、演說、論文和各種公開評論中。在赤字支出的環境下，最重要的工具之一是**主要赤字可持續性**（PDS, primary deficit sustainability）**架構**。這個可以用等式或恆等式表達的分析架構，用來衡量國家債務與赤字能否持續，或者反過來看赤字的趨勢在什麼時候可能導致信心流失和舉債成本快速上升。ＰＤＳ是預測美國是否會變成希臘的一種方式。

這個架構已被使用數十年，但它被一位最聰明的貨幣政策分析師馬金（John Makin）發揚光大，應用在當前的情況中。馬金在二〇一二年以ＰＤＳ為指導架構，闡明了美國債務和赤字與ＧＤＰ的關係。

ＰＤＳ的主要因素是舉債成本（Ｂ）、實質生產（Ｒ）、通貨膨脹（Ｉ）、稅（Ｔ）和支出（Ｓ），合起來就是「ＢＲＩＴＳ」。實質生產加通膨（R+I）是美國經濟製造的產品與服務總值，也稱為名目國內生產毛額（NGDP）。稅減支出（T-S）稱作主要赤字。主要支出是一國的支出超過課徵的稅。這不是因為利息支出不重要，而是很重要。ＰＤＳ架構的整個目的是，顯示美國能負擔利息和最終債務的程度。利息被排除在主要赤字的計算外，以便看其他因素加起來是否讓利息變得負擔得起。債務的利息在公式中被當作Ｂ，也就是舉債成本。

簡單說，如果經濟生產減去利息支出大於主要赤字，美國的赤字就可以持續。這表示美國經濟正在支付利息，而且能製造一些「額外」的生產來償付債務。但如果經濟生產減去利息支出低於主要赤字，那麼長期下來赤字可能壓垮經濟，美國將步向債務危機，甚至金融崩潰。

到了某個時點，重要的不是債務和赤字水準，而是占GDP比率的趨勢。如果趨勢呈現下降，情況便可以管理，債券市場將提供時間來維繫這個趨勢。可持續性不表示赤字一定會消失；事實上，赤字可能擴大。重要的是總債務占GDP的比率變小，因為名目GDP成長速度比赤字加利息還快。

把名目GDP想成一個人的個人所得，把主要赤字想成信用卡帳單。舉債成本是信用卡利息。如果個人所得增加速度快到足以支付信用卡利息，剩下的錢用來償付餘額可讓餘額減少，這就是可管理的情況。不過，如果一個人的所得沒有增加，支付舊利息後的新債務持續累積，那麼破產就只是遲早的事。

PDS架構是經濟學家對信用卡例子的正式表達。如果國家所得能償付債務的利息，剩下的錢足以降低債務占GDP比率，那麼這種情況應該能維持穩定。這不表示赤字是好的，只是說它們可以負擔。但如果在支付利息後沒有足夠的國家所得可以降低債務占GDP比率，而且這種情況持續下去，那麼美國最後將破產。

若以方程式的形式來表達，可持續性看起來像這樣：

如果 $(R+I)-B>|T-S|$，那麼美國赤字就可以持續。

相反的，如果 $(R+I)-B<|T-S|$，那麼美國赤字將無法長久持續。

ＰＤＳ／ＢＲＩＴＳ架構和信用卡的例子，涵蓋近來有關美國經濟大辯論的戲碼、姿態和說詞。當民主黨和共和黨為稅制、支出、赤字、舉債上限和天花亂墜的「大交易」爭得面紅耳赤時，政客們真正爭論的是ＢＲＩＴＳ的相對規模。

ＰＤＳ本身並未說明該採取何種行動，或理想的政策應該是如何？它只是讓人們了解特定選擇的後果。ＰＤＳ是對各種政策組合進行思想實驗的工具，同時扮演連結財政與貨幣解決方案的橋梁。ＢＲＩＴＳ是了解所有這些政策選擇如何交互影響的羅塞塔石碑（Rosetta stone，譯註：羅塞塔石碑為西元前一九六年刻有古埃及法老托勒密五世詔書的石碑，常用以比喻為解答或解謎）。

例如，提高債務可持續性的方法之一是增稅。如果稅收增加，主要赤字就減少，因此相同金額的ＧＤＰ將使美國更接近可持續的狀態。另一種情況是，如果稅收保持穩定而支出減少，那麼主要赤字也會縮小，產生朝向可持續的效果。混合削減支出和增加稅收也能製造同樣有利的結果。另一個邁向可持續性的方法是增進實質成長。實質成長增加表示在支付利息後，有更多資金可降低債務占ＧＤＰ比率。

聯準會也有一些方法可以影響ＰＤＳ因素。聯準會可以用金融壓迫來抑制舉債成本。降低舉債成本可以提高支付利息後的ＧＤＰ金額，帶來等同於提高實質成長的效果。重要的是，聯準會可以製造通貨膨脹，進而增進名目成長，即使是在缺乏實質成長的情況下也能如此。通膨可增加支付利息後剩下的資金，這也對降低債務對ＧＤＰ比率有幫助。

這些ＰＤＳ架構中的潛在政策選項各牽涉一項ＢＲＩＴＳ成分的改變，並假設其他成分不改變，但是真實世界複雜得多。一個ＢＲＩＴＳ成分的改變可能導致另一成分的改變，進而放大或抵消初始改變想達成的效應。民主黨和共和黨不僅對增稅和減少支出意見分歧，也對這些政策選項對其他ＢＲＩＴＳ的影響看法不同。民主黨認為增稅不一定會傷害成長，共和黨的看法則相反。民主黨認為通膨在蕭條時可能有益處，共和黨則相信通膨會導致舉債成本升高，進而使經濟情況惡化。

意見不合的結果是政治僵局和政策失靈。政治僵局已引發一連串的辯論和權宜之計，從二〇一一年八月舉債上限協商破裂開始，持續到二〇一三年一月的財政懸崖戲碼，接著是二〇一三年底和二〇一四年初的「自動削減支出」和舉債上限攤牌。

ＰＤＳ可用來量化趨勢，但它無法預測一個趨勢變成無法持續的實際水準；這是債券市場的工作。債券市場是由投資人推動，他們每天把錢押注在未來利率、通膨和赤字的方向。這些市場可能長期寬容政治僵局，並相信政策制訂者的善意。但到最後，債券市場可能給予嚴厲的審判。如果美國如ＰＤＳ顯示的走在無法持續的路上，而且往下沉淪之路正在惡化，看不到盡頭，那麼市場將突然且出乎意料地造成利率飆升。利率飆升將使ＰＤＳ難以持續，進而導致利率再往上升。不斷惡化的ＰＤＳ結果和逐漸上升的利率之間，形成了反饋迴圈，最後體系可能在完全違約或惡性通膨中崩潰。

聯準會政策與貨幣契約

現今聯準會面對艱巨的挑戰同時來自極其複雜的數學運算、焦慮的市場和失靈的政治操作。美國經濟像是病人，政治人物有如病床旁邊憂慮的親友，爭論著接下來該怎麼做。PDS架構是測量病人情況是否惡化的溫度計，而債券市場有如殯葬業者，等著把病人送往墳場。走進這個戲劇場景的是聯準會醫師，這名醫師可能沒有能醫病的藥，但新印製的鈔票就像經濟的嗎啡，能夠紓解病痛，只是得小心別先把病人害死。

聯準會身為與美國人民和世界各地債權人簽訂貨幣—債務契約的當事人，當然不能看起來像是會違背美元持有者的信任。從國際貨幣體系的觀點看，唯一比對美國公債的信心崩潰還糟的情況是，對美元本身的信心崩潰。債務、赤字和美元是繫住世界金融體系繩結的三股線，聯準會發行無限量的美元來支撐美國公債，冒著解開繩結和動搖美元信心的風險。聯準會的成敗真的是繫於一線間。

嚴格說來，我們可以把政府財政看做典型文氏圖（Venn diagram）裡的兩個大圈，一個圈是由聯準會控制的貨幣政策世界，另一個圈是財政政策，包含稅和支出，由國會和白宮控制。在文氏圈中，兩個圈有一個交疊區，就是通貨膨脹。如果聯準會能創造足夠的通膨，債務的實際價值將消失不見，而支出也將可以持續而不必增稅。訣竅在於增加通膨而不增加舉債成本，因為舉債成本升高會使債務增加。PDS架構顯示出如何做到這點。

要了解這點，不妨看看採用模式化投入的ＰＤＳ所透露的情況。對聯準會來說，很理想的情況之一是四％的實質成長、一％的通膨、二％的舉債成本（以占ＧＤＰ比率來衡量），以及二％的主要赤字（也以占ＧＤＰ比率衡量）。把這些數字套入ＰＤＳ架構可得出：

$$(4+1)-2>2，或 3>2$$

換句話說，實質成長加通膨，減利息支出，大於主要赤字，這表示債務占ＧＤＰ比率正在下滑。這是在高實質成長和低通膨下，債務可持續的情況。

遺憾的是，上述的例子不是聯準會現今在市場上碰到的情況。舉債成本很低，約為ＧＤＰ的一・五％，這比第一個例子對方程式更有利；不過，其他條件對可持續性卻比較不利。實質成長接近二・五％，主要赤字則約四％（通膨相同，大約一％）。把這些實際數字套入ＰＤＳ架構得出：

$$(2.5+1)-1.5<4，或 2<4$$

在這個例子，實質成長加通膨、減利息支出，結果是小於主要赤字，這表示債務占ＧＤＰ比率正在上升。這是無法持續的情況。同樣的，這個模型重要的不是實際水準，而是趨勢，也就是ＢＲＩＴＳ及它們之間交互關係的動態。與經常被引述的萊因哈特（Carmen Reinhart）與羅格夫（Kenneth Rogoff）理論相反，觸發危機的不是債務對ＧＤＰ比率的絕對水準，而是朝向不可持續性的趨勢[10]。

ＰＤＳ的妙用之一是牽涉的數學很簡單。從 $2<4$ 的算式開始，代表如果要達到可持續性，算式左邊就必須上升，要不然就是算式右邊必須下降，或者兩者都發生。美國現今的實質成長卡在二．五％，部分原因是政策的不確定。美國的主要赤字減少到三％，因為二〇一三年的增稅和自動減支生效，但其他方面的稅務和支出僵局似乎仍會持續下去。這其中牽涉的數字很簡單，也很僵硬：如果實質成長是二．五％，主要赤字為三％，而舉債成本不會降低，那麼通往可持續性的唯一道路，就是聯準會必須把通膨提高到舉債成本之上。當然，通膨往往會使舉債成本上升，這是ＢＲＩＴＳ內部反饋迴圈的一個範例。

例如，聯準會可以把舉債成本限制在二％，然後提高通膨到三％。透過這些新投入，ＰＤＳ架構會帶來如下的結果：

$(2.5+3)-2>3$，或 $3.5>3$

這個結果滿足了可持續性的條件，債券市場應該不會驚慌，而會顯出耐心，給美國更多時間提振實質成長，降低主要赤字，或兩者同時發生。

透過ＰＤＳ和ＢＲＩＴＳ，我們有可能消除尖銳對立的政治失靈和在電視節目中公開叫陣。政治解決是無法逃避的途徑。在缺少較高的實質成長下，政治人物必須降低赤字，或者聯準會必須壓抑通膨。要想避免債務危機，沒有別的途徑可走。

截至目前降低赤字在政治上的成功仍然有限和不足，實質成長的增加仍然不如預期。因此，避免債務危機的重擔就落在聯準會肩上，並以透過貨幣政策來提高通膨的形式來解決。儘管通膨對小儲蓄者不公平，但通膨在ＰＤＳ架構上是一項重要的解決方案。

儲蓄者可能沒有多少選擇，債券投資人卻有很多選擇。重點是債券投資人會不會容忍通膨對資本的侵蝕。通膨如果高於名目利率，將製造出負實質利率。例如，二％的名目利率和三％的通膨，製造出負一％的實質利率。在正常的市場中，債券投資人會要求較高的利率以彌補通膨，但現在不是正常的市場。債券市場可能想要有較高的名目利率，但聯準會不會允許。聯準會透過金融壓迫（financial repression）來執行負實質利率。

萊因哈特和史班西亞（Belen Sbrancia）在二〇一一年的論文「政府債券的清算」中，清楚解釋金融壓迫的理論。金融壓迫的關鍵在於運用法律和政策避免利率超過通膨率，這種策略可用許多種方法執行。在一九五〇年代和一九六〇年代，金融壓迫是透過銀行法規，不准銀行支付儲蓄存款超過明定的利率。聯準會同時引導溫和的通膨，略高於銀行存款利率，因而會侵蝕存款。由於執行的方式極為隱晦，儲蓄者幾乎難以察覺。此外，儲蓄者的選擇很少，因為這是貨幣市場帳戶和401（k）帳戶普及以前的年代。許多人對一九二九年股市崩盤仍有鮮明的記憶，而大多數人仍認為股票太過投機，把錢存放在銀行還是財富儲蓄的主要方法。只要聯準會不竊取太多錢或太過明目張膽，體系就能維持穩定。

這種小幅負實質利率持續很久的情況，對債務占ＧＤＰ比率也能發揮神奇的效用。在這段金融壓迫的黃金年代，國家債務從一九四五年占ＧＤＰ一〇〇%，降低到一九七〇年代初期的不到三〇%。

到一九六〇年代，金融壓迫的遊戲已經結束，通膨變得普遍到無法忽視。從傳統儲蓄者竊取財富已開始帶來痛楚。美林（Merrill Lynch）在一九七〇年代的因應對策是創造出高收益貨幣市場基金，其他業者也迅速跟進。共同基金集團如富達（Fidelity）讓擁有股票變容易，投資人掙脫金融壓迫，把銀行遠拋在後，邁向風險資產的新邊疆。

聯準會現今面對的問題是，在利用金融壓迫抑制利率時、卻無法享有像一九五〇年代規範銀行存款利率而儲蓄者別無選擇的優勢。聯準會的目標和一九五〇年時相同——提高通膨和抑制利率，但技術已經改變。通膨來自印鈔票，抑制利率則來自收購債券。對聯準會很有利的是，印鈔票和購買債券就像銅板的兩面，因為聯準會是印鈔票來買債券。

這種操作稱為量化寬鬆。從二〇〇八年展開的幾輪量化寬鬆計畫，到二〇一二年底印製的鈔票已超過二兆美元。到二〇一四年初，印鈔的速度達到每年超過一兆美元。

銀行持有超過準備金的鈔票並不會製造通膨，物價通膨只有在消費者或企業借貸和支出那些印好的鈔票時才會上揚。從聯準會的觀點看，操縱消費者行為以鼓勵借貸和支出是極重要的政策成分。聯準會選擇以胡蘿蔔和棍子雙管齊下來操縱消費者。棍子是通膨震撼，用來嚇唬消費者在物價上漲前趕快支出；胡蘿蔔是負實質利率，用來鼓勵借貸和買風險資產，如股票和住宅。聯準會將以自身的購債能力來確保負實質利率，必要的話也將動員商業銀行的購債能力以壓抑名目利率。

為了發揮胡蘿蔔和棍子的功效，至少需要三%的通膨率。在這個通膨水準時，實質利率將是負值，消費者應該會因為擔心而開始支出。這些強大的借貸和支出誘因是為了刺激名目GDP成長率，使它達到接近歷史趨勢的水準。長期下來，聯準會希望這種成長變得自給自足，以便聯準會可以反轉政策，並透過加快實質成長的過程，來讓名目GDP變成實質GDP。聯準會使用零利率和量化寬鬆等政策，來達成提高通膨和負實質利率的目標。

銀行可以透過向聯準會借零短期利率的貸款，然後以較高的長期利率放款來賺取可觀的利潤。但如果銀行套在長期資產如抵押貸款和公司債時，短期利率上漲較快會導致這類放款出現虧損。聯準會對這個問題的解決方法是前瞻指引。事實上，前瞻指引就是聯準會告訴銀行別擔心，短期利率上漲會是很久以後的事。

二〇〇九年三月，聯準會發表聲明說，短期利率會保持在零的水準「一段長時期」。二〇一一年八月，「一段長時間」的用詞被拿掉，換上「二〇一三年年中」的具體時間，表示最快也要等到那時候才會調升利率。到二〇一二年一月，這個時間被推遲到「二〇一四年年底」。最後，在二〇一二年九月，聯準會宣布，最快的升息時間是「二〇一五年年中」。

即使有這種保證，也不足以讓所有銀行和投資人安心。許多人擔心聯準會可能輕易提前升息的時間，就像延後那樣。聯準會改變主意的標準並不明確，因此前瞻指引的影響力有限。聯準會內部發生激烈辯論，爭執是否應把不斷改變的日期，改成一組可以更容易觀察的數字目標。

這場辯論呈現在二〇一二年八月哥倫比亞大學的伍德福特（Michael Woodford）於聯準會傑克森洞會議提出的一篇分析論文中。伍德福特提出的論點可以歸納為一個詞——「承諾」（commitment）。他的看法是，前瞻指引要想在改變行為上發揮更大的效果，就必須清楚明瞭，而且以聯準會將來不會否認它的前瞻指引的方式來表述：

> 前瞻指引有其必要的原因之一是……為了方便央行做承諾……在實務上，讓這種承諾可達成和可相信的最合理方式是，要公開陳述承諾，並以不會太曖昧的方式，讓政策制訂者未來做決定時，想忽視承諾的存在會感到難為情[12]。

伍德福特的聰明點子對聯準會的思維很快發揮了影響。二〇一二年十二月十二日，傑克森洞會議結束才三個月，聯準會就取消前瞻指引使用目標日期的作法，改採明確的數字目標。新目標以聯準會習慣的語調表達如下：

> 具體來說，聯準會決定維持聯邦資金利率的目標範圍在零到〇・二五%之間，並且預期保持這麼低的聯邦資金利率範圍是很合宜的，只要失業率仍在六・五%以上，且未來一、兩年的通膨率如委員會預期不會超過二・五%（也就是不會比長期目標二%高出〇・五個百分點以上），而長期通膨預期也持續保持穩定[13]。

聯準會已公開設定一組數字目標，並承諾在這些目標達成前維持零利率，甚至更久。聯準會的承諾有三個顯著的面向，第一，六・五%的失業率和二・五%通膨率等數字目標，是門檻而非觸發器。聯準會不是說當達到這些水準時，就愈提高利率；而是說達到這些水準前不會提高利率。這表示即使失業率降到六%或通膨率升到三%，聯準會仍很有可能繼續寬鬆貨幣。第二，聯準會說兩個目標都必須滿足才會提高利率，不只其中一個。這表示如果失業率是七%，即使通膨率升到三%，聯準會可能還會持續寬鬆貨幣政策。最後，聯準會的通膨目標是以通膨預測為準，不是實際的通膨。這表示如果實際通膨是四%，只要主觀的通膨預測是二・五%或更低，聯準會也能持續採取寬鬆貨幣。

這種新政策是聯準會很高明的技巧，它表面上呼應伍德福特建議的承諾明確的目標，實際上那些目標卻模棱兩可、定義不明。沒有人知道聯準會會不會在失業率是七%、而通膨率達到三%時踩煞車。也沒有人知道結束印鈔票和提高利率之間會持續多久時間。然而，聯準會的新政策和胡蘿蔔與棍子策略隱含的三%通膨目標前後一致。如果失業率目標未達到，聯準會就有理由調高通膨目標。如果預期通膨較低，聯準會也有理由調高通膨目標。任何情況都可以當成調高通膨目標的理由，因為數字目標是門檻而不是觸發器。新政策對調高通膨目標不設實質的限制。

PDS和BRITS架構和聯準會的新政策在通膨幽靈出沒的地方匯聚，而通膨幽靈則躲藏在學術理論和公眾輿論後面。聯準會只能透過降低舉債成本和提高通膨，來改善赤字的可持續性。金融壓迫降低舉債成本，而量化寬鬆可能製造較高的通膨，只要市場相信寬鬆會持續。聯準會二〇一二年十二月的政策是伍德福特建議的含糊版，聯準會假裝有數字目標，同時保有在必要時可以決定任何通膨目標的自由，雖然那需要高明的操作手腕。

聯準會向儲蓄者盜竊財富的形式有個名稱：經濟學家稱之為「貨幣幻覺」（money illusion）。這個概念是指印鈔票本身無法創造實質成長，但可以藉增加名目價格和名目GDP來創造成長的幻覺。最後幻覺會破滅，正如一九七〇年代末的情況，但它可能持續十年或更久，然後落後的通膨才興起，搶走感覺的利得。

雖然聯準會提高通膨和提高名目GDP的目標很清楚，我們卻有充分的理由相信聯準會將無法達成這些目標，甚至可能在嘗試這麼做時為美國帶來災難的結果。聯準會自己的幕僚曾表示，對前瞻指引在聯準會使用的時間範圍是否有效抱持保留態度。著名經濟學家古德哈特（Charles Goodhart）曾說，名目GDP目標是「以提高通膨為目標的偽裝」，而且「迄今沒有人設計出讓它有效的方法」。

對設定名目GDP及通膨目標的缺點最有說服力的批評，來自聯準會自身的理事會。二〇一三年二月，聯準會理事史坦（Jeremy Stein）針對聯準會的寬鬆貨幣政策提出很具體的批評，坦率指出它最大的缺點：提高周轉不是貨幣創造所能找到的唯一途徑，其他途徑還包括資產泡沫和金融工程。

史坦的論點是，低利率環境將引發尋求高收益率，而且採取許多形式。最明顯的形式是推升風險資產價格，如股票和住宅價格。這可以直接觀察到。較不明顯的是資產－負債不匹配，例如，金融機構利用槓桿操作借短期債、放長期債來套利。更隱晦的形式是擔保交換合約，例如，花旗銀行等金融機構對交易對手擔保垃圾債券，以隔夜計息方式交換美國公債，然後以公債做高收益、不列資產負債表的衍生性金融商品的擔保品。這類交易為花旗銀行或其他銀行埋下擠兌的地雷，因為如果短期資產提供者突然想向花旗銀行贖回證券，花旗銀行必須以跳樓價拋售其他資產以償付債務。這個隱形的交易對手風險網提高了體系風險，使體系更接近重演二〇〇八年恐慌式的大規模崩潰。

如果這類事件真的發生，史坦描繪的假設情況將很快毀掉聯準會的努力。過度槓桿和過度涉險在二〇〇八年恐慌後仍然頻繁發生，萬一這種情況再度引發恐慌，將使聯準會吸引消費者重新投入像二〇〇〇年代初期借貸與支出熱潮的努力功虧一簣。

史坦的論文被解讀為，聯準會必須盡快結束量化寬鬆，不能拖延太久，才能避免金融機構內部隱藏的風險累積。史坦警告說，如果銀行不理會暗示並節制高風險的金融工程，聯準會可能透過加強監管來強迫它們這麼做。聯準會掌握銀行業的生殺大權，在虧損準備、股利政策、壓力測試、併購、資本適足率等方面都能施加節制。銀行經理人如果在史坦強調的領域違抗聯準會，將十分不智。史坦的論文建議透過加強監管，來局部恢復老式的金融壓迫。

聯準會的操縱就像在沒有保護網的情況下走鋼索，必須耗盡精力、專心一志才能保持往前進，即使只有一小步失足或意外的強風，就可能造成災難式的結局。聯準會必須提振通膨（同時不能承認在這麼做），而且必須抑制資產價格（而不使泡沫破滅）。聯準會必須表現充滿信心，同時卻不知道它的政策是否能奏效，或何時能退場。

總之，聯準會陷在扮演債務—貨幣契約的當事人，與主權債務唯一拯救者的角色之間，它將不可能只成功扮演其中一個角色；它要不是兩個角色都扮演成功，就是兩個都失敗。

CHAPTER 8

世界央行

最好的貨幣區是世界。

——孟代爾（Robert A. Mundell），
諾貝爾經濟學家得主

我沒有看到行長的提案……但據我的了解……提案的目的在增加ＩＭＦ特別提款權（SDR）的使用嗯……實際上，我們對這件事很開放。

——蓋特納（Timothy Geithner），美國財政部長
二〇〇九年三月二十五日
回答記者詢問中國政府的提案

ＩＭＦ已重新調整、重新定位，並重新裝備它的工具箱。

——拉加德，ＩＭＦ總裁
二〇一三年九月十九日

一個世界

看到朱民就像看到全球金融的未來。他鶴立雞群，六呎四吋的高大身材令人想起二十世紀下半葉最有影響力的銀行家伏克爾和李世同（Walter Wriston），只要他們在場，滿室充滿智慧光輝。朱民不屬於二十世紀，而是二十一世紀，而且很難找到一位比他更能代表現今世界種種衝突勢力的人物——東方與西方、黃金與紙幣、國家與市場的衝突[1]。

朱民是國際貨幣基金（IMF）副總裁，IMF最高階主管之一，直接向總裁拉加德負責。IMF是一九四四年布列敦森林會議建立的重要機構之一，而布列敦森林會議則在二次世界大戰即將結束之際，為大蕭條之後的國際貨幣體系打造出新架構。IMF從建立以來就一直是全球金融界最大的謎。

IMF相當公開它的運作和宗旨，然而專家對它的了解卻很有限，部分原因是它扮演的獨特角色，以及它運作時使用許多術語。專業大學的訓練是IMF晉用人才必備的條件，例如華盛頓特區的霍普金斯大學高級國際研究學院（SAIS）。這種開放與不透明的結合，似乎能讓外界較放鬆戒心；IMF很透明的表現它的不透明。

IMF的宗旨在布列敦森林協議以來的數十年間不斷改變，在一九五〇、一九六〇年代，它是固定匯率金本位制的看守人，也是遭遇收支問題國家的貸款機構。在一九七〇年代，IMF是從金本位制轉型向浮動匯率制的論壇，在美國的協助下大量拋售黃金以協助平抑價格。到了一九八〇、一九九〇年代，ＩＭＦ有如到處出診的醫師，像開劣藥處方那樣提供新興經濟體蹩腳的建議。這個角色在雅加達和首爾街頭的血腥衝突中戛然而止，數百人因為ＩＭＦ處理一九九七至一九九八年全球金融危機的拙劣方法而喪生。

二〇〇〇年代初是一段沉潛期，當時ＩＭＦ的任務並不明確，許多專家認為這個機構行將就木，不再有用。但ＩＭＦ在二〇〇八年再度崛起，扮演二十國集團（G20）準祕書處和執行部的角色，協調那一年金融恐慌的政策因應。現今ＩＭＦ正積極施展它扮演全球最終放款者的新角色，也就是扮演世界的央行。

朱民是在ＩＭＦ、世界銀行、國際清算銀行（BIS）這三個國際金融體系多邊支柱中，職務最高的中國公民，他的個人職涯也象徵著中國金融地位的崛起。朱民在一九八二年從中國最知名的大學之一上海復旦大學畢業，在美國取得經濟學博士學位，然後歷經世界銀行和中國銀行國際部門的多項職務。二〇〇九年，出任中國央行副行長。二〇一〇年五月，被當時的ＩＭＦ總裁史特勞斯康（Dominique Strauss-Kahn）親自挑選為特別顧問。到二〇一一年，史特勞斯康的繼任者拉加德又挑選他出任副總裁。

朱民的態度從容，有幽默感，但如果有人逼問他認為重要的政策問題，他可能突然變得尖銳起來，彷彿是在對學生講課而不是進行辯論。他略帶腔調的英語十分流利，但輕聲細語的說話方式有時候難以聽懂。他的背景十分獨特：曾在中國共產黨掌控的央行最高管理階層工作，現在則在一個公開倡導自由市場和資本帳的國際機構ＩＭＦ擔任最高層主管。

朱民經常為ＩＭＦ的事務出差，在大學發表演說，參加著名的國際會議，例如在達沃斯舉行的世界經濟論壇（WEF）。民間銀行家和政府官員在ＩＭＦ的華盛頓特區總部，或在G20會的場邊會議熱烈聽取他的建議，同時，共黨中央政治局的委員會在他定期訪視北京時也向他請益。從東方到西方，從共產主義到資本主義，朱民跨足在現今世界金融互相競爭的勢力上，雙腳踩在不同的陣營。

沒有人比朱民更了解國際金融體系背後的真實情況，包括各國央行總裁和拉加德本人在內，這使得朱民的全球經濟與金融觀點顯得格外重要。他是一位堅定的全球主義者，反映出他介於國家資本主義和自由市場的立場。他不以傳統的北—南或東—西來畫分世界，而是根據經濟因素、供應鏈關係和歷史聯結來區別國家群聚。這些群聚彼此交叉和重疊，例如奧地利屬於一個包含德國和義大利的歐洲製造群聚，但也是包含匈牙利和斯洛維尼亞的前奧匈帝國中歐國家群聚。身為這個中歐國家群聚的領導國，奧地利扮演「守門人」的角色，提供奧匈集團透過次級承包、供應鏈和銀行融資的網絡，連接歐洲製造群聚。舉例來說，這個網絡可能使一家斯洛維尼亞的汽車零件製造商，得以賣零件給義大利的飛雅特。這個斯洛維尼亞—義大利的連結，透過守門人奧地利而建立。

這種群聚、重疊和守門人的模式能帶來意料之外的整合。朱民把南美洲放進一個中國—西半球的供應鏈群聚，這與拉丁美洲經濟重量級學者羅特（Riordan Roett）看法一致[2]。朱民的看法是，美國經濟霸權止於巴拿馬運河，大多數南美洲國家現在稱得上是在中國勢力範圍內。

朱民的群聚模式重要性不僅限於學術，因為它已開始直接影響ＩＭＦ監督一百八十八個成員國的決策。這個模式為ＩＭＦ所謂國家政策的「外溢效應」，提供了研究基礎。ＩＭＦ看待外溢效應的方式（如銀行風險經理人談論傳染效應），也就是失控的崩潰透過綿密的交易對手義務與擔保承諾，在盲目爭奪流動性和金融恐慌中，從一個市場迅速傳導到另一個市場。外溢效應發生在群聚內的國家，因為國與國之間的經濟緊密交織；如果守門人落難，也會發生在不同的群聚間。朱民正協助ＩＭＦ發展一套以複雜性理論為基礎的風險管理模型，這套模型將比各別國家的央行或民間金融機構使用的模型先進許多。

更新凱因斯

朱民正在向傳統凱因斯學者說明，他們的政策行動模型不管是搭配單一或統合的政策因應，都已不合時宜了。這種兩部式的行動—因應模型必須修改，應該把金融中介置於政策制訂者和經濟行為者之間。這種區別顯示在下列的表述：

古典凱因斯模型

財政／貨幣政策＞個別／統合因應

新ＩＭＦ模型

財政／貨幣政策＞金融中介＞個別／統合因應

過去數十年的金融機構，在政策傳導給個別經濟行為者中扮演可預測和被動的角色，但現今的金融中介較為主動，且會顯著地抑制或放大政策制訂者的希望。民間銀行可能利用證券化、衍生性金融商品和其他形式的槓桿，來大幅增加寬鬆政策的影響，它們也能藉緊縮貸款標準，或轉移到美國公債這類安全資產，來減緩它的影響。朱民清楚說明了凱因斯派分析失敗的部分原因是，沒有把銀行的角色完全納入分析。

群聚、外溢和金融傳導，是ＩＭＦ調查國際貨幣體系的平台賴以支撐的三項理論支柱。這類概念可能要在大學經濟系散播數十年，然後才會產生實際影響。雖然裡面有眾多博士，ＩＭＦ卻不是大學，而是一家影響力很大的機構，可以透過它貸款的政策決定及附帶的條件，扶持或懲罰一國的政權。朱民的模型提供了一窺ＩＭＦ計畫梗概的機會：**群聚表示經濟連結比主權重要；外溢效應意謂從上而下的控制是抑制風險不可或缺的；金融傳導暗示了銀行是執行控制的關鍵環節**。整體來說，ＩＭＦ尋求控制金融，以抑制風險，並且以全球的基礎來制約經濟發展。

這種「一個世界」的任務必須來自最有才能、也最有政治影響力的參與者共襄盛舉。ＩＭＦ的主管群代表了全球經濟均勢經過精細調整的縮影。除了朱民和總裁拉加德外，ＩＭＦ的高層管理團隊還有來自美國的利普頓（David Lipton）、日本的筱原尚之、埃及的沙菲克（Nemat Shafik）。這個群體的多元性不只是多元民族主義的實踐，拉加德代表歐洲的利益、朱民代表中國、利普頓代表美洲、筱原尚之代表日本，而沙克菲則代表開發中經濟體。ＩＭＦ

的五位最高階主管坐在一張圓會議桌，實際上就代表全世界。

利普頓是聲音最大的高階主管，權力甚至超越拉加德，因為美國對ＩＭＦ的所有重大活動有否決權。這不表示利普頓不與團隊合作，美國與ＩＭＦ在許多事務上立場一致，包括美元的全球準備貨幣地位最終將被取代。利普頓的否決權意謂：將以美國要求的步調進行改變。

利普頓是魯賓（Robert Rubin）的眾多門徒之一，其他門徒還包括蓋特納、陸伍（Jack Lew）、傅洛曼（Michael Froman）、桑默斯（Larry Summers）和簡司勒（Gary Gensler）。這些人多年來掌控美國在國際競技場上的經濟策略。魯賓在一九九五年到一九九九年擔任美國財政部長，在此之前曾任柯林頓白宮國家經濟委員會主席。在加入美國政府前，魯賓是高盛集團共同董事長；從一九九九年到二〇〇九年，他在花旗集團董事會任職，二〇〇七年金融市場開始崩潰時，他曾短暫擔任花旗集團董事長。利普頓、傅洛曼、蓋特納、桑默斯和簡司勒都在一九九〇年代下半為魯賓和美國財政部工作，陸伍在白宮任職。利普頓、陸伍和傅洛曼後來跟隨魯賓進入花旗集團，桑默斯後來也擔任花旗集團顧問。

這個官僚團隊在一九九〇年代歷經中階職位的調教和栽培後，到了二〇〇〇年代被小心地安插在白宮、財政部、ＩＭＦ和其他機構，並逐步升遷，逐漸建立了魯賓的影響力網絡和在全球金融圈的準教父地位[3]。蓋特納是前財政部長和前紐約聯邦準備銀行總裁。陸伍目前擔任財長職務。傅洛曼在二〇〇九年到二〇一三年間，是白宮國家經濟委員會和國家安全會議幕後極有影響力的人物，也是當時的美國貿易代表。桑默斯是前財政部長，後來擔任歐巴馬總統國家經濟委員會主席。他在白宮任職期間，傅洛曼是G20會議的美國「雪巴」，每當有重大政策爭議即將與中國國家主席胡錦濤或其他世界領袖解決時，就可以看到他在總統耳邊提示要點。從二〇〇九年到二〇一三年，簡司勒擔任監管公債和黃金期貨交易的商品期貨交易委員會（CFTC）主席。

魯賓幫的成員在政府和民間任職期間所展現的無能，以及離開後留下的金融爛攤子，堪稱無人能出其右。魯賓和他的部屬兼繼任者桑默斯促成了上個世紀兩次最具金融破壞性的立法改變：一九九九年廢除葛拉斯—史帝格法案（Glass-Steagall），讓銀行可以像避險基金那樣營運，以及二〇〇〇年廢除衍生性金融商品的規範，打開了銀行業大規模隱藏槓桿的大門。二〇〇三年到二〇〇八年擔任紐約聯準銀行總裁的蓋特納，對他直接監管下銀行業運作的不安全和不健全視而不見，導致二〇〇七年次級房貸市場崩盤和二〇〇八年的恐慌。

傅洛曼、利普頓和陸伍都與魯賓一起在花旗集團任職，他們的失職造成風險管理的災難，使得這家一度信譽卓著的大銀行瀕臨倒閉，並在二〇〇八年遭美國政府接管，光是花旗集團就損失五萬個工作。簡司勒促成二〇〇二年通過沙賓法案（Sarbanes-Oxley），此後數年該法案在扼殺資本形成和創造就業上帶來許多傷害。他也在二〇一一年債券和黃金經紀商曼氏金融全球（MF Global）倒閉期間，擔任商品期貨交易委員會主席。近來簡司勒表現明智許多，呼籲加強衍生性金融商品的監管。

魯賓幫的政策造成的財富損失和個人苦難大到難以估計，但他們的經濟影響力依舊絲毫不減。現今魯賓仍然以非營利外交關係協會（CFR）共同主席的身分關照全球事務。魯賓門徒中最傑出、但公眾知名度最低的利普頓，現在位居ＩＭＦ最有影響力的高層主管，且這時正值國際金融體系演進的關鍵時機。

魯賓的影響力網絡並非一場陰謀。真正的陰謀很少牽涉到超過幾個人，因為他們持續承受背叛、揭露或出差錯的風險。像魯賓幫這麼一大群人實際上會歡迎陰謀的指控，因為這些指控很容易辯駁，他們便能繼續以他們偏好的安靜、幾乎像匿名般的方式工作。魯賓幫比較像是一群想法接近的人形成的模糊網絡，對菁英思想的優越感有著共同的信念，並對這個圈內的人有能力做對世界最有利的事信心滿滿。他們掌控世界的方式並非出自以像希特勒、史達林或毛澤東般粗暴的方式，而是躲在像ＩＭＦ這類機構的影子下，隱身於平淡無奇的頭銜和立意良善的宗旨宣言背後。事實上，ＩＭＦ藉在危機中扣留融資來顛覆政權的能力，比起史達林的國安會（KGB）或毛澤東的紅衛兵力量絲毫不遜色。

ＩＭＦ主管團隊比任何央行官員都認真抱持一個觀點，即國際貨幣體系已受到嚴重的傷害。二〇〇八年開始展開的大規模印鈔，使得這個體系隨時可能發生新崩潰，而它的導火線不僅可能是金融機構或主權國家倒閉，甚至可能因為對美元本身喪失信心。美元崩潰的記憶可以追溯到一九七八年十月，直到伏克爾一九七九年八月開始採取強勢美元政策，和ＩＭＦ從一九七九年到一九八一年分階段發行自己的世界貨幣（SDR），才得以扭轉頹勢。美元在隨後的數十年日漸強盛，但ＩＭＦ學到的教訓是，當美國疏忽政策管理時，對美元的信心可能變得極其脆弱。

朱民也看到這種風險，雖然上次美元崩潰時，他還是個大學生。他知道如果美元再度崩潰，中國絕對是最大的輸家，因為中國是美國以外持有美元計價債券最多的國家。朱民相信世界正陷於真正的蕭條，嚴重的程度僅次於一九三〇年代。對於造成這種情況的原因，他向來直言不諱，他說已開發經濟體的問題不屬景氣循環性質，而是結構性問題[4]。

經濟學家公開爭論當前的經濟問題究竟屬於循環性或結構性。循環性的不景氣被認為是短暫的階段，可以藉典型的凱因斯式刺激支出來矯治。相對的，結構性的蕭條根深柢固，會無限期持續，除非調整重大的因素，如勞動成本、勞工流動性、賦稅、監管負擔和其他公共政策。在美國，聯準會和國會的作法似乎把美國的產出缺口（即潛在成長和實際成長的差距）視為屬於暫時和循環性質。這種觀點最受政策制訂者和政治人物歡迎，因為如此可以避免做公共政策的困難決定。

朱民近日一針見血指出這種短視：「央行官員喜歡說問題大部分是循環性的、小部分是結構性的。我告訴他們，問題大部分是結構性的、小部分是循環性的。但實際上，這是結構性的[5]。」差別在於，結構性問題需要結構性、而非貨幣性的解決方法。

IMF目前面對了種種矛盾和衝突。IMF的經濟學家如比尼亞爾斯（Jose Vinals）曾經再三警告銀行的過度涉險，但是IMF對成員國的銀行業者沒有監管權[6]。疲弱的全球成長使採取刺激政策的呼聲高漲，但刺激面對結構性的成長阻礙時將無能為力。任何刺激措施都需要政府增加支出，但支出卻會在主權債務危機形成之際加深債務的負擔。拉加德呼籲採用短期刺激措施結合長期財政整頓，但市場不相信政治人物的長期承諾。沒有國家願意削減福利計畫，即使是瀕臨崩潰的國家如希臘。提議的解決方案全都在政治上行不通，或者在經濟上不可行。

朱民的新模型指引一條擺脫困境的路。他的群聚和守門人分析顯示，政策應該具有全球觀，而不能只出於國家觀點；他的外溢效應分析則顯示，需要更直接的全球銀行監管才能控制危機。主權債務危機揮之不去則顯示，當下一次流動性危機發生時，世界將迫切需求新的流動性來源，且規模大於央行所能提供。這個邏輯很快從「一個世界」，導向「一家央行」、「一種貨幣」。拉加德充滿魅力的領導，結合朱民的新模型，和利普頓不透明的權力，已使IMF處於歷來最有利的地位，將能扮演一個更重大的角色。

一家央行

聯準會身為央行的地位長期以來就很明確，但在它發源的年代（一九〇七年恐慌之後的一九〇九年到一九一三年間），支持者想盡辦法掩飾這家剛創立的機構就是中央銀行。最明顯的是它的名稱「聯邦準備」（Federal Reserve），它不像英格蘭銀行和日本銀行那樣稱為美利堅合眾國銀行，也不像歐洲中央銀行那樣名稱中含有關鍵詞「中央銀行」。

這種含糊其詞是刻意的居多。美國人曾經兩度拒絕設立央行，美國銀行是最初始的央行，由國會創立於一七九一年，持續二十年後在一八一一年關閉。第二家美國銀行也是央行，存在期間從一八一七年到一八三六年，但它的特許狀也在支持者和反對者的激烈辯論中到期。一八三六年到一九一三年是一段大繁榮和發明的時期，美國沒有設立央行。以羅德島參議員奧利奇（Nelson Aldrich）為首的聯準會擘畫者了解美國人對央行戒心深重的歷史，因此小心翼翼採用一個含混的名稱來掩飾他們的意圖。

同樣的，ＩＭＦ最為人知的功能是扮演世界的準中央銀行，雖然「中央銀行」這個詞並未出現在它名稱上。中央銀行地位的檢驗不是名稱，而是宗旨。央行有三個主要角色：運用槓桿、放款、創造貨幣。央行執行這些功能的能力，讓它得以在危機時扮演最終的放款者。從二〇〇八年以來，ＩＭＦ一直愈來愈積極擴大這三種功能。

央行與一般銀行最大的不同點是，央行為其他銀行執行這三種功能，而不是為個人或公司等公眾顧客。ＩＭＦ厚達一百二十三頁的治理文件「協議條款」中，有一項條款註明「每個成員國只應透過其……央行……或其他類似的財政機構與ＩＭＦ交涉，而ＩＭＦ只須透過同樣的機構交涉[7]。」根據ＩＭＦ的章程，ＩＭＦ應扮演世界央行的功能，這個事實被文字術語和ＩＭＦ官員的裝腔作勢所掩飾，使ＩＭＦ看起來好像只是必要時會提供冷靜技術協助的國際官僚。

ＩＭＦ的央行式放款角色是它最容易辨識的功能，從一九四〇年代開始就是ＩＭＦ的任務之一，直到現今仍舊以此為宗旨。在大多數主要貨幣採取與美元聯繫的固定匯率，還有許多國家採用封閉的資本帳時，ＩＭＦ逐漸擴大這項功能。當貿易逆差或資本外逃導致收支問題時，這些國家無法很快訴諸貨幣貶值來解決問題，除非它們可以向ＩＭＦ證明問題是結構性的，而且已長期存在。在這些情況下，ＩＭＦ可能允許貶值貨幣。更常見的是，由ＩＭＦ扮演短期貸款者的角色，提供流動性給逆差國家一段時間，通常三到五年，以便這個國家做必要的政策改變來改善出口競爭力。ＩＭＦ對國家經濟體提供的功能，就像信用卡對需要短期貸款、並準備以日後的薪水來償還的個人一樣。

ＩＭＦ要求結構性的改革以交換貸款，內容可能包括勞動市場改革、可降低通膨的財政紀律，或降低單位勞動成本，目的都是讓接受貸款的國家在世界市場更有競爭力。一旦整頓有了成果，逆差將轉變成順差，ＩＭＦ的貸款就能獲得清償。不過，這個理論在實務上很少運作順利，如果貿易逆差、財政赤字和通膨在某些國家持續不退，ＩＭＦ可能容許貨幣貶值。貶值可以提高競爭力，但也會造成投資當地市場的投資人龐大的損失，因為他們當初投資時是受到較高的本國幣兌美元匯率吸引。另一方面，ＩＭＦ也可能選擇貸款給國家而避免貶值貨幣，因而保護像摩根大通、高盛等投資人和它們偏好的客戶。

ＩＭＦ的網站現在宣稱貸款給葉門、科索沃和牙買加等國家，證明ＩＭＦ在促進經濟發展扮演積極的角色。但這些貸款都只是點綴作用居多，因為這些金額比起ＩＭＦ的主要貸款作業，也就是支撐歐元，只是九牛一毛[8]。截至二〇一二年五月，所有ＩＭＦ的貸款和承諾貸款有四五％提供給四個國家：愛爾蘭、葡萄牙、希臘和賽普勒斯，都是歐元區紓困計畫的一環。另外四六%的貸款和承諾只給了兩個國家：墨西哥，該國的穩定對美國極為重要；以及波蘭，該國的其穩定對北大西洋公約組織（NATO）和歐盟都很重要。

IMF所有貸款只有不到一〇%提供給亞洲、非洲和南美洲最需要的經濟體。瀏覽IMF網站的人不應被穿著原住民衣服的黑皮膚女人露出的微笑欺瞞。IMF的功能是富裕國家的俱樂部，貸款是為了支持這些國家的經濟利益。

如果IMF的央行放款功能是透明的，那麼它接受存款的方式則較不透明。IMF的運作不像零售商業銀行，有櫃檯窗口讓個人存款到支票或儲蓄帳戶。IMF採取極複雜的資產—負債管理計畫，放款透過「配額」和「借款安排」來提供資金。配額類似銀行的資本，而借款安排則類似一般銀行用來支應放款所需資金的債券和存款。IMF的金融活動大多數不列入資產負債表，而屬於或有放款和借款。因此，IMF類似摩根大通等現代商業銀行，不列入資產負債表的或有負債遠超過實際列入資產負債表的負債。

想知道IMF真正的財務狀況，必須仔細看資產負債表以外的註記和其他來源。IMF的財務報告以自己的貨幣記載——SDR，而SDR很容易換算成美元。IMF每天計算並公布SDR兌美元的匯率[9]。在二〇一三年五月，IMF有近六千億美元未動用的借款能力，如果加上既有的資源，IMF的總放款能力達到七千五百億美元。如果充分運用IMF的借款和放款能力，IMF的槓桿比將只有三比一（把配額視為股本的話）。這比起大多數大銀行算是相當保守，大銀行的槓桿比接近二〇比一，如果把隱藏的項目計算進去還會更高。

ＩＭＦ現今的槓桿有趣之處不在於它的高低，而是有槓桿這件事。ＩＭＦ運作數十年幾乎未曾運用槓桿，而成員國的配額則會逐漸提高。整體作法是成員國貢獻配額成為資金池，個別成員國可以在需要短期紓困時從資金池貸款，只要總貸款不超過總配額資金池，這套系統就能保持穩定，不需要槓桿。但現在情況已經不同，當個人和公司在二〇〇八年恐慌後開始去槓桿，政府、央行和ＩＭＦ開始運用槓桿來維持全球貨幣體系的運作。事實上是，公共債務取代了民間債務。

整體債務至今未減少，反而是增加了，因為全球債務問題已經搬到頂層。ＩＭＦ位處這個體系的頂樓，問題無法再往上傳遞。截至目前ＩＭＦ還有能力運用正式的槓桿程序來彌補民間的去槓桿。公共槓桿大部分發生在國家央行層級，例如聯準會和日本銀行。但是這些央行的槓桿已達到實際和政治上的極限，ＩＭＦ將成為最終的放款者。在下一次全球流動性危機中，ＩＭＦ將擁有全世界唯一沒有負擔的資產負債表，因為主要國家央行的資產負債表都已槓桿過高，充滿長存續期的資產。

ＩＭＦ的借款和槓桿能力獲得最多挹注的一次是在二〇〇九年四月二日，當時正值二〇〇八年開始的股市崩盤接近觸底的時候，金融市場瀰漫恐懼的氣氛。G20正在倫敦舉行領袖高峰會，由英國首相布朗（Gordon Brown）主持會議，美國總統歐巴馬、法國總統沙克吉、德國首相梅克爾、中國國家主席胡錦濤和其他世界領袖都與會。這次高峰會承諾擴大ＩＭＦ的放款能力到七千五百億美元。ＩＭＦ每放款一美元，就必須先從成員國取得一美元；因此擴大放款能力表示擴大借款能力和採用更高的槓桿。當時ＩＭＦ花了超過一年時間獲得大部分所需的承諾，雖然基於各種冠冕堂皇的政治理由，全額認捐至今還沒達成。

ＩＭＦ最大筆的新增借款承諾來自歐盟和日本，各承諾一千億美元，中國則承諾五百億美元。其他一百億美元的大筆承諾來自其他金磚國家俄羅斯、印度和巴西，以及已開發國家加拿大、瑞士和南韓。

ＩＭＦ新借款額度中最具爭議性的承諾牽涉到美國。二〇〇九年四月十六日，G20高峰會剛開完幾天，歐巴馬致函國會領袖，要求支持承諾一千億美元給ＩＭＦ的新借款能力[10]。在魯賓門徒傅洛曼的提議下，歐巴馬已在高峰會上口頭保證提供一千億美元，但必須國會通過才能實際提供融資。給國會的信中說明了新融資是一項套裝協議，目的是提高中國在ＩＭＦ的投票權，和迫使ＩＭＦ出售黃金。歐巴馬的信也呼籲支持「特殊的一次性ＳＤＲ撥款，即ＩＭＦ創設的準備資產……如此將可增加全球流動性」。歐巴馬在信中直言不諱ＩＭＦ印製世界貨幣的能力。

中國希望在ＩＭＦ擁有更大的投票權，也希望在它祕密收購黃金的時候有更多黃金被賣到市場，以避免金價大幅上漲。美國希望ＩＭＦ印製更多世界貨幣，而ＩＭＦ希望從美國和中國獲得更多硬貨幣，以便執行紓困計畫。這項人人各有所圖的交易，由傅洛曼和其他「雪巴」在高峰會時精心策畫，並經蓋特納、歐巴馬和G20領袖簽署。

再仔細看，歐巴馬寫給國會的信還有另一個玄機。各國對ＩＭＦ的新承諾不是以配額的形式，而是貸款，這與ＩＭＦ愈來愈像槓桿操作銀行的角色一致。歐巴馬希望國會放心，給ＩＭＦ的貸款不是支出，因此對美國的預算赤字沒有影響。歐巴馬在信上說：「那是因為當美國轉移美元給ＩＭＦ時……美國可以換得……流動的、且有利息收入的向ＩＭＦ求償權，並有ＩＭＦ穩固的財務部位做擔保，包括……黃金[11]。」這段敘述完全正確，ＩＭＦ確實有穩固的財務部位，而且擁有世界第三多的黃金準備，僅次於美國和德國。令人好奇的是，就在聯準會官員公開貶抑黃金在貨幣體系角色的同時，歐巴馬認為有必要向國會提到黃金以便增進議員的信心。儘管學界和央行官員對黃金有歧見，黃金從未真正喪失它扮演全球金融磐石的地位。

再更深入探究，我們發現ＩＭＦ貸款這提議有個奇怪的特性。如果美國給ＩＭＦ現金一千億美元，將可換得ＩＭＦ一張支付利息的債券。不過，這張債券將不是以美元計值，而是以ＳＤＲ。ＳＤＲ是一種非美元的世界貨幣，它兌換美元的幣值會持續波動。ＳＤＲ幣值的計算有一部分是以美元為參考基準，計算所根據的「一籃子」貨幣也包括日圓、歐元和英鎊。這表示當ＩＭＦ的債券到期時，美國將不是收回初始的一千億美元，而是一筆取決於美元對ＳＤＲ波動的不同金額。如果美元對ＳＤＲ一籃子裡的其他貨幣升值，美國將收回比初始一千億美元貸款少的金額，因為非美元一籃子貨幣的組成價值將變少。但如果美元對ＳＤＲ一籃子裡的其他貨幣貶值，美國將收回超過初始一千億美元貸款的金額，因為非美元一籃子貨幣的組成價值將變多。

在提供這筆貸款時，財政部是押注美元會貶值，因為只有美元貶值才能讓美國完全收回本金。這一千億美元押美元會跌的賭注，並沒有在總統的信中提出，而且國會當時大體上對這點毫無所悉。然而當這件事在二〇一二年總統大選前被揭露時，證明果然是糾纏美國和ＩＭＦ的一顆政治定時炸彈。

歐巴馬的信也在承諾貸款的目的上誤導國會。信中幾個地方提到貸款程序將由ＩＭＦ統籌，「主要用以協助開發中和新興市場國家」。事實上，ＩＭＦ的新借款能力主要用來紓困歐元區成員國：愛爾蘭、葡萄牙、希臘和賽普勒斯。資金很少用在放款給新興市場。這句誤導的文字是刻意逃避國會的批評，說美國納稅人的錢將被用來紓困五十歲退休就可領終身年金的希臘官員，而美國人得要工作到七十歲才能維持溫飽。

這種欺騙和財政部押注美元貶值在當時沒被注意到，因為國會正為汽車業紓困和刺激方案喧騰不已。在眾議院民主黨議員法蘭克（Barney Frank）和參議院共和黨議員盧佳（Richard Lugar）領導下，美國對ＩＭＦ借款的承諾被夾帶在一套戰爭支出法案中，於二〇〇九年六月十六日由國會通過。ＩＭＦ發布一則新聞稿，由當時的總裁史特勞斯康發表評論，讚揚這項立法，形容它是「往前跨進一大步[12]」。

雖然美國法案通過提供一千億美元，ＩＭＦ並未馬上實際借用這些資金。承諾就像萬事達卡的信用額度，而持卡人還沒有動用。ＩＭＦ隨時可以刷萬事達卡，從美國取得一千億美元，只要簽一張借據就行。

二○一○年十一月，歐巴馬計畫提供給ＩＭＦ紓困方案所需的資金，以免期中選舉後萬一共和黨掌控眾議院導致情勢逆轉。共和黨的成功有一部分要歸功於茶黨對政府之前紓困高盛和摩根大通等華爾街銀行的憎惡。法蘭克不久就丟掉眾議院金融服務委員會主席的職位，新的共和黨領導團隊很快開始檢討美國對ＩＭＦ承諾的影響。

到二○一一年初，歐洲主權債務危機已達到臨界狀態，而且已無法掩飾如果ＩＭＦ動用借款，美國的資金將被用在紓困退休的希臘和葡萄牙官僚的事實。保守派媒體以「為什麼美國提供ＩＭＦ紓困歐洲的資金？」為標題大肆報導[13]。到二○一一年十一月二十八日，法蘭克宣布退休。同樣在二○一一年，共和黨南卡羅來納州參議員迪敏特（Jim De-Mint）提議取消美國承諾貸款給ＩＭＦ。迪敏特的法案在參議院以五五對四五票沒有通過。這次挫敗是因為少了共和黨盧佳和其他人的票。到二○一二年五月八日，茶黨藉由支持莫爾杜克（Richard Mourdock）發動反擊，在初選中打敗盧佳，迫使盧佳在擔任參議員三十六年後退休。ＩＭＦ在美國國會的朋友接二連三被打入冷宮或強迫出場。對於法蘭克和盧佳離開國會，ＩＭＦ拉加德無奈地雙手一攤說：「我們會想念他們的[14]。」

到二○一三年底，白宮與國會對資助ＩＭＦ的爭論變得日益激烈，在倫敦Ｇ20高峰會以後，ＩＭＦ又採取措施來增加初始承諾以外的借款能力，把美國的部分貸款承諾從借款轉變成增加配額——實際上ＩＭＦ是把美國的部分資金從短期借款變成永久資本。這些在二○一○年做的改變，包括倫敦峰會後續承諾的增加中國投票權，國會都必須通過認可二○○九年法蘭克法案以後新增的部分。數百位顯赫的國際經濟學家和知名的前官員，例如，主導二〇〇八年高盛紓困計畫的前財長保爾森（Hank Paulson），公開呼籲國會通過這項立法。不過，歐巴馬沒把新要求納入他的二〇一二年或二〇一三年預算案，只為了避免製造美國納稅人支援歐洲紓困的宣傳議題[15]。

這時，拉加德對程序延誤的不耐煩已經到了沸騰點。在二〇一二年一月的達沃斯世界經濟論壇，她高舉LV手提包說：「我帶著我的小包包來這裡，就是想來收點錢[16]。」《華盛頓郵報》二〇一三年六月二十九日刊登的訪問中，她更露骨地說：「我們好不容易大幅增加了資源……儘管美國沒有貢獻或支持這項行動……我想所有人都希望完成這個程序。坦白說，我們已經耽誤很久的時間了[17]。」

值得慶幸的是，IMF在短期內還不須動用備受爭議的美國承諾款。到了二〇一二年底，歐洲主權債務危機已經穩定下來，美國和中國的成長持續不墜，儘管速度比IMF希望的緩慢些。然而，在經歷過從二〇〇九年到二〇一三年杜拜、希臘、賽普勒斯和其他國家的債務危機後，其他國家遲早會再發生動盪不安的情況，難免還須動用美國的承諾來支應其他的紓困方案。

IMF扮演槓桿放款者的角色實際上等於是銀行，而如今這個角色已經制度化。**IMF已從一個仰賴配額的短期放款機構，演進成像聯準會的可槓桿操作最終放款人**。IMF的借款和放款能力已被經濟學家充分了解，雖然社會大眾大體上還不甚清楚。但即使是專家也還不熟悉ＩＭＦ更大的功能——創造貨幣的能力，或對它充滿疑惑。ＩＭＦ世界貨幣的名稱——ＳＤＲ，聽起來似乎也是刻意為了製造混淆多於解說。ＩＭＦ的印鈔機目前備而不用，等著下一次全球流動性危機發生時才會動員起來。**它將是促成美元崩潰的關鍵工具**。

一種貨幣

凱因斯曾經感嘆，一百萬個人中只能找到一個人了解通膨摧毀財富的過程。我們也可以說，一千萬人中找不到一個人了解ＳＤＲ。儘管如此，ＳＤＲ將是預告通膨的絕佳指標。ＳＤＲ具備的不透明性和缺少可責性，讓全球貨幣菁英得以藉由使用通膨媒介來解決主權債務問題，又能讓個別政府可以拒絕承擔政治責任。

ＳＤＲ的隱祕特質從它的名稱開始。和聯準會及ＩＭＦ一樣，取這個名稱是為了隱藏它的目的。就像聯準會和ＩＭＦ都是央行的掩護名稱一樣，ＳＤＲ是世界貨幣的掩護名稱。

包括加州大學柏克萊分校的艾欽格林（Barry Eichengreen）在內的貨幣學者，拒絕以貨幣來稱呼ＳＤＲ，認為ＳＤＲ只是會計工具，方便成員國間轉移準備貨幣[18]。但ＩＭＦ自己的財務報告駁斥這種觀點，ＩＭＦ的年報包括如下的揭露內容：

> ＩＭＦ可以分配ＳＤＲ，做為既有準備資產的補充……它做為準備資產的價值來自參與國對持有和接受ＳＤＲ的承諾……ＳＤＲ也被幾個國際和區域組織當作會計單位……參與和指定的

持有者可以在交易中，對彼此使用和接受ＳＤＲ[19]。

貨幣通常被定義具有三種基本特性：儲存價值、會計單位和交易媒介，上述揭露內容緊抓著ＳＤＲ是貨幣的特性。ＩＭＦ自己說ＳＤＲ有它的價值，是會計單位，而且可以在特定持有者間當作交易媒介。這三個貨幣定義的條件全都符合。

ＳＤＲ流通的數量比起國家貨幣和歐元等區域貨幣的流通微乎其微。ＳＤＲ的使用僅限於ＩＭＦ成員國和特定官方機構間，並且由ＩＭＦ的ＳＤＲ部門掌控。此外，ＳＤＲ可能永遠不會以鈔票的形式發行，也可能不會被世界各地的一般民眾每天拿來使用。但即使如此有限的使用，也無法改變ＳＤＲ是菁英控制的世界貨幣這個事實。事實上，ＳＤＲ藉由讓一般市民看不到它而強化了這個角色。

ＳＤＲ可以大量發行給ＩＭＦ成員國，也可以在未來用於少數世界最重要的交易，包括國際收支結算、石油定價，和世界最大的公司如埃克森美孚、豐田和荷蘭皇家殼牌公司的金融帳。大規模發行ＳＤＲ導致的通膨不會立即影響到一般市民。這種通膨最後將表現在以美元、日圓和歐元加油和購物上，但國家央行可以輕易拒絕負責，把責任推給ＩＭＦ。由於ＩＭＦ不對任何選舉程序負責，而且是自封的超國家組織，追究責任將僅止於此。

ＳＤＲ的歷史多采多姿，未來預料也將如此。ＳＤＲ並非一九四四年布列敦森林協議初始貨幣架構的一部分，而是脫胎於一九六九年到一九八一年美元危機的緊急對策。

在布列敦森林體系初始的二十年間，也就是從一九四五年到一九六五年，國際貨幣專家擔心美元會發生短缺問題。當時美元是一枝獨秀的準備貨幣，對國際貿易不可或缺。歐洲和日本的工業基地在二次大戰期間遭到摧毀，兩地都有人力資本，但都缺少須用來支付機器和原料的美元或黃金，以便重建製造業。美元短缺獲得馬歇爾計畫和韓戰支出的局部紓解，但最大的助力來自美國消費者對高品質廉價進口產品的新胃納。美國的嬰兒潮世代在一九六〇年代進入青少年期，他們現在可能還記得當年開著福斯金龜車到海灘，手裡提著東芝電晶體收音機。到一九六五年，有競爭力的出口國家如德國和日本，很快收購了當時的兩種主要準備資產，即美元和黃金。美國了解它必須以大量貿易逆差來供應美元給世界其他國家，並促進世界貿易成長。

這個國際貨幣體系很快便成了自身成功的受害者。美元短缺被美元過剩取代，貿易夥伴對美國持續的貿易逆差和潛在的通膨感到不安。這種情況就是典型的特里芬難題（Triffin's dilemma），以最早在一九六〇年代初期描述它的比利時經濟學家特里芬（Robert Triffin）為名。特里芬指出，當一個國家發行全球準備貨幣時，必須持續以貿易逆差來供應這種貨幣給貿易夥伴；但如果逆差持續太久，對這種貨幣的信心最終將喪失。

矛盾的是，美元短缺和美元過剩都會引發尋找替代準備資產的考慮。在美元短缺時，尋找新資產是為了提供流動性。在美元過剩時，尋找新資產是為了提供投資準備的替代選項，和為了提振信心。不管是哪一種情況，ＩＭＦ向來就與思考替代美元的選項有關。

到一九六〇年代末，對美元的信心已因美元貿易逆差和詹森的「槍與奶油」政策引發的通膨而崩潰。美國的貿易夥伴，尤其是法國和瑞士，開始拋售美元、買進黃金。大規模的諾克斯堡（Fort Knox）擠兌爆發，美國的黃金儲備以令人憂心的速度減少，導致尼克森總統在一九七一年八月十五日決定結束美元與黃金的兌換制。

身為國際貨幣體系的守門人，IMF面對美元信心崩潰和黃金短缺的難題。英鎊已在一九六七年貶值，並且正為自身的信心危險煩惱。德國馬克受到投資人歡迎，但德國資本市場太小，無法提供足夠數量的全球準備資產。美元太疲弱，黃金太稀少，而且找不到替代資產。IMF擔心全球流動性可能消失，引發世界貿易劇減和蕭條，正如一九三〇年代的情況。在左支右絀的環境下，IMF在一九六九年決定憑空創造一種新的全球準備資產——SDR。

從一開始，SDR就是世界法定貨幣。知名貨幣學者的丹姆（Kenneth W. Dam）曾任美國財政部和白宮、國防部資深政府官員，在他介紹IMF的權威歷史著作中說：

> SDR在一個重要的面向與幾乎以前所有的概念不同，過去認為任何透過IMF創造的新國際準備，尤其是任何新準備資產，都必須用某種別的資產來「擔保」……對照之下，SDR可以說是「憑空」創造出來。IMF只是分配給參與國特定比例的配額，因此一些人稱SDR是「老天賜與」的。SDR的存在與轉移也不須任何擔保……可以用國家政府創造的「法定」貨幣來類比，但無法轉換成黃金等根本資產[20]。

ＳＤＲ初期的定價相當於〇・八八八六七一公克純金，但這個ＩＭＦ的金本位制到了一九七三年被放棄，就在美國放棄美元金本位制後不久。從一九七三年起，ＳＤＲ的幣值便根據一籃子準備貨幣來計算。丹姆指出，這並不表示ＳＤＲ有硬貨幣擔保，而只是它的交易和會計價值是根據硬貨幣來計算。現今的一籃子貨幣包括美元、歐元、日圓和英鎊，各占不同的權值。

ＳＤＲ從創立以來已四度發行給ＩＭＦ的成員國，第一次發行金額為九十三億單位ＳＤＲ，從一九七〇年到一九七二年分批發行。第二次發行是一百二十一億單位ＳＤＲ，也是從一九七九年到一九八一年分批發行。從一九八一年到二〇〇九年近三十年間未發行ＳＤＲ。這段期間是伏克爾和雷根打造的「美元王」時代，並歷經接續的老布希、柯林頓和小布希兩黨政府。到二〇〇九年，在金融危機和經濟衰退最谷底時，ＩＭＦ於八月二十八日發行一千六百一十二億單位ＳＤＲ，並於九月九日再發行了二百一十五億單位ＳＤＲ。從它創立以來累積發行的ＳＤＲ達二千零四十一億單位，以目前的美元—ＳＤＲ匯率計算，價值超過三千億美元。

歷史清楚顯示，ＳＤＲ發行期間和美元崩潰期間有緊密的關聯性。美元強弱勢的最佳指標是聯準會計算並公布的物價調整後廣泛美元指數（Price-adjusted Broad Dollar Index）[21]。聯準會的系列美元指數開始於一九七三年一月，是以一〇〇・〇〇表示美元平價指數。首批發行的ＳＤＲ是在一九七〇年到一九七二年，比這個指數還早，然而幣值卻釘緊當時對黃金大幅貶值二〇%的美元。

第二批發行的ＳＤＲ是從一九七九年到一九八一年，時間是在聯準會美元指數從一九七七年三月的九四・二七八〇，下跌到一九七八年十月的八四・一三二六（十九個月內重挫達一一％）之後不久。在發行ＳＤＲ後，美元從低價位回升，指數在一九八二年三月攀抵一〇三・二一五九。這就是美元王時期的開始。

第三次和第四次ＳＤＲ發行始於二〇〇九年八月，距離美元指數在二〇〇八年四月暴跌到八四・一七三〇之後不久，價位已接近一九七八年危機時的水準。指數低點與ＳＤＲ發行日期有約一年的落差，反映ＩＭＦ獲得理事會批准以進行新發行所需的時間。

和一九八〇年代美元王時期的發行不同，二〇〇九年的大規模發行並沒有帶動美元恢復它的強勢。事實上，美元指數在二〇一一年七月跌到歷史新低的八〇・五一七八，距黃金價格在九月五日攀升到歷來最高的一千八百九十五美元只差兩個月。二〇一一年與一九八二年的不同在於，聯準會和財政部追求弱勢美元政策，相對於當年伏克爾採取強勢美元政策。不過，二〇〇九年的ＳＤＲ發行仍然達成它的目的，也就是在二〇〇八年恐慌後提供全球金融市場的流動性。

雖然ＳＤＲ是緊急創造流動性的有用工具，截至目前美元仍然保持世界最主要準備貨幣的地位。扮演準備貨幣的角色需要的不只是貨幣，還要有各種可投資資產，最重要的是一個深廣、流動的債券市場。任何貨幣都可用在國際貿易，只要貿易夥伴願意接受它做為交易媒介。但在貿易夥伴獲得大量交易貨幣餘額後，就會產生一個問題，必須投資那些餘額在可以支付市場報酬的流動資產，同時可以保值。當餘額很大時，例如中國的三兆美元準備，可投資資產池必須相對也很大。現今美元計價的政府債券市場是世界唯一夠大和夠分散的市場，足以吸收來自中國、南韓和台灣等國家貿易順差的投資流。ＳＤＲ比較起來規模極微小。

儘管如此，ＩＭＦ毫不掩飾它的雄心壯志，想把ＳＤＲ變成取代美元的準備貨幣。這從ＩＭＦ在二〇一一年一月發表的研究報告可以看出，這項研究包含一個多年、多步驟的計畫，將推動ＳＤＲ成為首屈一指的全球準備資產[22]。研究建議增加ＳＤＲ的供應，以提高它的流動性，使更能吸引潛在的民間市場參與者，例如高盛和花旗集團。很重要的是，這項研究了解需要ＳＤＲ計價債券的賣家，例如福斯汽車和ＩＢＭ。研究也建議主權財富基金應該最有可能成為ＳＤＲ債券的買家，主要為了貨幣分散化。ＩＭＦ的研究建議，ＳＤＲ債券市場應模仿美國公債市場的基礎建設，具備避險、融資、交割和結算等機制，類似現今用來支援公債交易的功能。

除了建立ＳＤＲ債券市場外，ＩＭＦ的藍圖還包括ＩＭＦ可以改變ＳＤＲ一籃子貨幣的組成，以降低美元的權值，和增加如中國人民幣等其他貨幣的權值[23]。這是一個祕密的機制，可以在中國尚未建立人民幣債券市場或開放資本帳之前很久，就提升人民幣扮演準備貨幣的角色。如果ＳＤＲ市場流動性提高，而人民幣也納入ＳＤＲ中，銀行交易員將可發現在貨幣之間套利的方法，因而提高人民幣的使用和吸引力。

針對ＳＤＲ債券市場的未來，ＩＭＦ的研究坦率地做結論說，「如果有如此做的政治意願，這些證券可望形成全球貨幣的胚胎」[24]。這個結論極其重要，因為這是ＩＭＦ第一次公開把ＳＤＲ的概念從扮演流動性的輔助工具，提升到一種主要世界貨幣的形式。

ＩＭＦ分配ＳＤＲ的對象確實不局限於ＩＭＦ會員國。ＩＭＦ的治理規章「協議條款」的十七條，允許ＳＤＲ發行給「非會員……和其他官方實體」，包括聯合國和總部設在瑞士巴塞爾（Basel）的國際清算銀行[25]。國際清算銀行在第二次世界大戰期間由美國人麥基翠克（Thomas McKittrick）掌管期間，以提供納粹黃金交換交易而惡名昭彰，現在則以央行的央行著稱[26]。現今ＩＭＦ可以發行ＳＤＲ給國際清算銀行，以資助它持續進行的黃金市場操作。根據十七條，ＩＭＦ也可發行ＳＤＲ給聯合國，用在人口控制和氣候變遷的計畫。

ＳＤＲ擴大角色仍有待進一步的發展，需要花許多年的時間。雖然ＳＤＲ尚未準備好取代美元扮演主要準備貨幣，它已經開始慢慢朝這個方向前進。不過，ＳＤＲ在金融恐慌中扮演緊急流動性來源的角色已經相當熟練。二〇〇九年的ＳＤＲ發行可被視為「測試駕駛」，為未來流動性危機時更大規模的發行做準備。

ＩＭＦ提供給會員的ＳＤＲ貸款未必能立即派上用場，因為該會員可能必須以美元或歐元償付債務。不過，ＳＤＲ可與其他願意接受的會員交換美元，ＩＭＦ內部有ＳＤＲ部門可以安排這類交換。舉例來說，如果奧地利有瑞士法郎計值的債務，並且獲得ＳＤＲ貸款，奧地利可安排與中國交換ＳＤＲ以取得美元。然後奧地利可以出售美元、買進瑞郎，並用瑞郎來支付債務。中國會樂於用美元交換ＳＤＲ，以便分散它的美元準備。在實際交換中，截至二〇一二年四月三十日，中國得到的SDR超過它正式分配額的部分，價值相當於一二・四億美元[27]。IMF副總裁朱民語帶玄機地為SDR的流動性角色做結論說：「它們是假錢，但它們是可以當作真錢的假錢[28]。」

IMF對發行SDR的目的向來很透明。整個布列敦森林架構是一九三〇年代的蕭條和通縮促成的，而IMF也因這個架構而崛起。IMF的協議條款清楚地說明這個問題：

> 在有關分配SDR的所有決定上，IMF應尋求滿足長期的全球需求，在它出現時，以將可……避免通貨緊縮……的方式，補充既有的準備資產[29]。

通貨緊縮是所有央行的死敵，因為通縮很難扭轉，不可能課稅，且因為會增加實質債務而讓主權債務無法償付。藉由清楚承認避免通縮的宗旨，IMF的行動與其他央行的目標也保持一致。

在多元的領導階層、槓桿化的資產負債表、SDR的助力下，IMF將實現它一個世界、一個央行、一種貨幣的願景，並實踐扮演世界央行的角色。下一場全球流動性危機將震撼國際貨幣體系的核心，帶來動盪與不安；它也可能成為實現IMF願景的觸媒。SDR是篡奪美元王位的理想貨幣。

CHAPTER 9

黃金東山再起

唯有黃金和白銀這兩種物質，一直是、且將持續是文明國家通用的貨幣。它們是舉世最佳交易媒介的原因眾所皆知，它們從最早的年代……就被使用……我們看到不同語言、宗教、習慣，且對幾乎所有事物都會輕易懷疑的國家，在近四千年期間，全都一致採用，而且直到現今。我們可以合理推論，人們也發現它們在保值上比任何其他物質優越。

——加勒廷（Albert Gallatin）
美國史上任職最久的財政部長，一八三一年

如果金本位制要有效，就必須固定黃金的兌換價格，而且真正堅守它……如果現在要在技術上實施金本位制，也就是那種老式的金本位，就必須以黃金取代所有外國人持有的美元，老天爺……那麼黃金的價格一定得非常高。

——伏克爾（Paul Volcker），前美國聯準會主席
二〇一二年十月十五日

貨幣就是黃金，其他都不是。

——摩根（J. P. Morgan），一九一二年

黃金事實與神話

精闢的黃金討論很罕見，一如黃金本身一樣寶貴。這個話題往往充滿情緒，似乎無法進行理性的對話。反對黃金在國際貨幣體系扮演重要角色的人在辯論時，往往訴諸對人不對事的攻擊來嘲弄和邊緣化這個主題。一位知名的經濟學家在二〇一三年一篇專欄中，用偏執、恐懼、極右派和狂熱分子來形容黃金投資人，自己卻搬弄一堆似是而非、經不起嚴肅檢驗的老套反對意見[1]。

但在另一方面，許多被稱為「金龜子」的黃金支持者也好不了多少，他們指控諾克斯堡的金庫已經空虛，黃金早被運到像摩根大通等黃金銀行，以注入鎢金屬的假金塊所取代。他們宣稱這是一件規模龐大、歷經數十年詐騙陰謀，目的是為了壓抑黃金價格，剝奪真知灼見的黃金投資人的獲利，拒絕讓黃金在貨幣世界享有應得的地位。

與黃金有關的貨幣政策確實啟人疑慮，而且有證據顯示政府干預黃金市場。這兩件事都必須細加檢驗，以區別事實和幻想。了解黃金在貨幣體系的真正角色必須回顧歷史，分析應根據可舉證的資料和合理的推論，而不是指控和揣測。如果能以正確觀點看黃金這個主題，我們將發現許多有趣的事實，遠超過痛恨或熱愛黃金者口中的黃金。

英格蘭銀行的黃金經紀商、也是傳奇性的倫敦羅斯柴爾德父子銀行老闆羅斯柴爾德（Nathan Rothschild）爵士，據說曾表示：「我只認識兩位真正了解黃金價值的人，一位是巴黎銀行地下室倉庫不知名的行員；另一位是英格蘭銀行的理事。遺憾的是，他們看法不同[2]。」這段話道盡了有關黃金的討論既缺少立論確鑿的觀點，又充滿含糊不清的看法。

在最基本的層面上，黃金是一種元素，原子價為七十九，以稀少的質量存在於地殼的礦石中，有時候呈現金塊狀。黃金是一種元素這個事實很重要，因為這表示純金具有一致的等級和品質，不管任何時候或在任何地方。許多商品例如石油、玉米或小麥有各種等級，純度有高有低，而且反映在不同的價格上。但是除了合金和非純金產品外，不管任何地方的純金都一樣。

黃金因為具有純粹性、一致性、稀少性和延展性，所以是貨幣的絕佳選擇。黃金被當成貨幣至少已經有四千年，也許還更久。《創世紀》描述亞伯拉罕（Patriarch Abraham）「金、銀、牲畜極多」。克里薩斯王（King Croesus）在現今土耳其的呂底亞（Lydia），鑄造出第一枚金幣，時間約在公元前六世紀。一七九二年美國通過鑄幣法案，時間是在美國憲法實施三年後，該法案授權剛興建的鑄幣廠鑄造稱為老鷹（eagle）、半鷹和四分之一鷹的金幣。黃金悠久的歷史不表示它在現今一定得被當作貨幣，但這表示任何拒絕以黃金做為貨幣的人，必定比《聖經》、悠久的歷史和美國建國元老們加起來還有智慧。

要了解黃金，先了解黃金不是什麼或許有幫助。

黃金不是衍生性商品。紐約證券交易所（NYSE）上市的黃金指數股票型基金（exchange-traded fund）不是黃金。芝加哥商業交易所集團（CME Group）旗下的紐約商品交易所

（COMEX）交易的黃金期貨不是黃金。倫敦金銀市場協會交易的黃金遠期合約也不是黃金。這些金融工具和其他許多工具提供了黃金的價格曝險，它們是與實體黃金有關的交易體系的一部分，但它們是合約，不是黃金。

以黃金為基準的合約，有許多與黃金本身無關的風險，首先是交易對手不履行義務的可能性。黃金合約掛牌的交易所可能因為恐慌、戰爭、恐怖攻擊、暴風雪和其他意外而關閉。二〇一二年的颶風珊迪和造成世貿中心雙塔倒塌的九一一攻擊，是晚近兩次紐約證交所關閉的例子。交易規則也可能突然改變，例如一九八〇年韓特兄弟企圖操縱紐約商品交易所的白銀交易時。銀行可能宣告基於不可抗力因素而終止合約，改以現金結算而不是金塊。此外，政府可能以行政命令取消未平倉的合約。停電和網際網路主幹中斷可能無法撮合或結算指數股票型合約。交易所的保證金要求改變可能引發連鎖性的斷頭和恐慌拋售。這些情況都影響不了實體黃金的持有者。

直接持有實體黃金，不須擔保或抵押權，並且存放在銀行體系之外，這就是黃金成為真正貨幣的唯一形式，因為所有其他形式都只是有條件的黃金所有權。

黃金不是商品。因為黃金不能被消耗或轉變成其他東西；黃金就是黃金。黃金在商品交易所交易，因此被許多市場參與者視為商品，但這其中有所不同。從亞當·斯密到馬克思的許多經濟學家，往往把商品定義為無差異財（undifferentiated goods），生產它們是為了滿足各種需求。石油、小麥、玉米、鋁、銅和許多種其他真正的商品符合這個定義。商品被當成糧食或能源來消費，或者被當成生產其他滿足需求或被消費產品的投入。對照之下，黃金幾乎沒有工業用途，也不是糧食或任何形式的能源。黃金幾乎人見人愛，但人們喜愛的是它扮演保存價值的貨幣角色，而不是任何其他目的。雖然珠寶被列為消費品，其實它不是，因為黃金首飾是裝飾性財富——可穿戴貨幣的一種形式。

黃金不是投資。投資牽涉到把錢轉換成會帶來風險和報酬的工具。真正的貨幣如黃金，沒有報酬，因為它沒有風險。了解這個概念最容易的方式是從皮夾或皮包取出一美元鈔票，看著它。這張一美元鈔票沒有報酬。為了獲得報酬，你必須把錢轉換成帶有風險的投資。投資人如果把美元鈔票存入銀行帳戶，就能賺取報酬，但那並非貨幣本身的報酬，而是銀行存款的報酬。銀行存款保險可能降低銀行倒閉的風險，但保險基金有可能倒閉。認為銀行存款風險已是歷史的人，應該想想二〇一三年三月賽普勒斯的情況。在對銀行存款課稅的初始計畫遭到拒絕後，部分銀行存款被強制轉換成銀行股票。存款轉換成股票以便紓困違約銀行的模式，在歐洲和美國獲得好評，被視為未來銀行危機管理的樣板。

有無數方法可以承擔風險並賺取報酬。股票、債券、房地產、避險基金和各式各樣集資而成的工具，都是同時具有風險和報酬的投資。全新的經濟科學（特別是選擇權定價理論）就是建基在短期公債是「無風險」投資這個錯誤假設上。事實上，近幾年來美國債信被降到AAA級以下、美國的債務對GDP比率上升，以及國會在有關債務上限立法上的運作失靈，全都顯示「無風險」是個迷思。

黃金沒有任何上述投資具有的風險。黃金沒有到期風險，黃金沒有到期後會變成黃金的風險，它自始至終都是黃金。黃金沒有交易對手風險，因為它是持有者的資產，但不是任何人的義務。沒有人能像發行債券那樣「發行」黃金；黃金就是黃金。一旦你持有黃金，就沒有交割或結算的風險。銀行可能倒閉，交易所可能關門，和平可能演變成戰爭，但這些對黃金的內在價值沒有影響。所以說黃金是真正無風險的資產。

黃金的角色會引發困惑，是因為它常被視為投資，並在金融媒體上被如此報導。每天都有金融記者告訴讀者，黃金正在「上漲」或「下跌」，黃金每盎司（英兩）的價格多少，而這從字面上解讀當然也是對的。但黃金是否像美元那樣上下波動？如果在某一天，黃金報價「上漲」三・三%，從每盎司一千五百美元漲到一千五百五十美元，我們也可以反過來把黃金當成常數，然後報導美元「下跌」，從一千五百分之一盎司黃金跌至一千五百五十分之一盎司黃金。換句話說，一美元可以買更少黃金，因為美元下跌。這凸顯了計價標準的角色，也就是會計單位，而會計單位是貨幣的標準定義之一。如果黃金是計價標準，那麼把美元和其他貨幣視為波動的資產應該更正確，而不該視黃金為波動資產。

計價標準的問題也可以用下列牽涉貨幣的方式顯示。假設在一個特定的交易日，黃金的美元價值從每盎司一千五百美元移動到一千四百九十五美元，下跌了〇・三%；而在同一天，日圓匯率從一美元兌一百日圓移動到一百零一日圓。如果把美元換成日圓，黃金的價格就是從每盎司十五萬日圓（$1,500×100）移動到十五萬零九百九十五日圓（$1,495×101），上漲〇・六％。在同一天，黃金的美元價格下跌〇・三％，而日圓價格上漲〇・六％。那麼黃金是漲還是跌？如果把美元視為世界上唯一的貨幣形式，黃金就是下跌；但如果把黃金視為計價標準，或貨幣標準，那就可以更正確地說黃金是常數，而美元兌黃金上漲，而日圓兌黃金下跌。這個統一的陳述解決了黃金是漲或跌的矛盾。黃金未漲未跌，而是各種貨幣的漲跌。這也顯示出黃金的價值就是它本身，而不只是扮演全球貨幣價格的標準。各種貨幣會波動起伏，缺少本具的價值。

如果黃金不是衍生產品、商品或投資，那麼它是什麼？傳奇銀行家摩根（J. P. Morgan）說的好：「貨幣就是黃金，其他都不是[3]。」

雖然對摩根和所有其他人來說，貨幣就是黃金長達四千年，但貨幣在一九七四年突然不再是黃金，至少以國際貨幣基金（IMF）的說法是如此。一九七一年尼克森總統停止外匯銀行兌換美元為黃金，但直到一九七四年ＩＭＦ的特別改革委員會才在美國堅持下，正式建議黃金去貨幣化，並將特別提款權（SDR）納入國際貨幣體系的運作[4]。從一九七五年到一九八〇年，美國不斷打壓黃金的貨幣角色，大規模標售官方庫存的黃金。到一九七九年底，美國已經在市場拋售四百一十二噸黃金，只為了壓抑黃金價格和降低黃金的重要性[5]。這些作為終究歸於失敗。黃金市場價格在一九八〇年一月一度飆升到每盎司八百美元，此後美國沒有再大舉出售黃金。

美國和ＩＭＦ在一九七〇年代降低黃金扮演準備資產角色的地位，這表示主要大學的經濟課程已有近兩個世代未曾嚴肅研究黃金。一些歷史課可能有教導黃金，許多黃金專家可能是自學成功，但任何一九五二年以後出生的經濟學家幾可肯定未受過以黃金為貨幣的正規教育。結果是對黃金產生種種迷思而無力做嚴肅地分析。

第一個迷思是黃金不能當作現在貨幣體系的基礎，因為沒有足夠的黃金支持世界貿易與金融的需求。這個迷思很明顯是假的，但經常被引述所以值得嚴正反駁。

現今世界總黃金供應不含地下的蘊藏，大約是十六萬三千公噸[6]。官方機構如央行、財政部和IMF持有的黃金為三萬一千八百六十八・八公噸。如果以每盎司一千五百美元的價格計算，全球官方黃金的市值約一・七兆美元。這個數額遠小於世界主要貿易與金融大國的總貨幣供給量。例如，光是美國的貨幣供給以美國聯準會採用的M1標準計算，在二〇一三年六月底為二・五兆美元。廣義的聯準會M2貨幣供給在同一時候為一〇・六兆美元。美國聯準會加上歐洲央行、日本銀行、中國人民銀行全球四大經濟區的M1貨幣供給，加起來達到二十兆美元，M2紙鈔貨幣供給則為四十八兆美元[7]。如果把全球貨幣供給限制在一・七兆美元的黃金市值內、而不是四十八兆美元的M2紙鈔貨幣供給，結果將是災難性的通貨緊縮，並導致嚴重的蕭條。

這種假設狀況的問題不在於黃金數量，而是價格。以正確的價格來看，黃金很充沛。如果金價是每盎司一萬七千五百美元，官方黃金供給將約等於歐元區、日本、中國和美國加起來的M1貨幣供給。此處重點不在於預測黃金價格或預期實施金本位制，而只是顯示黃金的數量從來不是金本位制的障礙，只要金價與期待的貨幣供給保持一致就不成問題。

第二個迷思是黃金導致一九三〇年代的大蕭條，也是當時蕭條長久持續和如此嚴重的主因，因此不能用在貨幣體系。這個迷思只對了一半，但即使是對的一半也充滿混淆。大蕭條的主流記載時期是從一九二九年到一九四〇年，就在一九二二年到一九二五年分階段實施「金匯兌本位制」之後，而這套制度則持續到一九三九年因為執行上的困難而廢止。金匯兌本位制的原則在一九二二年的熱那亞會議（Genoa Conference）通過，但具體實施由參與國在後續幾年逐步進行。

正如名稱所示，金匯兌本位制和一八七〇年到一九一四年存在的純金本位制不同，是以黃金與外匯——主要是美元、英鎊和法郎——當作準備貨幣，並可用來結算國際收支的混合制。在第一次世界大戰後，大多數主要經濟體的民眾，不再像一九一四年以前那樣普遍持有金幣。

理論上外匯準備的持有國可以向貨幣發行國提兌並贖回黃金。民眾也可以自由持有黃金。但國際間贖回黃金原本應該只偶爾發生，且民眾持有實體黃金被限制在大金塊，通常不適合每日交易。這個構想是，建立金本位制、但讓黃金流通盡可能減少。可得的黃金應該主要庫藏在紐約聯邦準備銀行、英格蘭銀行和法國銀行，而民眾則慢慢開始習慣使用紙幣以取代金幣，央行官員也開始接受貿易夥伴的紙幣而不要求金塊。金匯兌本位制至多只是模仿純金本位制的四不像，甚至可說是一場大規模的詐騙。

最重要的是，各國必須選擇它的貨幣與黃金的匯兌比率，然後在新制度進行中守住這個匯率。由於一九一四年到一九一八年的第一次大戰期間紙幣供給大量增加，大多數參與國為貨幣選擇遠低於戰前水準的匯率。這些國家實際上是貶低它的貨幣兌換黃金的匯率，回到一種採用較低匯率的金本位制。法國、比利時、義大利和其他後來被稱為黃金集團的國家，都採用這種政策。美國比歐洲國家較晚參戰，經濟也較少受大戰影響。美國在戰爭期間也接受大量黃金流入，因此在維持戰前的黃金匯率二〇・六七美元兌一盎司黃金上沒有困難。黃金集團貶值貨幣後，美國也安然無恙，在這種情況下金匯兌本位制的前途全看英鎊維繫匯率的決心。

英國在財政大臣邱吉爾的領導下，選擇恢復英鎊戰前的匯率四・八六英鎊兌一盎司黃金。這個決定是基於他覺得有義務履行英格蘭央行紙幣的初始價值，另一個務實的理由則是，英國必須維繫倫敦身為可信的世界金融中心的地位[8]。由於英格蘭央行印製大量鈔票支應戰爭經費，因此這個匯率大幅高估了英鎊的幣值，並迫使英國緊縮貨幣供給以恢復舊幣值。較務實、且能讓英國貿易更有競爭力的英鎊匯率，應該在七・五〇英鎊兌一盎司黃金。然而高估的英鎊傷害了英國貿易，導致通縮性的薪資削減以調整貿易條件，這個過程就像現今希臘和西班牙經歷的結構性調整。結果是英國經濟到一九二六年陷於蕭條，就在大蕭條和美國股市崩盤主流記載起始日期的一九二九年之前幾年。

高估的英鎊和不利的貿易條件，促使英國的黃金開始流向美國和法國。美國恰當的對策應該是放鬆由聯準會控制的貨幣政策，在美國容許較高的通膨，使貿易條件轉變對英國有利，有助於提振英國經濟。但聯準會卻反而採取緊縮貨幣政策，導致一九二九年市場崩盤，進而造成大蕭條。到一九三一年，英鎊高估的壓力變得如此沉重，使英國不得不貶值英鎊。這使得美元變成全球最高估的主要貨幣，這種情況直到一九三三年美國也貶值貨幣才獲得矯正，美元從二〇．六七美元兌一盎司黃金，貶到三五．〇〇美元兌一盎司黃金，以抵銷英鎊兩年前貶值的效應。

一九二二年到一九三三年的事件順序顯示出，大蕭條不是由黃金引起，而是央行自由裁量的政策所導致。金匯兌本位制有致命的缺陷，因為沒把黃金的自由市場價格納入考慮。但英格蘭銀行一九二五年過度高估英鎊，而聯準會又在一九二七年實施不當的緊縮貨幣政策。這些問題與黃金本身無關，而是與央行操縱和扭曲黃金價格有關。金匯兌本位制確實導致大蕭條，因為它不是真正的金本位制，而是設計不良的混種制度，受到英、美等國央行採取自由裁量貨幣政策的操縱和錯誤的管理。大蕭條不是反對黃金的理由，而是央行無能和忽視市場導致危險的警世故事。

第三個迷思是，黃金會導致市場恐慌，現代經濟體因為不採用黃金和央行以貨幣工具撫平定期的恐慌，因而比較穩定。這個迷思是經濟學家克魯曼的最愛，他在他的反黃金、支持通膨的寫作中，反覆唱誦這種說法到令人厭煩的程度[9]。

事實上，恐慌在金本位制中確實會發生，而且恐慌在沒有金本位制時也會發生。克魯曼喜歡列舉古典金本位制和金匯兌本位制期間發生的一連串恐慌，包括一八七三年、一八八四年、一八九〇年、一九〇七年，以及大蕭條時發生的市場恐慌和崩盤。這些都不容否認，但是恐慌也發生在非金本位制時期，包括一九八七年股市崩盤的時候道瓊工業指數一天內重挫二二%、一九九四年墨西哥披索崩盤、一九九七年到一九九八年俄羅斯金融危機、二〇〇〇年科技股崩盤、二〇〇七年房市崩盤，以及二〇〇八年的雷曼—美國國際集團（AIG）金融恐慌。

恐慌並非黃金所造成、也不是靠黃金就能避免；恐慌的肇因是信用擴張和過度的信心、繼之以突然喪失信心和瘋狂爭奪流動性。恐慌的特徵是資產價格快速下跌、債權人提高保證金要求、拋售資產以變現，以及更多資產拋售導致價格進一步下跌的反饋迴圈。這個過程最後會透過破產、有償債能力者的救援、政府干預，或三者同時發生而耗盡力量。恐慌是人性的產物，恐懼與貪婪的鐘擺往返不斷。恐慌不會消失，重點是恐慌與黃金只有很少關係或毫無關係。

在實務上，金本位制在過去運作良好，而且現今仍然完全可行。不過建立金本位制牽涉極複雜的設計問題。設計金本位制的艱鉅就像設計數位處理器那樣充滿挑戰，而且設計有好壞的差別。有些技術問題必須嚴肅考慮，有些虛假的問題則不值一顧。世界有充足的黃金，問題在於價格。黃金並未導致大蕭條，央行錯誤的政策才是罪魁。恐慌並非黃金所引起，而是人性和寬鬆的信用所導致。打破這些迷思才能真正思辨黃金的優點和缺點。

爭奪黃金

在學者專家爭辯以黃金當作貨幣標準的利弊時，央行早已超過辯論的階段。對央行來說，辯論已經結束——黃金就是貨幣。現今央行都收購黃金做為準備資產，且其快速是一九七〇年代初期以來所僅見，而且搶購黃金對未來每一種貨幣的角色都將帶來深遠的影響，尤其是對美元。

事實會說話，只須略加解說[10]。央行和ＩＭＦ等官方機構從二〇〇二年到二〇〇九年每年都是黃金的淨賣家，這段期間出售的黃金從二〇〇二年超過五百噸，劇減到二〇〇九年的不到五十噸。從二〇一〇年起，央行變成黃金淨買家，購買數量從二〇一〇年的不到一百噸，激增到二〇一二年的五百噸。從二〇〇二年到二〇一二年的十年間，央行從淨賣家到淨買家的差距一年超過一千噸，相當於全球金礦場每年產量的三分之一以上。愈來愈多黃金被從礦場直接運往央行的金庫。

下頁表一顯示特定國家從二〇〇四年第一季到二〇一三年第一季黃金準備增減的情況。

大舉採購黃金的央行全都在亞洲、拉丁美洲和東歐。在同一期間的二〇〇四年到二〇一三年，西方央行是黃金的淨賣家，雖然在二〇〇九年已突然停止拋售。從那時候起，新興經濟體必須購買礦場生產的黃金、從廢棄物回收的黃金，或在公開市場出售的黃金，包括ＩＭＦ在二〇〇九年底和二〇一〇年初出售的四百噸黃金。如果把所有央行計算在內、但不包括

表一：特定國家的黃金準備 單位：公噸

國家	2004Q1	2003Q1	增減
阿根廷	28.61	61.74	+216%
白俄羅斯	12.44	49.29	+396%
中國	599.98	1,054.09	+176%
印度	357.75	557.75	+156%
哈薩克	54.70	22.89	+225%
南韓	14.05	104.44	+743%
寮國	3.64	8.88	+244%
墨西哥	6.80	124.24	+2,043%
俄羅斯	389.79	981.62	+252%
泰國	80.87	152.41	+188%
土耳其	116.10	408.86	+352%
烏克蘭	19.60	36.08	+184%
總計	1,684.33	3,662.29	+217%

IMF，從二〇〇九年第四季到二〇一三年第一季，官方黃金準備增加了一千四百八十一噸，增幅達五．四%。央行已變成黃金的大買家，而黃金移動的方向是從西往東。

這些統計數字還包括中國奇特的情況。中國從一九八〇年到二〇〇一年底這二十年間，報告的黃金準備部位一直維持在三百九十五噸。然後報告的部位突然提高到五百噸，並維持一年之久，接著到二〇〇二年底再度激增到六百噸，在這個水準維持超過六年。最後，報告部位在二〇〇九年四月增加到一千零五十四噸，並持續近五年直到二〇一四年初。

中國官方曾報告黃金持有部位一連串的突然增加，在二〇〇一年增加一百零五噸、二〇〇二年增加一百噸，以及二〇〇九年增加四百五十四噸。這麼大規模的增加很難在單一的交易完成，除非兩國央行或與ＩＭＦ之間事先安排好。但國際間並沒有這類央行事先安排或ＩＭＦ出售黃金給中國的報告，也沒有發現央行或ＩＭＦ持有部位在相對應的時間突然減少[11]。無可避免的結論是，中國實際上是以較小的數量累積黃金一段長時期，然後不定期報告整體數量的改變。

這種隱祕、小量累積的黃金收購計畫言之成理。實體黃金隨時可以買賣，但通常交易冷清，且價格波動很大。冷清市場裡的大買家會試圖掩飾意圖，以避免影響市場行情，不讓銀行交易商因預期大買單而推升價格，對買家不利。

中國透過祕密經紀商進行這種購買計畫和直接向礦場購買，把對行情的影響降到最低。這些經紀商主要位於香港皇后大道的滙豐總行大廈，以及澳盛銀行（ANZ）的上海分行，而經紀商購買黃金的網絡則遍及世界各地[12]。經紀商向不同經紀商和倫敦的黃金銀行，分批下商業規模的黃金買單，向各家購買的數量可能數噸之多。買家的真正身分並未揭露，購買黃金的價金是由中國的主權財富基金之一國家外匯管理局支付，而基金則由前太平洋投資管理公司（PIMCO）債券交易員朱長虹操盤。買進的黃金被以空運運送到上海安全的金庫。經紀商在買進黃金時嚴守紀律並且極有耐性，通常只在以紐約商品交易所為基準的市價下跌時才買進。在二〇一三年四月金價跌到每盎司一千二百美元的中期低點到同年七月間，中國直接向澳洲伯斯鑄幣局和其他賣家總共買進六百噸黃金，由此可見中國對金市操作的嫻熟與精明[13]。

大規模祕密購買，加上更大量的一般商業購買，據估計中國在二〇一二年和二〇一三年每年進口的黃金達到約一千噸[14]。

中國直接購買的金礦砂主要來自國內的礦場和澳洲西部。直到二〇〇一年，中國國內礦場每年生產的黃金不到二百噸。從二〇〇一年到二〇〇五年的產量穩定增加，然後到二〇〇六年產量激增，使中國到二〇〇七年超越南非，成為世界最大黃金生產國，並保持領先至今。二〇一三年，中國每年生產黃金超過四百噸，約占全球礦場產量一四％[15]。不管是在國內或國外，黃金在中國人控制的礦場裡生產，然後被運往中國、澳洲、南非和瑞士的冶金廠，被冶煉成純金，鑄成一公斤的金塊，再運到上海的金庫。透過這些管道，中國的黃金避開倫敦市場，把對行情的影響降到最小，同時守住中國黃金庫存真正數量的國家機密。

國內金礦生產結合從海外進口，表示中國政府和民間持有的黃金都已增加，從二〇〇九年官方上次更新央行黃金準備至今，增加數量約四千五百噸。中國政府外部的觀察家不可能精確估測，這些新增的數量中有多少會被加入下次更新的官方準備數字中，有多少則會被用在從消費者、珠寶、金塊和金幣等方面的需求。眾所周知中國人熱愛黃金，理由除了保存財富外，也是很方便的資金外逃媒介。黃金可以在中國各地成千上萬的銀行分行和銀樓，以各種形式出售。

在沒有更好的數據下，在此粗略估計中國從二〇〇九年增加的黃金中，有半數將用在國內消費，另外一半相當於二千二百五十噸，則已悄悄被加入官方的準備。如果這個估計正確，中國截至二〇一四年初的官方黃金準備將不是報告的一千零五十四噸，而是接近三千三百噸。以目前的礦場生產和進口速度，並且假設半數的可得黃金被加入官方準備，推估中國二〇一四年全年的黃金準備將再增加七百噸，到二〇一五年初的總數將達到四千噸。中國從二〇〇二年底到二〇〇九年初，經過六年才公開宣布官方準備增加；如果按照同樣的作法，下一次更新黃金準備數字可能是在二〇一五年。

這些根據已知礦場生產和進口數據做的估計，都必須考量有些中國的黃金進口完全未納入報告。全球最大的安全後勤公司之一G4S的資深經理，近日向一位黃金業主管透露，他親自把經由陸路穿越中亞山隘，運送黃金進入中國，並由一隊中國人民解放軍的坦克車和裝甲運兵車護衛。這批黃金鑄成央行偏好的每四百盎司一塊的「合格交割」（good delivery）金磚，而不是透過一般管道進口的、散戶投資人偏好的一公斤金塊。從這些傳聞可見，外界對中國官方黃金準備的估計比較可能是偏低而不是偏高。

中國如果在二〇一五年宣布持有四千噸黃金的官方準備，將使主張黃金不是貨幣資產的西方學者專家信用掃地。中國如果擁有四千噸黃金將超越法國、義大利、德國和IMF，躋身世界最大黃金持有國之一，排名第二，僅次於美國。這個數量也將符合中國是世界第二大經濟體的地位。

中國祕密收購黃金，與俄羅斯遠為透明地嘗試增加黃金準備大異其趣。從二〇〇四年初到二〇一三年底的九年間，俄羅斯黃金準備增加二五〇%，從約三百九十噸攀升到超過一千噸[16]。與中國不同，俄國增加黃金幾乎全透過國內礦場生產，不仰賴國外進口。俄羅斯是世界第四大產金國，年產約二百噸。俄羅斯黃金準備也是以穩定速度逐漸增加，每月增約五噸，定期由俄羅斯央行在網站上公布。由於央行不仰賴進口或倫敦金市來增加黃金準備，俄羅斯可以比中國更透明，因為較不易受倫敦黃金銀行的價格操縱和搶先交易影響。俄羅斯的購買計畫持續不斷，二〇一四年的官方黃金準備應該會超過一千一百噸。一千一百噸的黃金準備是美國黃金準備的八分之一以上，但俄羅斯的經濟規模也只有約美國經濟的八分之一。如果以經濟規模的比例來看，俄羅斯黃金準備已經超越美國。

金價在二〇一一年八月攀到頂峰後，世界各地對實體黃金的需求強勁，但紐約商品交易所交易的黃金期貨卻一直疲弱不振，許多分析師對這個謎百思不解。實體黃金購買不僅來自央行、也來自個人，這反映在個人偏好的一公斤金塊與央行偏好的四百盎司「合格交割」金磚的需求上。瑞士冶煉商一直趕工把大金磚轉變成小金塊，以滿足這種需求。這個謎其實很容易解釋，任何產品的價格，不管是黃金或麵包，如果被任何形式的干預壓抑在內在價值之下，市場的反應永遠是把產品搶購一空。

以中國和俄羅斯央行收購黃金計畫為代表的搶購黃金潮，也展現在各國央行急於從外國的金庫把黃金搬回本國金庫的作法上。

除了美國囤積的黃金外，全球有近半數的官方黃金並非存放在持有國國內，而是存放在紐約聯準銀行和倫敦英格蘭銀行的金庫。聯準系統的金庫儲存約六千四百噸黃金，英格蘭央行金庫存放約四千五百噸[17]。紐約聯準銀行金庫裡的黃金幾乎全不屬於美國，英格蘭銀行庫藏的黃金只有不到三百噸屬於英國。美國的黃金大多數存放在肯德基州諾克斯堡和紐約州西點的兩個陸軍設施裡，另有少量黃金存放在柯羅拉多州丹佛的美國鑄幣廠。聯準會和英格蘭銀行總共持有約一萬零六百噸屬於德國、日本、荷蘭、ＩＭＦ和世界各國的官方黃金準備。第三方黃金持有國存放在聯準會和英格蘭銀行的黃金，占全世界官方黃金的三三％。

官方黃金集中在紐約和倫敦，主要是因為從一八七〇年到一九七一年時斷時續實施的各種金本位制所致。當黃金被用來結算國家之間的收支時，把黃金存放在紐約和倫敦等金融中心會更容易進行，需要時只要變更法定所有權，不必運送黃金到世界各地。現今的國際收支主要以美元或歐元結算，不用黃金，所以已不須把黃金集中存放在金融中心。

黃金準備集中存放也是冷戰（一九四六年到一九九一年）的遺緒，當時德國認為把黃金存放在紐約比被蘇聯重兵包圍（黃金有被蘇聯沒收之虞）的柏林安全。現在萬一發生金融崩潰時，德國黃金被美國沒收的風險反而比被入侵的蘇聯沒收還高。德國等國家不再有迫切的理由必須把黃金存放在紐約或倫敦，而且這麼做的風險反而較高。如果在危機中，美國或英國突然認為有必要沒收外國黃金以保衛它的紙幣，美、英兩國可能沒收持有國的黃金。

基於這種新情勢和其他新興起的風險，黃金持有國已開始運回自己的黃金。第一個著名的例子是委內瑞拉，在二〇一一年八月，委國要求英格蘭銀行從倫敦運回九十九噸黃金到卡拉卡斯。第一批裝運的黃金在二〇一一年十一月啟程，委國總統查維茲（Hugo Chavez）在黃金抵達時，還以裝甲車載運黃金在卡拉卡斯街上遊行，接受委國民眾歡呼。

更大批、也更重要的黃金運回計畫，是由德國在二〇一三年啟動。德國持有三千三百九十一噸官方黃金，目前是世界第二大黃金持有國，僅次於美國。在二〇一二年底，德國的黃金放在下列地點：法蘭克福一千零五十一噸；紐約一千五百三十六噸；倫敦四百四十一噸；巴黎三百七十四噸。二〇一三年一月十六日德意志聯邦銀行（Deutsche Bundesbank，德國央行）宣布一項八年計畫，將所有存放在巴黎的黃金，和在紐約的三百噸黃金運回法蘭克福[18]，放在倫敦的黃金則不動。等二〇二〇年十二月這項運回計畫結束後，德國黃金將有五〇％在法蘭克福、三七％在紐約、一三％在倫敦。

批評者很快抓住，從紐約運回法蘭克福三百噸黃金得花八年完成，證明紐約聯準銀行的金庫並沒有存放德國的黃金，或是因為財務困窘而無法應付德國的要求。但德國央行實際上不希望運回那些黃金，而是寧可存放在紐約，以便更有效率地用在市場操作上。德國央行並不想運回黃金，但迫於梅克爾政治支持者的壓力而必須這麼做，因為梅克爾在二〇一三年九月要競選連任。德國黃金的安全問題已成為德國聯邦議院（Bundestag，德國國會）的政治議題。德國央行宣布這項計畫只是為了安撫政治爭議，實際上仍把大部分黃金存放在紐約。即使到二〇二〇年完成該計畫後，德國仍有一千二百二十六噸黃金放在紐約，光這個數量就超過除了三個國家以外任何國家的黃金準備。德國央行把黃金存放在紐約較為方便，因為可以在紐約利用黃金交換和黃金租賃，做為央行操縱黃金市場的部分工具。儘管如此，相當大量的黃金將運回法蘭克福，而這代表一股黃金回歸各國的全球運動。

迫使德國央行把部分黃金運回國的民粹政治壓力，也在瑞士風起雲湧。在中國、俄羅斯和其他國家的央行積極收購黃金的時候，瑞士是最大的賣家之一。在二〇〇〇年初，瑞士的黃金準備超過二千五百九十噸，但隨著黃金價格大幅攀升，這個數量卻穩定下滑，到了二〇〇八年底，瑞士只持有一千零四十噸黃金，比八年前銳減六〇%。此後瑞士的黃金準備一直維持這個水準，而金價則從二〇〇八年的價位大幅上漲。

瑞士國會對金價大漲時央行卻大規模拋售黃金反應激烈。二〇一一年九月二十日，以瑞士人民黨史坦姆（Luzi Stamm）為首的四位瑞士國會議員，提議所有瑞士黃金必須存放在瑞士，並取消瑞士國家銀行（央行）出售瑞士黃金的權力[19]。這項議案也要求央行持有的準備資產至少要有二〇%是黃金。這項要求實際上可能使瑞士必須買進更多黃金，因為截至二〇一三年七月，瑞士總準備資產只有八・九%是黃金。二〇一三年三月二十日，議案支持者宣布已獲得十萬個簽署，達到讓議案交由瑞士公民投票的門檻。這項黃金公投的日期尚未決定，一般預期將在二〇一五年。（譯註：瑞士黃金公投已於二〇一四年十一月三十日舉行，要求央行資產二〇%為黃金的提案未獲通過。）

前瑞士財政部長韋利吉（Kaspar Villiger）二〇〇三年在國會被問到瑞士黃金存放的地點時曾說：「我不知道……我不必知道，也不想知道[20]。」這種全球金融菁英典型的傲慢，已愈來愈不見容於人民，因為人們目睹官僚在央行和ＩＭＦ以及國際清算銀行這類不受管轄地點的密室操作，浪費了他們大量的黃金準備。與瑞士如果未出售黃金準備比起來，官方的操作造成了人民損失三百五十億美元財富。

委內瑞拉、德國和瑞士是運回黃金的顯著例子，但提出運回要求還不只這三國。二〇一三年，能源輸出大國亞塞拜然的主權財富基金，要求把黃金準備從倫敦摩根大通銀行運回巴庫（Baku）的亞塞拜然央行。墨西哥在二〇一三年也公開提出運回黃金的議題。在荷蘭，中間偏右基督教民主黨和左派社會黨，已籲請荷蘭央行運回六百一十二噸黃金。荷蘭的黃金只有一一%存放在國內，相當於六十七噸，其餘的黃金約三百一十二噸在紐約、一百二十二噸在加拿大、一百一十噸在倫敦[21]。二〇一二年時的荷蘭央行總裁諾特（Klaas Knot），被問到存放在紐約的荷蘭黃金被美國沒收的可能性時回答：「我們經常遭遇美國的治外法權運作，而通常這會讓歐洲人感到不舒服。」波蘭一項以「把黃金還給我們」的運動在二〇一三年八月發起，以運回波蘭在英格蘭銀行存放的一百噸黃金為訴求。當然，許多國家如俄羅斯、中國和伊朗，早已把黃金存放在自己國內，以避免黃金被沒收的風險。

央行收購黃金和運回黃金的議題息息相關，是黃金恢復過去扮演國際貨幣體系關鍵角色這個大趨勢的兩個面向。主要黃金持有國不想承認這一點，因為它們偏好目前的紙幣系統。較小的黃金持有國也不想承認，因為它們想以便宜的價格取得黃金，避免搶購黃金一旦脫序就會導致價格飆漲。貶抑黃金和擁抱黃金兩方的利益有一個交集點，就是暫時避談以黃金當作貨幣的議題。但這種情況不會持續太久，因為世界正目睹黃金再度貨幣化的大勢所趨。

黃金東山再起

除了斷然宣稱金本位制在現今行不通外，還有一些評論對黃金存有偏見。事實上，如果有執行的政治意願，並且能遵守不會造成通膨的紀律，那麼一套設計良好的金本位制確實可以運作順暢。金本位制對於以聰明才智、創業精神和辛勤工作來創造財富的人來說，是理想的貨幣體系。不創造財富、但尋求透過通膨、內線交易和操縱市場來搾取財富的人，不會喜歡金本位制。黃金與法幣間的辯論，實際上就是創業家與收租人之間的辯論。

新的金本位制有許多可能的設計方式，而且選擇的設計方式和施行的條件將可決定它的效用。從一八七〇年到一九一四年實施的古典金本位制極為成功，這與當時的物價穩定、高實質成長和許多偉大的發明出現有相關性。對照之下，從一九二二年到一九三九年的金匯兌本位制是失敗的體制，也是導致大蕭條的原因之一。從一九四四年到一九七一年的美元金本位制維持了二十年中等的成功，直到它的主要發起國美國不願意付出努力而終歸失敗。過去一百五十年的這三段期間，可以說明金本位制有許多形式，它的成敗並非取決於黃金本身，而是制度的設計和參與國遵守遊戲規則的意願。

新金本位制的設計始於了解舊金本位制從未被完全拋棄。當布列敦森林體系在一九七一年八月尼克森總統停止外國央行以美元兌換黃金而崩解時，金本位制並未立即被放棄。事實上，美元在一九七一年十二月貶值了七・八九％，黃金的官方價格因而從每盎司三十五美元提高到三十八美元。美元在一九七三年二月十二日再度貶值一〇%，黃金的新官價漲到每盎司四二·二二美元；到現今對一些央行、美國財政部和IMF的會計作業來說，這還是黃金的官方價格，雖然這與高得多的市場價格毫無關係。在一九七一年到一九七三年間，國際貨幣體系遲疑不決地邁向浮動匯率體制，而且這體制延續至今仍然是主流體制。

一九七二年，由二十個代表IMF執行董事會成員國組成的二十國委員會（C-20）舉行會議，討論如何改革國際貨幣體系。二十國委員會在一九七四年六月公布一份「改革大綱」報告，提供新浮動匯率體系的指導方針，並建議特別提款權（SDR）從黃金擔保的準備資產改變成以一籃子紙幣為參考。一九七五年二十國委員會的建議在IMF引發激辯，但是當時未被採用。在一九七六年一月牙買加舉行的會議中，IMF果真依照二十國委員會報告的大綱推動大幅度改革，並將改革納入IMF「協議條款」的第二次修正中，從一九七八年四月一日開始實施。

從一九七二年的二十國委員會計畫到一九七八年第二次修正的國際貨幣辯論，IMF黃金的處置都是最重要的主題[22]。美國希望放棄黃金在國際金融的所有角色。卡特政府期間的美國財政部在市場拋售三百噸黃金，以壓抑金價和展現美國對黃金沒有興趣。另一方面，法國和南非則堅持黃金繼續扮演國際準備資產的角色。「牙買加妥協」製造出混亂局面，七百一十噸的IMF黃金被返還給會員國，另外七百一十噸黃金被賣到市場，其餘約二千八百噸黃金仍留在IMF。IMF改變會計單位為SDR，而SDR的定價也從黃金改變成一籃子紙幣。美國對黃金被調降角色感到滿意；法國對黃金仍然是準備資產之一也滿意；而ＩＭＦ繼續擁有大量的黃金。這項美、法妥協的精神仍延續至今。

進入一九八一年的雷根政府時代，美國對黃金的態度發生徹底改變。從一九八一年到二○○六年，美國出售剩餘的黃金不到一%，從二○○六年起則完全未出售黃金。美國和ＩＭＦ從一九八一年起守著黃金，加上德國、義大利、法國、瑞士等主要國家持續囤積大量黃金，為世界帶來一個影子金本位制。

黃金持續扮演全球貨幣資產的角色，可以從歐洲央行總裁德拉吉出奇率直的演說一窺其大要。二○一三年十月九日德拉吉在甘迺迪政府學院的演說中，回答記者席爾瓦（Tekoa Da Silva）有關央行對黃金的態度時說：

> 你是……問一位曾經擔任義大利銀行（央行）總裁的人這個問題。義大利銀行擁有全球第四大黃金準備……
>
> 我從來不認為出售黃金是明智之舉，因為對央行來說，黃金是安全的準備資產。這是從國家的觀點來看待黃金。在非美元國家，黃金給人安全感，可以對抗美元的波動，這有幾個理由，像是分散風險等等。就是因為如此，幾年前開始進行出售黃金計畫的央行……現在大多已經停止。整體來說，央行已經不再出售黃金。約十年前整批出清黃金的一些央行，後來的情況被認為並不怎麼成功[23]。

一九七六年法國在牙買加堅持黃金繼續扮演準備資產的主張，如今就像班柯的幽靈（Banquo's ghost）那樣又回到ＩＭＦ的宴會。正如班柯在《馬克白》（*Macbeth*）中承諾他的子嗣終將成為國王，黃金可能終有一天也會東山再起，再度成為貨幣。

新金本位制

二十一世紀的金本位制該如何建構？這套新制當然必須是全球性的，參與的國家至少要有美國、歐元區、日本、中國、英國和其他主要經濟體。美國有能力單獨推出一套黃金擔保的美元體制，因為美國有龐大的黃金準備，但如果美國這麼做，世界上其他貨幣相對於黃金擔保的美元將失去對投資人的吸引力。結果將是通貨緊縮，非美元的貨幣交易將減少、流動性將降低。只有全球性的金本位制可以避免伴隨美國單獨推出金本位制而來的通縮。

第一步將是舉行一場全球貨幣會議，類似布列敦森林會議，參與國將達成協議，建立一套新全球貨幣體制。由於ＳＤＲ已經存在，它將是新全球貨幣的最佳選項。但新ＳＤＲ將以黃金擔保，且可自由兌換成黃金或任何參與國的本國貨幣，它將不同於現存的紙幣ＳＤＲ。

這套系統將必須分為兩個層級，第一層將是ＳＤＲ，並以一定重量的黃金來定價。第二層將由各參與國的貨幣構成，例如美元、歐元、日圓或英鎊。各國貨幣將以一定數量的ＳＤＲ來定價。由於各國貨幣的價值以ＳＤＲ來定義，而ＳＤＲ以黃金來定義，各貨幣的價值將可引申為等同於特定重量的黃金。最後，由於各貨幣與ＳＤＲ和黃金的關係是固定的，所以各貨幣間的關係也是固定的。舉例來說，如果一單位ＳＤＲ等於一歐元，且一單位ＳＤＲ等於一・五〇美元，那麼一歐元就等於一・五〇美元，依此類推。

為了參與新金本位ＳＤＲ體制，成員國必須有開放的資本帳，也就是貨幣必須可自由兌換成ＳＤＲ、黃金，或其他參與國的貨幣。這對美國、日本和歐元區或其他已實施開放資本帳的國家不會增添麻煩，但對未實施的中國則不然。不過，中國將發現，像新ＳＤＲ這種以黃金擔保的非美元貨幣很有吸引力，足以讓中國願意開放資本帳以加入新體系，並讓新體系能夠成功。

參與國將被鼓勵盡可能廣泛採用新金本位ＳＤＲ做為會計單位。石油和其他自然資源的全球市場將以ＳＤＲ定價，而不用美元。大型全球企業如ＩＢＭ和埃克森美孚的財報將以ＳＤＲ製作，各種經濟指標如全球生產和國際收支帳，將以ＳＤＲ計算並公布。最後，ＳＤＲ債券市場將建立，由主權國家、全球企業和區域發展銀行發行債券，並由主權財富基金和大型退休基金購買。大型全球銀行如高盛，將在ＩＭＦ的監管下擔任市場經紀商。

這個潛在的全球金本位ＳＤＲ體系較具挑戰性的技術問題之一是，如何決定各貨幣彼此兌換的固定匯率。例如，一歐元應該等於一・三〇美元、一・四〇美元、一・五〇美元或別的數額？這基本上與歐元創立者在一九九二年簽訂馬斯翠條約後面對的問題相同，當時簽署條約的各國同意放棄各自的貨幣如義大利里拉、德國馬克和法國法郎，以創立歐元單一貨幣。在歐元的例子中，多年的技術研究和專責機構發展的經濟理論被應用在這個工作上。在現今，技術的考慮當然不可或缺，但最好的方法將是利用市場訊號來解決問題。新體系的參與國可以宣布固定匯率將在四年後決定，根據的是過去十二個月或之前固定期間的銀行外匯交易加權平均值。四年將給市場充足的時間來調整和考慮新體系的影響，而十二個月的平均期將撫平短期的異常或市場操縱。

最具挑戰性的問題是SDR價值多少重量的黃金，以及需要多少比例的黃金準備來維繫體系於不墜。這些問題可以總結為單一的問題：黃金在全球性黃金擔保貨幣體系的隱含無通縮價格。一旦這個決定數值的問題解決後，以固定匯率轉換其他會計單位就是小事一樁了。

新體系初期將在沒有大量全球貨幣供給的情況下運作，任何需要SDR的國家將從銀行或交易商購買、藉貿易賺取SDR，或以本國貨幣向IMF交換而得。以各國貨幣向IMF兌換SDR將必須沖銷，以便全球貨幣供給不致擴增。自由裁量貨幣政策將留給聯準會和歐洲央行等各國和區域央行行使，條件是必須維持黃金、SDR和其他貨幣的固定匯率。IMF將只有在特殊狀況、並經過絕大多數參與新體系的IMF成員國同意下，才能採取非沖銷性新SDR創造的自由裁量貨幣政策。

在這種新SDR創造的限制下，體系創造的SDR將扮演貨幣基礎和會計單位，但只有相對少量的SDR流通。參與國基礎貨幣供給的總和就是全球貨幣供給，正如現今的情況，而這個貨幣供給將是決定黃金適宜價格的參考點。

另一個關鍵問題將是決定支撐全球貨幣供給所需的擔保黃金數量。奧地利學派經濟學家堅持百分之百的擔保準備，但不須如此，在實務上，體系只須足夠供應任何偏好實體黃金勝過黃金擔保紙幣者的黃金數量，並且足夠保證固定的黃金價格一旦建立後就不會改變。這兩個目標彼此相關，價格一致性的保證愈強力，維繫信心所需的黃金數量就愈少。從歷史看，金本位制曾以貨幣供給二〇%到四〇%的黃金數量成功運作。由於金本位制曾在一九一四年、一九三一年和一九七一年三度被放棄，因此要重建金本位制將需要較高的黃金擔保比率，以便在懷疑的民眾間建立信心。為了說明起見，我們假設以貨幣供給的五〇%為擔保目標；參與的經濟體為美國、歐元區、中國和日本；全球官方黃金持有量即黃金供給量；並以M1為貨幣供給。把貨幣供給除以黃金供給，得出金本位SDR體系下的隱含無通縮黃金價格為約每盎司九千美元。

這個計算式的數值當然有辯論空間，但每盎司九千美元是全球金本位SDR體系下很適切的初估無通縮金價。當然，一切都是相對存在的，黃金每盎司九千美元的世界也是原油每桶六百美元、白銀每盎司一百二十美元，以及美國中等住宅起價一百萬美元的世界。新金本位制將不會導致通膨，但它將坦白承認從一九七一年來紙幣已經發生的通膨。這種一次性的價格大漲將是社會對過去四十年濫用法幣造成扭曲的總清算。參與國將必須立法以年金、養老金、社會福利和儲蓄帳戶的形式，為最需要者從名目上調整固定收益支付達到保險的水準。債務的名目價值將維持不變，以立即解決全球主權債務與槓桿的難題。銀行和收租人將受到重創，這對未來的成長是有益的一步。藉通膨之名行盜竊之實將成為歷史，且只要這個體系維繫不墜就能保持如此。財富壓榨將被財富創造取代，創造力從此將得以施展。

各國央行將在新體系中保有自由裁量貨幣政策權。擔保貨幣發行的實體黃金數量必要時可以增加或減少，不過，參與這個體系的央行將被要求藉由扮演實體黃金的買家和賣家，來維持固定的本國貨幣黃金價格。任何被認為太寬鬆且持續太久的央行，將發現民眾大排長龍將它的黃金搶購一空。各國將可以利用其他央行擔保的ＩＭＦ黃金交換額度，來因應暫時的調整需求，類似布列敦森林體系的作法。這類黃金市場操作將以透明方式進行，以建立對程序的信心。

重要的是，ＩＭＦ將擁有在絕大多數成員國同意下擴增ＳＤＲ供給的緊急權力，以便因應全球流動性危機，但ＳＤＲ和各國貨幣將隨時保持可以自由與黃金兌換。如果民眾對緊急行動有信心，體系將保持穩定。如果民眾認為貨幣創造是為了救援菁英和收租人，將爆發黃金擠兌。這些市場訊號將扮演ＩＭＦ和央行濫用權力的煞車。事實上，這將使民主的聲音得以在市場機制的媒介下，注入全球貨幣事務，而這將是第一次世界大戰以來的頭一遭。

支持傳統金本位制的奧地利學派不太可能為這種金本位制背書，因為它只有部分、甚至變動的黃金擔保。陰謀論心態的人也不太可能支持它，因為它是全球性的，且感覺和看起來包含了某種新世界秩序。即使是溫和的批評者也會指出，這套體系完全取決於政府的承諾，且這種承諾在過去經常被違背。然而這套體系有務實的優點，而且實際上可能做到。它直接解決了如果美國單獨實施金本位制可能發生通縮的問題，而且它也能減輕如果不採用部分黃金擔保可能導致的惡性通膨震撼。新金本位制接近孟岱爾認為最佳貨幣區是世界的觀點，它也是凱因斯在美國堅持推動美元霸權之前於布列敦森林所提願景的新版本。

更重要的是，新金本位制將解決三個現今世界最重要的經濟問題：美元貶值、債務負擔和搶購黃金。美國財政部和聯準會已經決定，弱勢美元政策是世界成長疲弱的矯治之道。它們的計畫是製造通膨，提振名目總需求，並仰賴美國把全球經濟拉出泥淖，就像以牽引機拉起深陷爛泥巴裡的收割機。問題在於美國的解決方法是為景氣循環問題而設計，而不是為世界目前遭遇的結構性問題。結構性問題的解決之道牽涉新結構，而它的首要任務就是世界貨幣體系。

沒有紙幣有能力在十年內取代美元扮演主要準備貨幣的角色，即使美元被拋售和黃金再度被視為貨幣的速度逐漸加快（兩種現象都是對弱勢美元的合理反應）。美國和ＩＭＦ應該領導世界邁向黃金擔保的ＳＤＲ，這將符合中國和俄羅斯的利益，同時讓美國和歐洲仍保有首要準備貨幣的地位。世界無法再等待十年，讓紙幣ＳＤＲ、人民幣和歐元滙合成艾欽格林（Barry Eichengreen）多重準備貨幣的「康巴亞」（Kumbaya）世界。錯誤的貨幣領導將在不到十年內就展現它的惡果。

CHAPTER 10

聯準會政策正走到十字路口

我就是那個在派對正開始熱鬧時拿走雞尾酒缸的人。

——馬丁（William McChesney Martin Jr.）

曾任聯準會主席，一九五一年至一九七〇年

問題是這不是尋常衰退，而且許多人還沒喝到雞尾酒。

——羅格夫（Kenneth Rogoff）

二〇一三年六月六日

已開發國家根本不會違約。它們可以一直印鈔票。

——索羅斯（George Soros）

二〇一三年四月九日

通膨與通縮的矛盾

聯準會的政策正走到十字路口，面對的每個方向都不是好走的路。世界各國的貨幣政策多年市場操縱所累積的矛盾，已達到各種選項都必然帶有收縮或災難性風險的程度。進一步的貨幣寬鬆可能導致對貨幣的信心急遽沉淪；緊縮政策可能導致二〇〇七年的資產價格崩跌歷史重演。美國經濟只有推行結構性改革，才能擺脫這個困境，而這種結構改革將由聯準會以外的機構來推動。

這種情勢在二〇一三年已經顯而易見，疲倦的經濟學家和決策者仍然看不到他們從二〇〇九年股市大漲就殷切期待的強勁復甦。美國的GDP年成長率在二〇〇九年第四季達到四%，經濟出現從大蕭條以來最嚴重的衰退回升的跡象，「綠芽」（green shoot）之說四起。即使到二〇一〇年第二季年成長率跌到二・二%，樂觀的情緒仍維持不墜，財政部長蓋納還樂觀預言二〇一〇年「夏季的復甦」。然而現實慢慢揭露，二〇一一年的年成長率只有虛弱的一・八%，二〇一二年僅小幅加速到二・二%。然後，儘管聯準會和民間分析師預測二〇一三年將是轉機年，第一季的成長率又跌到一・一%，直到第三季才回升到四・一%。

美國經濟處於八年來未曾出現過的階段——既非技術上所定義的衰退狀態，也不是多數人所期待的強勁復甦。美國經濟陷於蕭條中，就像凱因斯所定義的「一種次於正常活動的慢性情況，持續相當久的期間，絲毫沒有朝向復甦或朝向完全崩潰的明顯傾向[1]」。沒有景氣循環性的復甦，因為經濟的問題不屬於景氣循環性、而是結構性的。如果不進行結構性的改變，這種蕭條很可能會無限期持續下去。

聯準會預測師和大多數民間分析師，從第二次世界大戰結束以來的七十多年，一直使用以信用和景氣循環為基礎的模型，但這些模型的基準並不包含任何蕭條期，因為必須回溯到八十年前的一九三三年到一九三六年從蕭條復甦的期間，才能找到足以比較的階段。大蕭條結束於一九四〇年的結構改革：經濟因為備戰而復甦。在二〇一四年初，美國沒有戰爭迫近的跡象，也未考慮採取結構性的改革。反而是，蕭條式的低成長率和高失業率已成了美國經濟的常態。

美國企業研究院（AEI）的麥晉桁（John Makin）向來以準確預測經濟循環聞名，他指出，根據歷史模式，美國在二〇一四年可能真的步向衰退，而這將是二〇〇七年開始的蕭條中第二度出現衰退，令人不免憂慮像是大蕭條的歷史重演。麥晉桁表示，儘管二〇〇九年來呈現低於趨勢的成長，但擴張已持續四年，接近現代美國經濟擴張的平均長度。如果以持續期間來看，美國的實質成長在近期內可能就會轉為負值[2]。

即使美國在二〇一四年末陷入技術上的衰退，蕭條仍將持續下去，這可從接近蕭條水準的就業數據看到證據。儘管二〇一三年底每月創造的新工作約二十萬個，失業率持續滑落也令人感到鼓舞，但主要數據背後的現實仍然慘淡[3]。分析師艾伯特（Dan Alpert）指出，二〇一三年上半年創造的就業有近六〇%在美國經濟的低薪資部門。這些部門通常占總就業的三分之一，這表示新創造的就業不成比例落在低薪資部門，達到接近二比一的程度。低薪資工作是麥當勞櫃檯點餐員、蘋果蜂（Applebee）酒保，還有沃爾瑪收銀員之類的工作。所有工作都有尊嚴，但不是所有工作的薪資都能支撐一個自給自足的經濟復甦。

在二〇一三年上半年創造的就業中，有約五〇%是兼職工作，也就是每週工作時數三十五小時或更少的工作。部分兼職工作時數少到一週只有一小時。如果失業率的計算也包括想找全職工作的兼職工作者，以及想找工作但已放棄尋找的人，那麼二〇一三年年中的失業率應該是一四．三%，而不是官方報告的七．一%。一四．三%已和大蕭條時期達到的水準不相上下，至少是相當於經濟蕭條的水準。

二〇〇九年以來的新僱用大約與這段期間新進入勞動力的人數相當，這表示在二〇〇八年和二〇〇九年的恐慌和衰退急性期間失業的總人數並沒有減少。艾伯特也指出，即使是失業率下降的所謂「利多消息」也充滿誤導，因為失業率下降反映的是勞工完全退出勞動力，而不是在勞動力擴增下的工作機會增加。美國的勞動力占人口比率從這段蕭條期之前的高點六六．一%，到二〇一三年年中降至六三．五%。即使勞動力減少，實質薪資也未增加，事實上，過去十五年的實質薪資不增反減。

除了就業市場慘淡的表現外，美國人對政府計畫的依賴也大幅增加。到二〇一三年底，有超過五千萬美國公民靠食物券生活；超過二千六百萬公民失業、就業不足，或已放棄尋找工作；超過一千一百萬公民已永久失能（permanent disability），其中有許多是因為他們的失業救濟已經過期。這些數字是美國的國恥。疲軟的成長加上幾乎衰退的情勢，以及超過五年的零利率，這些數字讓經濟復甦的說法顯得不合時宜。

雖然整體情勢指向新蕭條，卻有一個元素還沒出現在這幅景象中——通貨緊縮，它的定義是消費者物價和資產價格全面滑落。在大蕭條最黑暗的階段，也就是一九三〇年到一九三三年間，美國的累計通縮達二六%，是當時更廣泛的全球大通縮的一部分。美國在二〇〇九年比起二〇〇八年經歷了小幅度的通縮，但比起大蕭條顯得微不足道；事實上，新蕭條期間保持了溫和的通膨，從二〇〇八年到二〇一三年年中官方消費者物價指數累計上漲一〇·六%。大蕭條的極度通縮和新蕭條溫和通膨間的鮮明對照，是兩段期間最明顯的差異，也是聯準會目前面對的最大挑戰來源。這個差異引發一個令人焦慮的問題，聯準會應在何時和如何放緩印鈔速度、乃至最後完全停止？

蕭條的自然狀態是通縮。企業面對營收下滑和個人面對失業時，會很快出售資產以減輕負債，這個過程就是所謂的去槓桿。隨著出售資產和支出減少持續，價格進一步下跌，這就是通縮的立即原因。然後這種價格下跌帶來進一步的經濟壓力，導致再出售更多資產、更多人失業，進而形成一個循環。在通縮中，現金的真實價值會增加，因此個人和企業會囤積現金，而不支出或投資在新土地和廠房設備。

整個資產出售、囤積現金和價格下跌的過程稱為流動性陷阱（liquidity trap），以費雪（Irving Fisher）一九三三年的著作《大蕭條的債務—通縮理論》，和凱因斯最具影響力的著作

《就業、利息與貨幣的一般理論》中的描述而聞名。在流動性陷阱中，印鈔票得到的反應通常很弱，因此從凱因斯的觀點，財政政策是較好的藥方。

雖然對印鈔票的反應很弱，但並非全無效果。聯準會在對抗潛在通縮上，已投入規模龐大的印鈔作業。從二〇〇八年到二〇一四年的六年間，聯準會已把基礎貨幣從約八千億美元增加到四兆美元以上，增幅超過四〇〇%。雖然貨幣的周轉率大幅下滑，貨幣的數量卻大幅飆升，抵銷了支出速度減緩的影響。大規模印鈔結合零利率也推升了資產價格，帶來股市大漲和房地產價格從二〇〇九年開始上揚。不過，資產價格也因為其他因素而上揚。

學生貸款：另一個泡沫？

另一個通縮未戰勝通膨的原因是，儘管經濟成長疲弱，美國財政部仍然持續挹注現金到經濟結構，其規模大過二〇〇二年到二〇〇七年間的次級房貸融資。這種挹注是以學生貸款的形式。

學生貸款是新次級房貸：另一個由政府補貼的泡沫，而且即將爆破。學生有支出的高度傾向，不管是學費本身或書籍、租房、家具和啤酒的支出。如果你給學生錢，他們會花掉；你不用擔心他們會買黃金或把錢存起來。透過學生貸款來支付學費是挹注現金的管道，因為支付的學費轉變成為教職員的薪水，或校方的支出。貸款的孳息在學生繳納學費後仍繼續投入貸款。

大學和研究所學生貸款計畫的貸款金額，在二〇一二年激增到超過一千億美元，遠高於蕭條開始的二〇〇七年全年約六百五十億美元。到二〇一三年八月，美國政府擔保的總學生貸款已超過一兆美元，比起二〇〇九年已增加一倍[4]。二〇一〇年的歐巴馬健保法案包含一個條款，提供財政部幾近獨占的學生貸款承辦權力，排擠了大多數過去參與這個市場的民間貸款機構。這表示財政部可以放寬貸款標準，以持續供應寬鬆的貨幣。

學生貸款市場是政治上碰觸不得的地帶，因為高等教育向來可以創造擁有高技術的公民，他們有能力償還貸款並長期賺取較高所得。沒有國會議員敢於支持阻礙強尼或蘇西就讀大學的管道。但貸款計畫已變形成為政府刺激經濟的工具，就像過去良性住宅貸款從一九九四年到二〇〇七年變形為房市泡沫一樣。在房屋抵押貸款市場，美國聯邦貸款金融公司（Fannie Mae，又稱房利美）和美國聯邦住屋貸款抵押公司（Freddie Mac，又稱房地美）利用政府補貼刺激購屋，達到超過購屋者所能承擔的氾濫程度，導致無須所得證明或支付頭期款的次級房貸興起。房貸市場在二〇〇七年終於崩潰，經濟緊接著陷入蕭條。

學生貸款現在已經出現類似的情況，大多數貸款沒有問題，將會按期償還，但許多貸款人將違約，因為那些學生沒有獲得必要的技術，在疲弱的經濟中無法找到工作。這些違約將使聯邦財政赤字更加惡化，而且這種發展並沒有完全反映在官方的財政預測上。事實上，財政部是把巨額學生貸款，借給有高支出意願、卻只有低償付能力的貸款人。

這些錢協助支撐了美國經濟，但學費的金流無法長久持續。就經濟而言，這與中國人用無法償還的貸款興建鬼城沒有兩樣。中國的鬼城和美國的文憑都是真的，但生產力提升和償還貸款的能力是虛幻的。

雖然學生貸款能短期提振可支配支出，但過度舉債、加上缺乏就業機會的長期影響卻是經濟的阻礙。美國有史無前例的二千一百萬名十八歲到三十一歲年輕成人與父母同住，這些住在家裡的年輕人有許多剛從學校畢業、無力支付房租，或因為學生貸款而無力償付購屋貸款。學生貸款的現金流和支出雖有助於抵擋通縮威脅，但學生貸款泡沫將在未來幾年爆破，使債務和赤字危機進一步惡化。

通膨之謎

前聯準會主席柏南克曾說，聯準會將藉由從直升機上灑錢來對抗通縮。他的比喻是假設民眾會很樂於撿錢來花用。但在真實世界裡，撿錢意謂變成企業貸款、抵押貸款或信用卡支出等形式的債務。企業和個人不願意舉債，原因是政策的不確定性和通縮有加劇的風險。

回到二〇〇九年，柏南克的批評者宣稱，量化寬鬆將導致無法接受的高通膨、甚至有引發惡性通膨之虞。這些批評全都專注在印鈔票，卻不了解通膨只是貨幣供給的功能之一。另一個關鍵因素是貸款和支付的行為。經濟基本面的疲弱，以及稅務、健保、環保政策和其他企業成本決定因素的高度不確定性，導致消費者支出和企業投資這兩項經濟成長的主要推力都停滯不前。

通縮和通膨的對抗僵持不下，並不表示物價普遍保持穩定。相反的力量可能暫時彼此抵銷，但力量並未消失。中國成長急速降溫和歐洲主權債務危機再起，使得通縮開始占上風。另一方面，中東的戰爭緊接著是商品價格震撼、油價上漲和恐慌性的搶購黃金，進而可能帶來美元賣壓和聯準會無法控制的通膨暴漲。兩個方向的極端都可能發生。

這個困境反映在聯準會的決策機構公開市場操作委員會（FOMC）內部分歧的意見，一派支持減少印鈔票，一派則支持透過購買資產來持續、甚至擴大貨幣供給。支持減少印鈔票（即所謂的「退場」）的人以聯準會理事史坦（Jeremy Stein）為首，宣稱持續印鈔票的效果很有限，且可能升高資產泡沫和系統風險。因為零利率政策使得資金成本幾乎是零，加上槓桿放大了投資人的報酬率，貸款的誘因和冒險押注資產價格上漲變得難以抗拒。槓桿的形式包括股市投資人可利用的融資貸款，和房市買家可利用的低利抵押貸款。由於股價和房價上漲是基於低廉的資金而非經濟基本面，因此兩個市場都正形成新泡沫，且最終將爆破並再度傷害信心。

在某些情況下，結果可能比泡沫破滅還嚴重，例如可能引發系統風險和經濟恐慌。股市可能發生比二〇〇〇年或二〇〇八年還嚴重的崩盤。商業電視名嘴和賣方分析師很樂於宣傳股價指數頻頻創「新高」，事實上，這些高點大多數只是「名目」股價——並不是「實質」股價。當報告的指數水準調整過通膨因素後，情況就大不相同。二〇〇八年的高點以實質來看還低於二〇〇〇年的高點。一九七三年的名目高點之後，緊接著一九七四年出現了美國史上最嚴重的股市崩盤之一。不管聯準會印多少鈔票來減輕傷害，這種崩盤都會對信心造成重創。崩盤可能觸發費雪「債務－通縮循環」的極端版，在這種情況下，通縮最後會壓倒通膨，類似一九三〇年代初期的經濟頹勢將一發不可收拾。

另一個可能導致最糟結果的因素，是以衍生性金融商品和資產交換合約的形式，存在於銀行資產負債表外的隱藏槓桿。這裡的隱憂與股市崩盤無關，而是交易對手違約可能觸發金融市場的流動性危機，進而造成突發的恐慌。

以聯準會理事史坦為首的人支持退場，他們知道退場可能傷害成長，但他們擔心股市崩盤或金融恐慌會造成信心淪喪，對成長的傷害可能更甚。從他們的觀點看，現在就減少印鈔票可以讓泡沫釋放一點氣，而不會讓它們以後完全洩氣。

與這個觀點相反的公開市場操作委員會成員有聯準會主席葉倫（Janet Yellen）等人，他們認為勞動市場和製造業仍然有太多閒置產能，因此沒有立即的通膨風險，他們也把大規模收購資產和印鈔票視為持續成長的唯一希望，尤其是在近來緊縮財政政策的情況下。對葉倫來說，印鈔票應該持續到通膨維持在二．五％以上、同時失業率低於六．五％以下。葉倫主張只要失業率超過六．五％，即使通膨升高到三％以上也要繼續印鈔票。她認為金融恐慌的風險很微小，如果通膨升得太高，她有信心利用可得的工具加以控制。

葉倫對通膨還很遙遠和聯準會有能力控制通膨的信心，是她採用主流的平衡模型得出的結論，然而這個模型並不包含最先進的複雜理論、內部交互關聯，以及體系風險突然發生的理論研究。另一方面，她對勞動市場與產業閒置產能導致通膨並不急迫的了解，使她的經濟預測在二〇一一年到二〇一三年間一直比她的同僚和其他聯準會官員更正確。正確的預測為她在聯準會內部贏得信譽，也是她獲選出任聯準會主席的重要原因。也因此，她認為必須繼續印鈔票的觀點，在聯準會官員和公開市場操作委員會之間很有分量。

公開市場操作委員會的成員各擁史坦和葉倫的鷹派與鴿派觀點並不令人意外。就史坦來說，他對體系風險因銀行體系的資產負債表外交易而升高，以及新泡沫正在興起的看法，無疑是正確的。就葉倫而言，她認為經濟的基本面仍然疲弱，必須火力全開的政策支持才能避免衰退和通縮，這個觀點無疑也是正確的。但兩個陣營的辯論都正確，意謂雙方未將對方正確的觀點納入自己的觀點是不正確的。這種政策歧見是聯準會市場操縱無法避免的結果。有效的價格訊號受壓抑或扭曲，導致銀行承擔對營業不利的風險部位，只為了在零利率的環境中套利。同時，資產價格膨脹，表示資本沒用在最有建設性的用途，而只顧追逐股市和房屋虛幻的市值利得。繼續印鈔票和減少印鈔票兩種主張都有風險，雖然是不同的風險。

結果是，自然發生的通縮與政策引發的通膨之間的對峙。經濟就像高海拔登山者緩慢地、有方法地在二萬八千呎的脊線上攀爬，卻沒有使用氧氣。脊線的一邊是直下一哩的懸崖峭壁，另一邊是無法安全抓握的陡峭冰河。不管是掉到哪一邊都必死無疑。然而往前攀爬愈來愈艱困，每往前一步都更加可能跌倒。往回走是一個選項，但那表示經濟最終得面對二〇〇九年開始藉印鈔票避開的痛苦。

偉大的美國小說家費茲傑羅（F. Scott Fitzgerald）一九三六年寫道：「一流心智的考驗是，心智能不能同時抱持相反的兩個觀點，而仍然保持運作的能力[5]。」在二〇一四年，聯準會理事會成員面對了費滋傑羅的考驗。通膨和通縮是相反的觀點，退場和不退場也是。毫無疑問的，聯準會理事一開始都是一流的心智；但他們現在面對了相反的觀點。問題是，借用費滋傑羅的話，他們能不能「仍然保持運作的能力」。

對美元的信心

前聯準會主席伏克爾一九五二年加入聯準會，擔任幕僚經濟學家，此後經歷或帶領了每一場重大的貨幣和金融戰役。美元兌換黃金一九七一年終結時，他在尼克森政府擔任財政部次長。一九七九年他被卡特總統延攬出任聯準會主席，一九八一年他把利率提高到一九%，馴服了從一九七七年開始肆虐美國的惡性通貨膨脹。二〇〇九年，歐巴馬總統挑選他擔任經濟復甦顧問小組主席，以擬訂從大蕭條以來最嚴重的經濟衰退對策。他在這時候提出伏克爾法則（Volcker Rule），嘗試恢復健全的銀行業運作，導正一九九九年葛拉斯—史帝格法案造成的扭曲。伏克爾法則最後克服了大銀行遊說者的阻礙。伏克爾正確地看出銀行體系風險最大的面向，並且在矯治缺點上居功厥偉。沒有任何銀行家或決策者對貨幣及其運作的了解比得上伏克爾。

當伏克爾被問到美元在現今國際貨幣體系的角色時，他以過來人的態度承認美國經濟面對許多挑戰，尤其是美元。他指出，現在情況不像一九七一年諾克斯堡黃金擠兌那樣危急，也不像一九七八年國際債權人開始拒絕以美元來保值、美國財政部被迫發行顏面盡失的瑞郎計價卡特債券（Carter Bonds）。

在被問急了時，伏克爾坦率承認中國的崛起，並表示確實有人認為美元身為世界主要準備貨幣的地位已被推翻。但他也很快指出，儘管有這種說法，真正的準備貨幣地位需要既深廣、流動性又高的可投資資產池，而沒有其他貨幣在這方面比得上美元。伏克爾對金本位制並不熱中，並認為恢復金本位制既不可行、也不理想。

最後，當談到公共債務、龐大的社福支出、居高不下的赤字，以及國會運作失靈等問題象徵美元霸權的結束已經開始時，伏克爾嚴肅地吐出兩個字：「信心。」

他相信，如果人們對美元有信心，美元就能安度任何風暴。如果人們喪失對美元的信心，那麼多少博士專家都挽救不了它。就這一點來說，伏克爾當然是對的，只是沒有人能確定對美元的信心是否已因為聯準會的錯誤、舉債上限的潰敗，以及俄羅斯和中國的轉趨戒慎，而已超過無法挽回的地步。

遺憾的是，愈來愈多跡象顯示，對美元的信心正在消退。在二〇一三年十月，衡量美元在匯市地位的最佳指標聯準會物價調整後廣泛美元指數（Price-adjusted Broad Dollar Index）來到八四・〇五，雖高於二〇一一年七月歷來最低的八〇・五二，但與過去的低點如一九七八年十月、一九九五年七月，和二〇〇八年四月的水準都相去不遠。另一項對美元喪失信心的指標是，實體金塊的需求從二〇一三年年中到年底大幅攀升，意謂美元匯率走軟。全球準備資產的外匯成分顯示，以美元當作準備貨幣的比率持續下降，從二〇〇〇年約七〇%到現今降至約六〇%。這些指標都未顯示有立即的危機，但全都呈現出信心下降。

其他指標都屬傳聞性質且難以定量，但仍有參考價值，其中包括替代貨幣的崛起，以及虛擬或數位貨幣的興起，如比特幣（bitcoin）。數位貨幣存在於私人端對端電腦網絡中，不是由政府或央行所發行或擔保。比特幣現象始於二〇〇八年一位化名中本聰（Satoshi Nakamoto）的人發表的論文，描述創造一種新電子數位貨幣的協定[6]。二〇〇九年一月，第一枚比特幣以中本聰的軟體創造出來。他繼續對比特幣計畫提供技術上的貢獻一直到二〇一〇年，然後從積極參與引退。不過，這時候已有一個由開發商、自由意志論者和創業家組成的龐大社群接手這個計畫。到二〇一三年底，流通中的比特幣已超過一千一百五十萬枚，且持續穩定增加。比特幣的價格根據供給和需求而波動，在二〇一三年十一月已超過每枚比特幣七百美元。比特幣能否長期存活仍然有待觀察，但它迅速且廣泛的被採用，代表了世界各地的社群正尋找取代美元和傳統貨幣的替代貨幣。

在替代貨幣之外還有一個完全不用貨幣交易的世界：電子以物易物市場。以物易物是最被誤解的經濟概念之一，有無數經濟文獻談論以物易物的無效率，因為以物易物必須交易雙方剛好同時有需求。如果一方想要以小麥交換釘子，而對方想要小麥卻只有繩子可供交易，第一方可能接受繩子，然後繼續尋找有釘子但想要繩子的人。依照這種說法，貨幣是有效率的交換媒介，可同時解決各方的問題，因為一方可賣掉小麥換錢，然後以錢購買釘子而無須以物易物取得繩子。但正如作家格雷伯（David Graeber）指出，以物易物的歷史大部分是神話[7]。

從亞當・斯密以來的經濟學家，都假設以物易物是貨幣發明之前的階段，但沒有實證、考古或其他方面的證據，顯示貨幣發明前已普遍存在以物易物經濟。事實上，貨幣發明之前的經濟似乎主要是建立在信用的基礎上——以承諾未來回報價值來交換現在交付的價值。古代的信用制度允許跨時間的交易，就和現今一樣，因此可以解決要同時有需求的問題。以物易物的歷史是經濟學家不憑事實來建立理論的又一例子。

儘管是歷史迷思，以物易物是現今經濟中快速成長的交易形式，因為網絡化的電腦解決了同時性的問題。一個晚近的例子牽涉中國鐵路總公司、奇異（General Electric）和泰森食品（Tyson Foods）。中國鐵路的顧客之一是一家禽肉加工業者，這家公司聲請破產迫使中國鐵路扣留冷凍火雞肉當作擔保品。奇異正推銷燃氣渦輪發動機給中國鐵路，而中國鐵路詢問能否以冷凍火雞肉支付發動機。奇異有一個十八人的電子以物易物交易部，很快確認泰森食品中國部門願意以現金購買那批火雞肉。中國鐵路把火雞肉交付給泰森，而泰森則支付現金給奇異，然後奇異將發動機交付給中國鐵路。奇異和中國鐵路間的交易實際上是火雞肉和發動機的以物易物，中間沒有經手現金。無現金的以物易物可能在過去不常見，但在未來肯定會愈來愈普及。

比特幣和以物易物的例子都顯示，美元的重要性日益下滑。這從地區性貿易貨幣集團的崛起也可以看出，例如東北亞和中國與南美洲的聯結。中國、日本和南韓的三方貿易，以及中國與南美洲貿易夥伴間，是全世界最大和成長最快的貿易關係。牽涉的貨幣——人民幣、日圓、韓元、里爾或披索——都還不是準備貨幣，但都是絕佳的貿易或交易貨幣，可以取代向來賴以計價的美元。貿易貨幣是用來記錄貿易收支的暫時方法，而準備貨幣要具備深廣的可投資資產池，以便儲存財富。即使這些地區貨幣被用來當作貿易貨幣而不是準備貨幣，每一筆交易都代表美元角色的退卻。

對美元的信心正在流失，先是慢慢的，然後速度將加快。虛擬貨幣、新貿易貨幣，以及不用貨幣（以物易物）都象徵對美元信心的緩慢喪失。它們是表徵而不是原因，對美元信心淪喪的真正原因是通膨和通縮這雙幽靈，以及許多人擔心美元不再能保存價值、而已淪為彩券，它的面值可能因持有者無法掌控的原因而增加或減損許多。如果發生恐慌性搶購黃金，以及緊急發行特別提款權以提高流動性，那表示將進入信心快速流失的階段。

伏克爾說的對，信心對任何法幣系統的穩定都不可或缺。不幸的是，目前負責貨幣政策的學派只考慮平衡模型，而把對美元信心視為理所當然。

想像力失靈

在紐約和華盛頓特區遭遇九一一恐怖攻擊後，美國情報界因未能偵測和預防劫機而備受責難。當媒體揭露中情局和聯邦調查局曾接獲恐怖分子與飛行課程有關的具體情報、卻未能分享資訊或拼湊片斷的資訊時，批評的聲浪更是達到最高潮。

《紐約時報》專欄作家佛里曼（Tomas Friedman）一針見血道出問題的癥結：「九一一不是情報協調的失靈，而是想像力失靈[8]。」佛里曼的重點是，即使所有事實都已被各情報單位知悉並分享，他們仍會錯過那場陰謀，因為那太不尋常和太邪惡到超過分析師對恐怖分子能力的想像。

現今的美國經濟政策制訂者面對了類似的挑戰。經濟表現、失業率，以及大銀行衍生性金融商品部位累積的數據都輕易可得，主流經濟模型眾多，採用這些模型的分析師都是這個領域的一時俊彥。資訊與人才都不缺少，缺少的是想像力。聯準會和華爾街分析師受制於使用以舊景氣循環為基礎的模型，似乎無法想像美國經濟實際面對的危險。九一一恐怖攻擊顯示，無法想像最惡劣的情況，往往導致無法避免它。

美國面對的最惡劣經濟危險，其實簡單得令人難以相信。它可以用下列等式表達：

（-1）-（-3）= 2

在這個等式中，第一個條件代表名目成長率，第二個條件代表通膨或通縮率，等式的右邊則是實質成長率。一個較為人熟悉的等式是：

5 - 2 = 3

在這個熟悉的等式中，我們從五％的名目成長率開始，然後減去二％的通膨率，達成三％的實質成長率。名目成長率是經濟製造的產品與服務總值，通膨率是價格水準的變化，被實質成長率排除在外。要算出實質成長率，必須把名目成長率減掉通膨率。這種調整通膨的方法也可應用在資產價值、利率和許多資料上。外表的或名目的價值，必須減去通膨率，才能得出實質價值。

當通膨轉變成通縮時，價格的調整就變成負值、而不是正值，因為在通縮環境中價格變成下跌。（-1）-（-3）= 2的表述代表名目成長率為負一％，減去價格變動的負三％，得出負二％的實質成長率。在實務中，價格下跌的影響大於名目成長率減幅，因此製造出正值的實質成長率。這種情況從十九世紀末就不曾出現在美國，但這在其他國家並不罕見，而且在美國並非不可能發生；事實上，過去二十五年來日本有許多時候就是這種情況。

這個等式值得注意的第一件事是，實質成長率有二％，以歷史標準來看相當疲弱，但大約等於從二〇〇九年來的美國成長率。上述等式的另一個假設情況是，假設年通縮率為負四％，就像從一九三一年到一九三三年發生的情況，等式的表述將是（-1）-（-4）= 3。在這種情況下，實質成長率將是三％，很接近長期趨勢，稱得上非蕭條的水準。不過，高通縮、零利率和居高不下的失業率卻很類似蕭條。這是一個通縮世界裡《鏡中奇緣》（*through-the-*

looking-glass）式經濟分析的例子。

儘管可能出現實質成長，美國財政部和聯準會擔心通縮超過擔心任何其他經濟結果。通縮表示產品和服務價格水準不斷下滑。低價格可以提高生活水準，即使薪資維持不變，因為購買消費產品的成本會降低。這看起來是個理想結果，因為科技和生產力不斷進步會使某些產品的價格長期下滑，例如電腦和行動電話。為什麼聯準會這麼害怕通縮，以至於採取刻意引發通膨的非常政策措施？這種害怕有四個理由。

第一是通縮對政府償付債務的影響。債務的實質價值可能隨著通膨或通縮而起伏，但債務的名目價值已被合約固定。如果有人借款一百萬美元，他必須償還一百萬美元加利息，不管一百萬美元的實質價值是否因為通縮或通膨而增加或減少。美國債務正處於實質成長加上稅收都無法支應債務金額的地步。但如果聯準會可以引發通膨——先慢慢製造貨幣幻覺，然後加快速度——債務將變得可以管理，因為聯準會將有能力償還實質價值較低的名目金額。通縮的情況正好相反，債務的實質價值會增加，導致償債變得更加困難。

通縮的第二個問題是它對債務占GDP比率的影響。這個比率是債務金額除以GDP金額的結果，兩個數值都屬名目數值。債務的名目金額會持續增加，因為持續的財政赤字需要新融資，而且利息支付是以新債務來支應。不過，和前面的例子一樣，即使名目GDP萎縮，實質成長仍可能呈現正值，只要通縮超過名目成長的話。在債務對GDP比率中，當分子債務擴增，而分母GDP萎縮時，比率就會提高。即使不把社會福利支出計算在內，美國的債務對

GDP比率已經處於第二次世界大戰以來最高水準；如果包括社福支出，情況將更加嚴重。長期來看，通縮的影響將推升美國的債務對GDP比率到超過希臘、接近日本的水準。通縮的力量是日本債務對GDP比率超過二二〇%、遠高於其他已開發經濟體的原因之一。如此高的債務對GDP比率對外國債權人的影響，最終將是信心的流失、利率的升高、因利率升高而惡化的赤字，以及最後債務的直接違約。

通縮第三個隱憂與銀行體系的體質和體系風險有關。通縮增加貨幣的實質價值，因此也增加債權人對債務人主張債權的實質價值。這似乎對債權人有利、對債務人不利，至少初期是如此。但隨著通縮發展，債務的實質負擔變得太大，使債務人違約的例子增加。這造成銀行債權人虧損，並導致銀行破產。因此政府寧可通膨也不要通縮，因為通膨可以讓銀行和債務人不致違約，進而支撐銀行體系。

通縮第四個問題是對稅收的衝擊。這個問題可以用一名年薪十萬美元的工人在兩種假設情況的例子來說明。第一種假設情況是，物價保持穩定，而工人獲得五千美元加薪。第二種假設情況是物價下跌五%，而工人未獲得加薪。在未稅的情況下，這名工人的生活水準在兩種情況下都可以獲得相同的五%提升。第一種情況的提升來自薪資增加，第二種情況則來自物價下跌，但其經濟結果卻相同。政府會對增加的所得課稅，假設稅率為四〇%，但政府無法對物價下跌課稅。在第一種情況下，工人在繳稅後只留住加薪的六〇%。但在第二種情況，他可以留住物價下跌的一〇〇%利益。假設第一種情況是通膨，這名工人的生活水準甚至可能降低，因為加薪在課稅後保留的部分會因通膨而減少，而政府則因為課徵更多稅和政府債務的實質價值減少而獲益。因為通膨對政府有利，而通縮對工人有利，所以政府總是支持通膨。

總結來說，聯準會偏愛通膨是因為它能消除政府債務、降低債務對ＧＤＰ比率、支撐銀行業，且可以增加稅收。通縮可能對消費者和勞工有利，但對財政部和銀行業不利，而且聯準會堅決反對。這可以解釋葛林斯班在二〇〇二年採取的極低利率政策，和柏南克始於二〇〇八年的零利率政策。從聯準會的觀點，協助經濟和降低失業率只是推升通膨偶然的副產品。通縮的動力促使政府需要通膨，所以聯準會必須製造通膨。

這種情勢已演變成自然的通縮、和政府需要通膨之間史無前例的衝突。只要物價指數顯示有通縮的威脅，聯準會將繼續實施零利率政策、印鈔票和嘗試在外匯市場壓抑美元，以便透過較高的進口物價來進口通膨。當資料顯示有通膨的傾向時，聯準會將允許通膨的趨勢持續，並希望名目成長能夠自給自足。這將導致通膨展開自主形式的發展，並形成不包含於聯準會模型的反饋迴圈。

就這方面而言，日本是礦坑裡的一隻大金絲雀。日本從一九九九年來就呈現長期的核心通貨緊縮，但從二〇〇三年到二〇〇七年也曾出現正實質成長，二〇〇一年和二〇〇二年則出現過負名目成長。日本尚未經歷負名目成長、通縮和正實質成長同時出現一段長時期的情況，但在過去十五年這些個別的狀況全都若即若離、如影隨形。為了甩開沉滯，二〇一二年十二月選出的日本新首相安倍晉三，宣布採取「三支箭」政策：印鈔票以促進通膨、赤字支出，以及結構改革。這套政策的必然結果是貶值日圓匯率以進口通膨，主要透過提高進口能源價格。

「安倍經濟學」（Abenomics）初期獲得極佳的反應，在安倍當選之後的五個月，日圓兌美元匯價下跌一七%，從八十五日圓兌一美元跌到一百零二日圓兌一美元，日經指數則上漲五〇%。日圓貶值加上股市漲升帶來的財富效應，以及承諾印更多鈔票和赤字支出，一時之間成了日本央行打破通縮惡性循環的標準作業程序。

儘管市場對安倍經濟學報以熱烈反應，但日本金融界最資深的人物、前大藏省財務官榊原英資於二〇一三年三月三十一日在南韓首爾一場演說中發出警示。有「日圓先生」之稱的榊原英資強調，即使在沒有名目成長的情況，實質成長也很重要；他也指出，儘管數十年的低名目成長，日本仍然很富裕，且個人生活很富足。他指出經常被人忽略的一點是，由於日本人口逐漸減少，人均實質GDP成長速度將比實質總GDP成長快。日本的通縮、人口減少和名目GDP萎縮非但不是一則悲慘的故事，反而能為民眾帶來強勁的實質人均GDP成長。這種情況加上日本人累積的財富，足以讓日本維持一個富足繁榮的社會——即使是在面對會促使大多數央行挹注龐大資金到經濟的低名目成長時期。

榊原英資並非不知道通縮對債務實質價值的影響。日本的債務對GDP比率依賴零利率來紓緩，使債務得以避免以複利計算而快速攀升。大多數日本政府債券由日本人持有，因此類似一九九七年衝擊泰國的外國金融危機、或二〇〇〇年阿根廷的情況，不太可能發生在日本。榊原英資想表達的重點是，日本的成長問題是結構性的，而不是景氣循環性的。因此景氣循環性的矯治措施如印鈔票不會奏效；他認為日本不可能達成二%的通膨率目標。

榊原英資深知貨幣矯治措施無法解決結構性的問題，實質成長比名目成長更重要，但美國和日本的央行都輕忽他的看法。聯準會和日本將盡可能採取印鈔票的措施，直到投資人終於喪失對美日貨幣和債券的信心。而日本這隻金絲雀可能先成為這種危機的受害者。

聯準會的支持者反問，要不然聯準會還能做什麼？如果聯準會在二〇〇八年不採取非常印鈔票手段，資產價格很可能進一步重挫，失業率會再大幅攀升，GDP也會更加惡化。破產激增、成長急遽萎縮、工業生產劇減，和類似一九二〇年的蕭條很可能發生。總之，聯準會支持者辯稱，除了以前所未見的規模印鈔票外，已經別無他法。

根據這個觀點，從貨幣擴張退場比因應經濟蕭條的問題更容易。支持聯準會的人聲稱，聯準會在二〇〇八年採取了正確的作法，並且展現了優秀的技巧。這個主流觀點使柏南克變成了當代的英雄，並把他的光環轉移給現在的葉倫。

然而美國從一八三七年以後的蕭條史，卻支持另一種聯準會該怎麼做的看法，這個觀點是，聯準會只有在二〇〇八年底金融恐慌最嚴重的階段才應提供紓解情勢的流動性，過了那個階段後，聯準會應該限制過剩的準備金，並將利率正常化，維持在・%到二%間。包括花旗、摩根士丹利和高盛等大多數大銀行應暫時國有化，取消這些銀行的股票所有權，債券本金應打折扣以恢復資本。這些銀行的壞帳資產應在破產接管後打消，然後交由長期政府信託基金管理，以便在情況對納稅人有利時清算。銀行的管理團隊應該解僱，並應根據事實需要對他們進行調查和刑事起訴。最後，應容許資產價格下跌到遠低於二〇〇九年見到的水準，尤其是房價和股價。

在這種情況下，二〇〇九年到二〇一〇年的破產和失業率將比實際高出很多，資產價格則將低得多。二〇〇九年將類似一九二〇年蕭條最嚴重的階段，呈現失業率飆升、工業生產急墜和處處可見的企業破產。但轉折點終將到來，政府擁有的銀行將在資產負債表完全清理後公開上市，並將展現放貸的意願。私募股權基金將發現價格低廉的優質資產，並積極進行投資。充裕的勞動力和降低的勞動成本，將可動員起來以提高生產力，刺激強勁的復甦，而非現在呈現的疲軟成長。蕭條將可在二〇一〇年就結束，二〇一一年和二〇一二年的實質成長將可達到四％到五％間。

二〇〇九年嚴重蕭條的好處並非因為嚴重本身，沒有人想看到上演貪婪的銀行家得到應得報應的道德故事，二〇〇九年嚴重蕭條的重點在於可以刺激美國經濟需求的結構調整。它也能引導資產從銀行業的盲目逐利，轉移到科技和製造的建設性用途。它將單位勞動成本降到一個新的低水準，在美國生產力也提高的情況下增進美國的全球競爭力。利率正常化將獎勵儲蓄者，並協助強化美元，吸引全球資金流向美國。美國經濟將變成由投資和出口推動，而不是仰賴「貸款然後支出」的消費模式。成長的組合將更類似一九五〇年代的消費占GDP

的六〇％，而不是近幾十年來的接近七〇％。這類健康的長期結構調整將迫使美國經濟進行一次性的清算，徹底解決過度的債務、槓桿和毫無節制的金融擴張。

說聯準會在蕭條之初對如何處理經濟別無選擇，是不正確的說法。借用佛里曼的用語，正確的說法是，聯準會沒有足夠的想像力看到美國經濟的問題是結構性的，而非景氣循環性的。聯準會使用過時的平衡模型，並以偏頗的觀點看待結構性的挑戰。聯準會和財政部的決策者逃避二〇〇九年的嚴重蕭條，卻製造出延續至今、且將無限期持續地溫和蕭條。聯準會和財政部官員在二〇〇九年不斷表示，他們希望避免重蹈日本一九九〇年代的覆轍，然而他們卻犯了日本未能推動結構改革的所有錯誤，包括改革勞動市場、容許僵屍銀行倒閉、減稅、放寬非金融業管制等各種措施。美國只是日本的大規模翻版，同樣有著高稅率、懲罰儲蓄者的低利率、僵化的勞動市場，以及大到不能倒的銀行。

安倍經濟學和聯準會印鈔票的共同點是狂熱地逃避通縮，但日本和美國基本面的通縮並非異常現象，而是反映即將崩潰的體系債務太高、浪費投資太多的有效價格訊號。日本在基礎建設上過度投資，正如美國對住宅過度投資，兩者的資本錯置都達到必須減記資產的程度，才能重振銀行資產負債表，以便進行更有建設性的新貸款。然而現在的情況並非如此。

兩國都因為政府的貪腐和營私舞弊，使得監管當局曲意維護有問題的資產負債表，並讓銀行家保住工作。通縮的價格訊號被印鈔票抑制，就像運動員的病痛被類固醇掩飾。但通縮並未消失，而且除非進行結構調整，永遠不會消失。

美國可能從日本一時的成功獲得虛假的鼓舞，並用日本的模型來評估自己的量化寬鬆政策。但日本的訊號會誤導人，因為它隱藏更多貨幣幻覺和新資產泡沫。日本先走到十字路口，而且它選擇了安倍經濟學。聯準會必須更審慎檢視日本擺脫蕭條的過程，如果美國跟隨日本走的路，兩個國家都將走向凶險的債務危機，不同的是，日本可能會先走到那一步。

CHAPTER 11

大亂局

沒有人真正了解金價，我也不假裝我了解。

——柏南克，前聯準會主席

二〇一三年七月十八日

我想，此時全球文明已超越極限……因為它製造出這種金錢邪教。

——教宗方濟各（Pope Francis）

二〇一三年七月二十六日

雪花與雪崩

雪崩是金融崩潰的絕佳比喻，甚至於不只是比喻，因為雪崩的系統分析與銀行連鎖崩潰效應的分析完全一致。

雪崩始於一片雪花擾亂其他雪花，並且隨著動力蓄積，整個雪堆崩陷而失去控制。雪花像一家倒閉的銀行，緊隨著是接踵而來的恐慌，最後是失業的銀行家被迫帶著他們的相框和咖啡杯，搬出倒塌的華爾街公司大樓。雪花和銀行恐慌都是複雜系統發生物理學家所謂「相變」（phase transition）的例子：從穩定狀態發生意料之外的快速變化，轉變為瓦解狀態，最後停止在和最初完全不同的新狀態。兩者的動態是相同的，用來模型化其過程的數學遞迴函數（recursive function）也是一樣的。最重要的是，反映事件的頻率與嚴重程度關係的所謂度分布（degree distribution）系統規模函數也相同。

在評估金融崩潰風險中，我們不應只想像雪崩，也應研究它。最早在一九六〇年代提出的複雜理論在科學史上還是新概念，但對複雜系統的行為提供了十分精闢的洞見。

許多分析師不加區別地使用複雜（complex）和繁複（complicated。譯註：complicated與complex在中文轉譯上幾無差別，此處為方便起見譯為不同的中文詞彙），但這並不精確。一個繁複的機器像是威尼斯聖馬可廣場的大鐘，可能有許多會動的零件，可以直接組裝或拆解。那些零件不會彼此適應，而鐘也不會突然變成一隻麻雀飛走。對照之下，複雜系統有時候會變形並飛走，或滑下山坡，或毀滅國家。複雜系統包含會動的零件，稱為自主行動者（autonomous agent），但它們不只是會移動。這些行動者很多樣化，彼此連結、互動並適應。它們的多樣性和連結性可以模型化到有限的程度，但互動和適應會很快衍生到在理論上無限的程度，雖然在實務中並非無限。這可以用另一種方式來表達，就是你知道壞事可能發生，但永遠不知道為什麼。

鐘、表和發動機是繁複有限系統的例子，但不是複雜系統。相對照的是處處可見的複雜系統，包括地震、颶風、龍捲風，以及資本市場。一個人就是一個複雜系統。十億個人從事交易股票、債券和衍生性金融商品，也構成一個龐大的複雜系統，超越理解的範圍，當然更不可能計算。這種計算上的挑戰並不表示政策制訂者和風險經理人應宣告放棄，或使用自欺欺人的模型如「風險值」（value at risk）。如果能正確地併用複雜性工具和另一項不可或缺的工具——人性，風險管理就不是不可能的任務。

看看雪崩的情況。登山者和滑雪者永遠不知道雪崩何時會開始，或哪一片雪花會導致雪崩，但他們知道某些情況比較危險，而且可以事先採取預防措施。雪的濕度或乾度必須仔細觀察，氣溫和風速也很重要。最重要的是，登山家會觀察積雪的規模，也就是物理學家所稱的系統規模。了解危險的人知道，積雪不僅可以演變成一場大雪崩，而且規模會以指數式擴大。明智的順應措施包括避免把村莊建在坡道上，滑雪時避開積雪滑落的路徑，以及登山時走在雪上的脊線。登山家也可以用炸藥縮減積雪系統的規模。人無法預測雪崩，卻可以嘗試保持安全。

然而在資本市場，監管當局往往不保持安全，反而是增加危險。允許銀行業累積衍生性金融商品部位，就像忽視積雪變大。允許摩根大通擴大規模，就像把村莊直接建在雪崩路徑。利用風險值衡量市場危險，就像把滑雪纜車建在不穩定的積雪場上，並開放所有人免費搭乘。目前的金融監管政策會造成誤導，因為風險管理的模型不健全。更令人憂心的是，華爾街的主管知道模型不健全，反而利用它們，因為這些模型允許較高的槓桿、較高的獲利，和較多的紅利。監管官員雖然心知肚明，但仍得過且過，私心希望將來有機會任職於他們監管的銀行。以比喻來說，銀行家的豪宅建在遠離村莊的脊線上，而村民（即一般美國人和世界各國人民）則住在雪崩的路徑上。

金融雪崩是由貪婪所造成，但貪婪的解釋還不夠。銀行家的寄生蟲行為是文化相變的結果，也是瀕臨崩潰社會的特性。財富不再是創造而來，而是取自於其他人。寄生蟲行為不限於銀行家，它也感染政府高官、企業高管，以及菁英社會階層。

保護財富的關鍵在於了解這個複雜過程，並尋找避免被波及的避難所。面對菁英階層的腐化，投資人並非無計可施。

風險、不確定性和臨界性

金融風險的原型解釋來自奈特（Frank H. Knight）一九二一年的論文「風險、不確定性和獲利」。奈特對風險和不確定性做區別，認為風險雖是不可知的結果，卻可以用預期或機率的程度來模型化，而不確定性則是不可知的結果，且完全無法模型化。德州樸克（Texas hold'em）是奈特所稱風險的例子。當一張牌即將翻開時，玩家事先不知道它會是什麼，但他確定知道它是四種花色的五十二種獨特可能性之一。隨著更多牌翻開，確定性逐漸增加，因為一些結果已被前面翻出的牌消去。樸克玩家承擔風險，但並非面對全然的不確定性。

現在想像也是在樸克牌局中，一名玩家堅持使用「鬼牌」（wild card）。在鬼牌牌局中，任何玩家都可以用鬼牌來充當任何其他牌，以協助湊成好牌，例如葫蘆（full house，一對三條）或同花順（straight flush）。技術上來說，這不完全是奈特所稱的不確定性，但已經很接近。即使是最好的樸克玩家，擁有高超的算牌技巧，也無法計算用鬼牌湊成一手牌的機率。這是職業樸克玩家討厭鬼牌而業餘玩家樂此不疲的原因。鬼牌也是複雜性的好比喻。隨意把梅花二變成黑桃愛司就像相變——不可預測、立即發生，而且對牌局的另一方很可能是一場災難。

奈特的研究在複雜理論出現之前四十年就提出，遠在電腦讓隨機系統的先進研究變為可能之前。他把金融領域畫分成風險與不確定性的黑白世界在當時很管用，但現今已有更多灰色地帶。

隨機數字無法預測、但可以根據長期或一系列事件發生的機率賦予數值。擲銅板和玩牌是很熟悉的例子。下一次擲銅板是正面或反面不可能知道，牌堆中下一張牌是不是黑桃愛司也無法得知，但你可以計算機率。學界有一些模型可以根據輸入隨機數字來描述系統，這些系統無法得出確定答案，而可以得出機率，當應用在金融市場時，它們容許根據機率來指定價格和數值。這是奈特定義的風險。隨機系統可能包含非線性函數或指數函數，而這些函數可以讓輸入的小變化，製造出結果的極大改變。

隨機模型還有測量質量的積分微積分（integral calculus）和測量改變的微分微積分（differential calculus）來輔助。迴歸是回溯一個變數與其他變數的關聯，容許研究人員建立特定事件的交互關係。這種把隨機數字、隨機系統、非線性函數、微積分和迴歸加以分類的方法，構成了現代金融的工具箱。把這個工具箱應用在衍生性金融商品定價、風險值、貨幣政策和經濟預測上，就足以讓從業者走在經濟理論的最尖端。

但複雜理論卻在尖端之外。複雜性並未得到主流經濟學的熱烈擁抱，部分原因是它揭露了過去半世紀經濟學研究的方向不對，或有嚴重的問題。複雜性是新科學推翻舊科學理論的典型例子。經濟學家未能擁抱複雜性的新科學也可以解釋，為什麼一九八七年、一九九八年、二〇〇〇年和二〇〇八年的市場崩潰，比專家原本預期的嚴重許多。

複雜性提供一個方法，讓我們了解透過遞迴函數運作的反饋迴圈機制。這個機制有如此多即時發生的交互作用，使得爆炸性的結果可能從微小到難以觀察的原因發生。物理學家知道當高濃度的鈾被處理成臨界狀態，並應用中子發生器時，會造成災難性的爆炸，足以炸平一個城市；但他們無法精確知道哪個次原子粒子會啟動那個連鎖反應。現代的經濟學家花大量時間尋找那個次原子粒子，卻忽略系統的臨界狀態。他們尋找雪花而忽視雪崩。

複雜系統的另一個特性是，可能發生的最嚴重規模是系統規模的指數函數（exponential function）。這表示當一個複雜系統的規模加倍時，系統風險並不是加倍，而是乘以十或更多。這是每一場金融崩潰的發生都讓銀行家和監管當局「大感意外」的原因。當系統規模因為衍生性商品而增加時，系統風險規模會指數性的增加。

系統的臨界性（criticality）意思是系統瀕臨崩潰的臨界點。不是每個複雜系統都處於臨界狀態，有些系統可能情況穩定或處於次臨界點。經濟學家的挑戰之一是，非處於臨界狀態的複雜系統往往運作有如非複雜系統，它們的隨機性質可能看起來穩定，且直到臨界點之前都可預測，而在臨界點出現時其性質才會顯現，災難緊接著發生，但已來不及阻止。這裡也可用濃縮鈾來說明。三十五磅重的四方塊鈾沒有風險，但它是一個複雜系統——次原子粒子會互動、順應和衰變——但不會立即釀成災難。當鈾塊被施加精密的工程處理成兩部分，一部分的大小如一顆葡萄柚，另一部分則像一根棒球棒，兩個部分被以高效炸藥一起作用，就會產生原子爆炸。這個系統藉由工程處理而從次臨界狀態轉為臨界狀態。

多個複雜系統也可以自然從次臨界變為臨界，它們就像毛毛蟲變成蝴蝶那樣變形，這個過程被物理學家稱為「自我組織的臨界性」。包括資本市場在內的許多社會系統具有這種自我組織的臨界性。例如某一天股市的表現良好，而另一天它卻出乎意料崩潰。一九八七年十月十九日黑色星期一股市在一天內崩跌二二．六％，以及二〇一〇年五月六日發生的「閃崩」（flash crash）在五分鐘內下跌七％，就是金融系統自我組織成臨界狀態的兩個例子；在這類臨界點時，只需要一片雪花或一張賣單就可以啟動崩潰。當然，理論上我們可能追溯事件並找到特定的一張賣單啟動了市場崩盤（這就是所謂的尋找雪花），但那張賣單其實無關緊要，重要的是系統狀態。

黃金遊戲

央行的黃金市場操縱就是一個例子，可以說明在複雜系統中的行動可以導致系統達到臨界狀態。

央行在金市干預不是新聞，也不令人意外。就黃金即貨幣來說，央行既然控制貨幣，就必須控制黃金。在一九七〇年代中期黃金局部去貨幣化之前，央行干預金市不被多數人視為操縱，而被認為是政策需要，雖然這種政策的執行並不透明。

在後布列敦森林時代，有許多央行操縱金市的詳細紀錄。一九七五年聯準會主席伯恩斯（Arthur Burns）寫了一份機密備忘錄給福特總統說：

> 更大的問題是，各國央行和政府應不應該能夠……以市場價格……任意購買黃金……聯準會持反對立場……
>
> 提早取消目前對官方從民間市場收購黃金的限制，可能釋出力量、並鼓勵提高黃金在貨幣市場重要性的行動。

這種自由將提供誘因，鼓勵各國政府以市場價格來重估官方持有的黃金……以如此不尋常的規模創造流動性，將嚴重危及、甚至挫敗我們控制通貨膨脹的努力……

我與德意志聯邦銀行有一個形諸文字的祕密共識……德國將不會以超過每盎司四二・二二美元的官方價格購買黃金，不管是從市場或向其他政府購買[1]。

三天後，福特總統寫一封信給德國總理施密特，信中提到伯恩斯的建議：

敬愛的總理先生：

……我們……強烈認為必須採取一些預防措施，以避免讓黃金重回體系核心的發展傾向。我們必須確保各國政府沒有機會開始積極互相交易黃金、建立黃金集團或恢復以黃金做為主要國際貨幣媒介。基於世界性的通膨問題，我們也必須反對進一步大幅增加國際流動性。如果各國政府能彼此自由以市場價格交易，會讓我們共同的通膨問題變嚴重……[2]

誠摯的　吉拉德・福特

一九七五年六月六日

央行操縱黃金市場在一九七〇年代並不稀奇，而且持續到之後數十年。由倡議團體援引資訊自由法案（FOIA）控告聯準會的一樁訴訟，揭露了十國集團（G10）央行總裁的祕密黃金與外匯委員會，於一九九七年四月七日在國際清算銀行開會的筆記。這個委員會是一九六〇年代惡名昭彰的倫敦黃金總庫操縱價格計畫的接棒組織[3]，那份筆記則是由紐約聯邦準備銀行的柯斯（Dino Kos）寫的，其中寫道：

一九九六年五月，市場每天交易的黃金相當於三十億美元。交換合約占這金額的七五％……黃金傳統上一直是一個祕密的市場……

黃金租賃也是引人注意的一部分市場，央行在這個市場的成長扮演重要角色。從另一個角度看，央行只是回應面對的壓力，把黃金這種無營利的資產轉變成至少創造一些正報酬的資產……央行主要出借三到六個月到期的黃金……央行對黃金租賃市場有一些責任，因為是央行的活動造就了這個市場……黃金在提供戰爭基金和在國際貨幣體系扮演一個角色……

國際清算銀行多年來未曾出售任何黃金，但該銀行確實承作一些租賃。

（美國的）費雪（Peter Fisher）……指出，黃金價格……向來不以生產成本為基準。這似乎意謂持續的供需不平衡……他認為黃金租賃市場是這個謎很重要的成分……

（德國的）曼納特（Mainert）問，賣出多少黃金才會影響市場。例如，要是央行賣出二千五百噸（相當於一年的產量）結果會如何……沒有人接受曼納特的挑戰……

費雪解釋說，美國的黃金屬於財政部所有。不過，財政部發行黃金憑證給聯準銀行，所以黃金……也出現在聯準會的資產負債表。如果重估黃金價值，這些憑證的價值也會提高；但（為了避免聯準會的資產負債表擴張）這會導致出售政府證券[4]。

較晚近的例子是，二〇〇九年九月十七日，前聯準會理事華許（Kevin Warsh）寫信給一家維吉尼亞州的律師事務所，拒絕以資訊自由法案的條款要求聯準會提供黃金交換合約的文件，理由是聯準會對提供「代表聯邦準備系統與外國銀行進行交換安排之相關資訊[5]」有豁免權。雖然資訊自由法案的要求被拒絕，華許的信至少承認央行確實進行黃金交換。

二〇一三年五月三十一日，前日本大藏省財務官榊原英資愉快地回憶，日本政府如何在一九八〇年代中期祕密收購三百噸黃金。這些黃金收購沒有出現在日本銀行向世界黃金協會（WGC）報告的準備部位，因為執行收購的是大藏省而不是央行：

> 我們在一九八〇年代買了三百噸黃金，用來鑄造裕仁天皇統治六十週年的紀念幣。這是很困難的行動，透過摩根大通和花旗集團進行。我們不能透露行動，因為買進的數量很大，又不希望價格漲太高。所以我們買進流動性很高的黃金期貨，然後要求交貨，讓市場大為驚訝！有些交付的金塊成色為九九九（九九・九〇%純度），但我們融解重新冶煉為九九九九（九九・九九%純度），因為天皇的金幣必須用最純的[6]。

這批黃金被裝在運金車，開進兩架上層機艙被改裝成載貨用的波音七四七飛機，運回日本[7]。由兩架飛機載運不是因為太重，而是為了分散風險。運金車上有兩名押貨員，即使其中有一名押貨員睡覺，車上的黃金也隨時有人監看。

前面提到的文件紀錄只是央行、財政部以及它們的銀行代理商操縱黃金市場的冰山一角。但這些文件提供了確鑿的證據，證明政府利用黃金收購、出售、租賃、交換、期貨和政治壓力等手段來操縱金價，以便達成政策目標，而且從布列敦森林協定結束以來行之已有數十年之久。從一九七五年到二〇〇九年間，官方出售黃金以壓抑金價一直是西方央行例行的操作，直到二〇一〇年才突然停止，原因是黃金價格飆漲，加上民眾質疑出售這種貴重資產是否明智。

最惡名昭彰和備受批評的例子牽涉英國首相布朗，從一九九九年七月到二〇〇二年三月透過一連串標售賣出三百九十五噸黃金[8]。英國標售的平均價格約每盎司（英兩）二百七十五美元。如果以每盎司一千五百美元為參考價，英國民眾因為布朗錯誤的決策蒙受的損失約一百七十億美元。比財富損失更大的傷害是，英國在全球黃金大國的排名因而更加低落。近來央行以出售黃金來操縱價格的作法已失去吸引力，因為黃金準備逐漸減少、價格大幅上揚，且美國已明顯拒絕再出售自己的黃金。

央行和它們的民間銀行代理商，採用的更強力操縱價格技巧是交換（swap）、遠期合約（forward）、期貨（future）或租賃（lease）。這些「紙黃金」交易允許高槓桿，並且能對金價造成下跌壓力，實體黃金則很少離開央行的金庫。

黃金交換通常在兩個央行間進行，以黃金交換貨幣，同時承諾未來的反向交易。取得貨幣的一方在交換合約期間，可以再投資其報酬。

黃金遠期合約和黃金期貨交易通常在民間銀行與交易對手間進行，或者在交易所進行。這些合約承諾在未來的日期交付黃金；遠期合約和期貨的不同在於，遠期合約在櫃檯與已知的交易對手交易，期貨則在交易所與不知名對手交易。交易各方獲利或虧損取決於金價在合約到期日和期貨交貨日上漲或下跌。

在租賃合約中，央行把黃金租賃給以遠期合約方式出售黃金的民間銀行。央行從租賃收取費用，類似租金。當央行租賃黃金時，它授予民間銀行必要的頭銜以進行遠期出售合約。遠期合約市場可以透過出售不分配黃金的作法而放大。銀行出售不分配黃金給顧客時，顧客並不取得實體金塊，因此銀行可以出售許多合約給許多家利用同一批黃金的顧客。但在分配交易中，客戶直接取得金庫中特定數量金塊的所有權。

這些安排有一個共通點，即實體黃金很少真的移動，且同樣一批黃金可以擔保許多次，以支持多重的合約。如果紐約聯邦準備銀行租賃一百噸黃金給倫敦摩根大通，摩根大通將根據租賃取得黃金的法定所有權，但黃金仍留在聯準會的紐約金庫。摩根大通得到法定所有權後，可以在不分配交易中，出售同一批黃金十次給不同的顧客。

同樣的，像匯豐控股（HSBC）這類銀行可以在期貨市場出售一百噸黃金給一名買家，交貨期為三個月，但匯豐並不須持有實體黃金。賣方只須以現金繳納要求的保證金，其金額只有黃金價值的一小部分。這些槓桿化的紙黃金交易在操縱市場價格上比實際出售黃金有效得多，因為黃金不須實際離開央行的金庫，因此出售的力量可以放大許多倍。

央行偽裝它們在黃金市場的活動最容易的方法是，利用摩根大通等銀行當作媒介。所有銀行媒介的元祖就是設在瑞士巴塞爾的國際清算銀行。國際清算銀行在黃金市場扮演央行客戶的代理人並不令人意外；事實上，這就是它在一九三〇年創立的理由之一。國際清算銀行的財務帳簿和紀錄都以特別提款權（SDR）計價，和IMF一樣。國際清算銀行的網站明白指示：「約九〇%的顧客存款是以各種貨幣計價，其餘則以黃金計價…黃金存款截至二〇一三年三月三十一日達到一百七十六億單位SDR（約二百七十億美元）……國際清算銀行截至二〇一三年三月三十一日擁有一百一十五噸純金[9]。」

國際清算銀行的八十三次年度報告（期間至二〇一三年三月三十一日止）上說：

> 銀行代表它的顧客交易黃金……藉以為定期調整準備部位或大幅改變準備貨幣配置等情況，提供通達廣大流動性基礎的管道……此外，國際清算銀行也提供買進和賣出、立即提領帳戶、定期存戶、指定帳戶、升級和精煉，以及改變地點的黃金相關服務[10]。

黃金的立即提領帳戶（sight account）屬於不分配性質，而黃金的指定帳戶（earmarked account）則是分配性質的。在金融上，立即（sight）為古老的法律用語，也就是「應要求或提示而支付」，雖然不須在具體提出要求前就備妥黃金。國際清算銀行也和民間銀行一樣，藉租賃、遠期合約和期貨來利用同樣高的槓桿。

值得注意的是，二〇一〇年國際清算銀行年度報告的會計政策註解第十五說：「黃金借貸包含對商業銀行的定期黃金借貸[11]。」在二〇一三年的報告，同樣的註解說：「黃金借貸包含定期黃金借貸[12]。」顯然到二〇一三年時，國際清算銀行認為還是隱瞞它與民間商業銀行交易的事實比較妥當。剔除商業銀行的文字言之成理，因為該銀行是黃金市場操縱最主要管道之一。央行把黃金存在國際清算銀行，該銀行再把黃金租賃給商業銀行。這些商業銀行以不分配方式出售黃金，可以在該銀行擁有一美元黃金存款的情況下出售十美元或更多的黃金。沉重的打壓力量加諸在黃金市場，實際上卻沒有任何實體黃金換手。這是一套在壓制金價上已操作十分熟練的系統。

雖然央行介入黃金市場已不容置疑，操縱的具體時間和地點卻從未透露。但我們可以做一些有趣的推論，例如，二〇〇九年九月十八日，ＩＭＦ授權出售四〇三．三噸黃金[13]。在二〇〇九年十月和十一月間，有二百一十二噸黃金賣給了印度、模里西斯和斯里蘭卡央行。另外有十噸則在二〇一〇年九月賣給孟加拉央行。這些銷售都透過事先安排，以避免影響市場。剩餘的一八一．三噸黃金銷售在二〇一〇年二月十七日進行，但買家從未透露。ＩＭＦ宣稱這些銷售都「透過市場」，但也表示「初期透過市場銷售的作法，並不排除後來把黃金直接銷售給有興趣的央行或其他官方持有者的市場外作法」。換句話說，剩下的一八一．三噸很可能賣給了中國或國際清算銀行。

在ＩＭＦ宣布並執行黃金銷售的同時，國際清算銀行報告持有的黃金數量飆增，從二〇〇九年底的一百五十四噸，到二〇一〇年底增加超過五百噸。ＩＭＦ可能把沒公布的一八一・三噸一部分轉移給該銀行，而當時由前德國央行官員普蘭尼斯（Ginter Pleines）掌控的國際清算銀行銀行部，再把黃金賣給中國。國際清算銀行的黃金大增也可能是與歐洲銀行業的黃金交換交易增加，因為當時歐洲銀行業急於籌措現金，以因應主權債務危機導致它們的資產價值大幅縮水。答案並未公布，但不管如何，國際清算銀行隨時都準備進行這類不透明的黃金市場活動，一如從一九三〇年以來它就為納粹和其他國家機構提供這類服務。

一些最明顯的黃金市場操縱證據，來自一家世界最大的全球總經避險基金研究部做的調查。這份調查牽涉兩個假想的投資計畫，時間從二〇〇三年到二〇一三年共歷經十年。一個計畫在紐約商品交易所（COMEX）以開盤價買進黃金期貨，並以收盤價賣出。另一個計畫則在盤後交易開始時買進黃金，並在ＣＯＭＥＸ第二天開盤前賣出。換句話說，一個計畫涵蓋紐約交易盤時段，另一個計畫則涵蓋盤後交易時段。如果是在未被操縱的市場，這兩個計畫長期下來應該製造幾乎一樣的結果，雖然每天的價位會有差異。然而事實上，紐約盤的計畫造成災難性的虧損，而盤後交易計畫則在相同期間獲得大幅超越市場價格的獲利。這種情況必然的推論是，有操縱者打壓紐約的收盤價，為盤後交易者製造額外的獲利機會。由於紐約收盤價是最被廣泛接受的黃金「價格」，這麼做的動機不言自明。

央行操縱黃金的動機和使用的方法一樣隱晦。央行希望通膨降低政府債務的實質價值，並把財富從儲蓄者轉移到銀行。但央行也努力壓抑黃金價格。這兩個目標看起來難以互相調和，如果央行想要通膨，而且如果黃金價格上漲能助長通膨，為什麼央行要壓制金價？

答案是央行（特別是聯準會）雖然想要通膨，它們也希望有秩序、而不是無秩序的通膨。它們希望通膨小幅漸進上漲，不引起大家注意。金價波動很大，當它急遽飆升時，會提高通膨預期。聯準會和國際清算銀行壓抑金價不是為了永遠壓制它們，而是希望保持有秩序的漲升速度，以使儲蓄者注意不到通膨。央行的作法就像九歲的男孩看到媽媽皮夾裡有五十元，他偷了一元並希望媽媽不會注意到。男孩知道如果他偷二十元，媽媽一定會發現，他就免不了被懲罰。一年三%的通膨率幾乎感受不到，但如果持續二十年，會讓國家債務減少將近一半。這種緩慢、穩定的通膨是央行的目標。藉由向下操縱黃金價格來管理通膨預期，是聯準會主席伯恩斯在一九七五年給福特總統的祕密備忘錄中的理由，這個理由直到現今並未改變。

不過，從那時候起，央行操縱金價出現一個更不祥的動機。金價必須壓低直到主要經濟體持有的黃金重新平衡，而這種重新平衡必須在國際貨幣體系崩潰前完成。當世界重回金本位制時，不管是透過選擇創造通膨，或迫於必須恢復信心，新體制將必須獲得世界所有主要經濟體的支持。一個黃金不足的主要經濟體在新布列敦森林會議式的架構中，將退居周邊地位，或者將因為沒能從重估黃金價格獲益而拒絕參與。就像在樸克牌局一樣，美國在布列敦森林架構握有所有籌碼，並積極運用它們來支配結局。現在如果恢復布列敦森林架構，俄羅斯和中國將不會允許美國強加其意志；它們寧可各行其是，而不會屈從於美國的金融霸權。如果要啟動改革體系的合作程序，將需要一個較平等的出發點。

重新平衡準備資產有沒有一個比較理想的準繩？許多分析師把黃金的統計數字視為準備資產的比率。美國的準備資產有七三・三％是黃金；中國的比率是一・三％。但是這個標準會造成誤導。大多數國家擁有黃金和硬貨幣組成的準備資產，但由於美國可以自行印製美元，所以不須擁有大量外幣準備，因此美國的準備部位主要是黃金。另一方面，中國擁有很少黃金，但有約三兆美元的硬貨幣準備。這些準備短期來看很有價值，雖然未來可能容易受通膨影響。基於這些原因，美國七三・三％的比率高估了自己的實力，而一・三％則高估了中國的弱勢。

把黃金當作貨幣準備的衡量標準比較好的方法是，用黃金的名目市價除以名目GDP（即黃金對GDP比率）。名目GDP是經濟體生產的產品與服務總值，黃金是真正的貨幣基礎，聯準會基礎貨幣背後的隱含準備資產，稱作M0（M-Zero），而黃金則是次級M0（M-Subzero）。黃金對GDP比率透露出可支持經濟的真正貨幣，並且預告如果恢復金本位制各國的相對實力。表二是總共占全球GDP超過七五％的主要經濟體近日的數據。

全球黃金對GDP比率為二・二％，意謂全球經濟對實質貨幣的槓桿比率為四十五倍，其中比率最高的經濟體為歐元區、美國和俄羅斯。這三個經濟體比率超過全球平均值，歐元

表二：主要經濟體黃金對GDP比率

國家	黃金（公噸）	黃金市值（億美元，以每盎司1,500美元為基準）	GDP（兆美元）	黃金／GDP比率
歐元區	10,783.4	$5,690	$12.3	4.6%
美國	8,133.5	$4,290	$15.7	2.7%
中國	1,054.1	$560	$8.2	0.7%
俄羅斯	996.1	$530	$2	2.7%
日本	765.2	$400	$6	0.7%
印度	557.7	$290	$1.8	1.6%
英國	310.3	$160	$2.4	0.7%
澳洲	79.9	$40	$1.5	0.3%
巴西	67.2	$35	$2.4	0.1%
加拿大	3.2	$2	$1.8	0.01%
總計	22,750.6	$11,997	$54.1	2.2%

區為四・六％，是全球平均的兩倍多。美國和俄羅斯的策略性黃金持有量相同，主要因為俄羅斯從二〇〇九年開始提高黃金準備六五％。這個發展令人毛骨悚然地聯想到一九六〇年代初期「導彈差距」的年代，俄羅斯和美國競逐核武霸權。後來這種競爭被認為徒然製造不穩定，因而帶來一九七〇年代的戰略武器限制協議，並在之後的四十年間維繫了核武的均勢。俄羅斯現在已經拉近了「黃金差距」，與美國的比率不相上下。

明顯較弱的環結是中國、英國和日本，比率都只有〇・七％，只有美國和俄羅斯的不到三分之一，且遠低於歐元區的水準。其他主要經濟體如巴西和澳洲，比率還更低；加拿大的黃金準備與它的經濟規模相比顯得微不足道。

如果黃金不是貨幣，這些比率就無關緊要。但如果對法定貨幣的信心崩潰並恢復黃金擔保的貨幣體制，不管是出於計畫或被迫如此，這些比率將決定誰在ＩＭＦ、或在Ｇ20協商改革國際貨幣體系中最有影響力。以目前的情況看，俄羅斯、德國和美國將支配這種討論。

中國的黃金障眼法

談到這裡，我們又發現必須看中國，幻想國際貨幣體系的改革可以不要全球第二大經濟體中國（如果歐元區被當成單獨的實體，中國就是第三大）參與是毫無意義的。眾所皆知、但並未被公開承認的，中國擁有的黃金比官方公布的數字多。如果依照估計的（但較正確的）中國持有黃金數量為四千二百噸來計算，那麼黃金對ＧＤＰ比率的改變將很戲劇化。

在修改過的版本中，全球的比率從二・二％提高到二・五％，使全球黃金槓桿降為四十比一。更重要的是，中國已經以二・七％的比率躋身「黃金俱樂部」，與俄羅斯和美國平起平坐，且超過全球平均水準一大截。

雖然這很少被貨幣圈菁英公開討論，但中國的黃金比率從〇・七％提高到二・七％實際上在近幾年來已經發生（參考表二和表三的比較）。當黃金的重新平衡完成時，國際貨幣體系將進入一個金價的新平衡而不致讓中國落居在後、獨擁紙鈔貨幣。中國增加黃金準備的目的是為了讓中國持有的黃金達到與俄羅斯、美國和歐元區齊平的比率，以重新平衡全球黃金準備。

表三：中國的祕密收購影響黃金對GDP比率

國家	黃金（公噸）	黃金市值（億美元，以每盎司1,500美元為基準）	GDP（兆美元）	黃金／GDP比率
歐元區	10,783.4	$5,690	$12.3	4.6%
美國	8,133.5	$4,290	$15.7	2.7%
中國	**4,200.0**	**$2,220**	**$8.2**	**2.7%**
俄羅斯	996.1	$530	$2	2.7%
日本	765.2	$400	$6	0.7%
印度	557.7	$290	$1.8	1.6%
英國	310.3	$160	$2.4	0.7%
澳洲	79.9	$40	$1.5	0.3%
巴西	67.2	$35	$2.4	0.1%
加拿大	3.2	$2	$1.8	0.01%
總計	25,896.5	$13,657	$54.1	2.5%

黃金再平衡將為全球通貨膨脹、或者恢復黃金的準備貨幣地位鋪路，但這條路對中國來說特別辛苦。當歐洲和日本從二次世界大戰的灰燼興起時，它們都透過贖回美元貿易順差來取得黃金，因為美元可以用固定價格自由兌換黃金。美國的黃金準備從一九五〇年到一九七〇年減少了一萬一千噸。三十年後，中國崛起成為貿易大國，賺進龐大美元順差，但黃金兌換窗口從一九七一年後就已關閉，中國無法以固定價格用美元兌換美國的黃金。中國因此被迫在公開市場、和向國內礦商購買它的黃金準備。

從市場收購黃金的方式對中國和世界帶來三種危險。第一是，這種大量買進對市場的影響，可能導致金價在中國完成再平衡前就大幅飆升。第二是，中國經濟成長速度如此快，使達到策略平衡所需的黃金數量不斷攀升。第三是，中國不能拋售美元準備以購買黃金，因為將加重美元的負擔，導致利率上升，而如果美國消費者因此而停止購買中國產品，中國經濟將遭受傷害。

中國在短期的未來最大的風險是，在中國獲得所有需要的黃金前，美國的通膨就會興起。在這種情況下，中國的快速成長加上金價上漲，將導致達成其黃金對GDP比率的成本升高。不過，一旦中國買到足夠的黃金，將擁有一個避險部位，因通膨導致的損失都可從金價上漲獲得彌補。屆時中國將可接受美國的通膨。朝向平均分配黃金準備的作法也可解釋央行為何要操縱黃金價格，因為在中國收購黃金之前，美國和中國在壓低金價上有共同利益。解決方法是美國和中國透過交換、租賃和期貨協調壓抑金價。一旦完成再平衡（也許在二〇一五年），將沒有理由再壓抑金價，因為中國在金價飆漲時將不再處於劣勢。

美國配合中國收購黃金準備的證據不難找到，最令人好奇的評論來自IMF副總經理朱民。他在近日被問到中國的黃金收購時回答：「中國收購黃金的理由充足，因為大部分全球準備資產都含有一些信用成分，它們是紙貨幣。能夠有一些準備資產是屬於實質資產也是不錯的想法[14]。」以「信用」來描述準備資產符合紙貨幣的特性之一，即紙貨幣是央行的債務形式。以紙貨幣收購財政部發行的公債一樣也是債務的一種形式。朱民區分信用準備和實質準備，正好凸顯出黃金是真正基礎貨幣的角色。

美國國安當局內部對中國黃金再平衡報以冷淡的反應。當被問到中國收購黃金時，一位最高階美國情報官員聳聳肩說：「總是得有人擁有那些黃金。」彷彿黃金準備是一場全球車庫大拍賣[15]。一位國防部資深官員對中國黃金再平衡的策略影響性表示關切，但接著又說：「財政部不希望我們討論美元這個主題。」

在談到黃金和美元的主題時，五角大廈和中情局照例會推給聯準會和財政部。眾院金融服務委員會和眾院永久特別情報委員會只有四席的兩黨委員之一議員希姆斯（James Himes）說：「我從沒有聽說黃金準備收購的討論[16]。」在軍方、情報機構和國會都漠不關心或對中國收購黃金一無所悉的情況下，財政部和聯準會可以放手協助中國直到再平衡已是既成事實。

儘管全球黃金再平衡的進行一直很隱祕和審慎，卻有愈來愈多跡象顯示，國際貨幣體系可能在黃金或特別提款權轉移完成前崩潰。以混亂理論學家的術語來說，系統將開始「搖擺」。幾乎所有「紙黃金」合約都有能力藉由一紙通知和轉換條款轉變成實體交付。絕大多數期貨合約都可被展延到更遠期的結算日，或以一個抵銷的合約來軋平。但黃金期貨合約的買家仍有權利藉通知和安排從指定的倉庫接受交付，來要求黃金的實體交付。黃金租賃可以由出租方在到期後終止。所謂的不分配黃金可以轉變成分配金塊，通常是透過支付額外的費用，然後分配的黃金可以應要求交付給持有人。一些大型黃金指數股票型基金（gold ETF）持有人可藉贖回股份來轉換成實體黃金，並從ETF倉庫取得黃金。

潛在的不穩定因素是，紙合約牽涉的黃金數量是合約背後實體黃金數量的一百倍。只要持有人繼續持有紙合約，系統就能維持平衡。如果有大量持有人要求實體支付，它們可能變成降在不穩定的紙黃金山上的雪花。當其他持有人發現實體黃金將在他們贖回合約、交換黃金前用盡，滑落的雪花就可能變成雪崩。這就像銀行擠兌，只差此時的銀行是支持交易和ＥＴＦ的黃金倉庫。一九六九年發生的情況正是如此，當時美國的歐洲貿易夥伴開始用美元兌換實體黃金，迫使尼克森總統一九七一年八月關閉贖回窗口。如果他不這麼做，美國在諾克斯堡的黃金庫存到一九七〇年代末將被贖回一空。

類似的情況發生在二〇一二年十月四日、現貨金價攀升到每盎司一千七百九十美元的波段高點時。從那時經過六個月，金價回跌超過一二%。接著到二〇一三年六月底，金價再重挫二三・五%，跌到每盎司一千二百美元。但黃金買家沒有受到驚嚇，價格崩跌反而讓黃金對全世界數百萬個人買家來說變得更便宜，他們湧向銀行和金飾店，很快搶光供應。標準四百盎司和一公斤金塊的買家發現沒有賣家；他們必須等將近三十天讓冶金廠生產新金塊。瑞士冶金廠亞格賀利氏（Argor-Heraeus）和ＰＡＭＰ公司改成二十四小時輪班，以滿足黃金需求。黃金ＥＴＦ出現大規模贖回，不是因為所有投資人都看空黃金，而是因為有些人想從ＥＴＦ倉庫取得金塊。持有黃金供期貨合約交割的紐約商品交易所倉庫，出現庫存被提領到二〇〇八年恐慌以來僅見的低水準。黃金期貨合約出現逆價差的罕見情況，即現貨黃金價格比遠期黃金高；較常見的情況是反過來，因為遠期的賣家必須支付倉儲和保險費。這是另一個跡象顯示實體黃金嚴重短缺，以及立即取得實體黃金的需求殷切。

如果今天就發生恐慌性的黃金搶購，將不會有單一的黃金窗口讓美國總統關閉，而會有許多買金者很少仔細閱讀的合約條款等著履行。黃金期貨交易所擁有把合約轉變成現金結算，並關閉實體交付管道的能力。金塊銀行也有以現金交割黃金遠期合約，並拒絕買方轉換分配黃金的能力。銀行可能用埋在合約中的「提前中止」和不可抗力條款，賣出比它們所持有更多的黃金。結果將是投資人最多只能在合約到期日獲得現金交割。投資人將得到一些現金，但沒有金塊，且將錯過隨之而來的價格飆漲。

到二〇一四年初雖然實體黃金呈現供應短缺和需求殷切，這未必表示黃金價格即將飆漲。不是每一片雪花都能變成一場雪崩；有時候雪崩正等待不同的啟動條件。央行仍然有龐大的資源，包括潛在的實體黃金出售以壓抑短期金價。儘管如此，警報已經響起，央行壓制金價的能力已遭到挑戰，紙黃金買家要求實體黃金的新意願已經抬頭。隨著中國收購黃金的操作繼續不斷，整個國際貨幣體系已因為中國迫切的渴望和全世界對實體黃金的需求而搖搖欲墜。

雖然金價在實體需求和央行操縱的力量間擺盪，另一個更大的災難已經迫近：聯準會瀕臨破產邊緣，甚至已超過邊緣。這個結論不是來自聯準會的批評者，而是世界上最著名的貨幣經濟學家之一、也是柏南克和其他聯準會理事與經濟學家的導師米什金（Frederic S. Mishkin）。在他與幾位同僚合著的二〇一三年二月論文「關鍵時刻：財政危機和貨幣政策的角色」中，米什金警告，聯準會已危險地接近它的獨立性受到致命傷害的地步，它僅剩的唯一目標是藉由製造通膨來把赤字支出貨幣化[17]。

米什金和他的共同作者在分析中都比他們的同輩更善用複雜理論和遞迴函數。他們指出，高赤字國家財政的反饋迴圈導致舉債成本升高，進而製造更大的赤字和更高的舉債成本，循環不已，直到死亡螺旋展開。當到達這個點，國家面對的艱困抉擇是，如果不透過撙節措施來降低赤字，就是債務違約。米什金認為，撙節措施會傷害名目成長，使債務對GDP比率惡化，甚至可能因為嘗試避免違約反而造成違約。

根據米什金的看法，另一個選項是央行藉寬鬆貨幣措施來控制利率，同時政治人物推行長期的赤字解決方法。在此同時，短期的赤字可以容忍，以避免撙節措施的惡果。短期貨幣和財政寬鬆雙管齊下，可以使經濟保持成長，同時則進行長期財政改革以扭轉死亡螺旋。

米什金說，這種方法在理論上行得通，但他提醒我們，現實世界中失靈的政治體制使我們仰賴貨幣寬鬆，以避免做艱難的財政政策抉擇。米什金稱這種情況為「財政主導」。他在論文中描述因此而造成的危機：

> 在極端的情況下，無法持續的財政政策意謂政府的跨期間預算限制，都必須藉發行債券來支應，這就是所謂的財政主導，否則就會導致政府債券違約。財政主導迫使央行追求通膨性的貨幣政策，即使央行強烈地承諾要控制通膨，例如設定了通膨目標……財政主導在未來的某個時點會迫使央行把債務貨幣化，因此儘管目前採取緊縮貨幣政策，通膨仍將升高……
>
> 最後，央行將沒有能力避免財政政策無法長期持續的後果……如果央行以新創造的準備來

支應在公開市場購買長期政府債券……那麼最後所有公開市場購買所做的將是以長期政府債券（以發行公債的形式）交換隔夜政府債券（以計息的準備形式）。眾所皆知……任何長債交換短債事實上都會使政府更容易碰上……自我實現的拋售政府債券，或者就美國的情況來說，自我實現的拋售美元……

財政主導把央行置於兩難處境，如果央行不把債務貨幣化，政府債券的利率將大幅攀升……因此央行實際上沒有別的選擇，將被迫購買政府債券並將之貨幣化，最後導致通膨劇升。[18]

米什金和他的共同作者指出另一種正在形成的崩潰，與債務貨幣化和通膨無關。隨著聯準會以新印製的鈔票購買長期債券，其資產負債表將因利率上升而產生龐大的市價計值虧損。聯準會要等到執行退場策略並出售這些債券時，才會揭露這種虧損，雖然獨立分析師能從公開取得的資訊估算虧損的規模。

債務貨幣化讓聯準會面對霍布森式選擇的困境，如果美國跌入通縮，債務對GDP比率將惡化，因為將缺少名目成長。如果美國陷於通膨，債務對GDP比率也會惡化，原因是美國債務的利息將增加。如果聯準會藉出售資產對抗通膨，將在拋售債券時蒙受虧損，無力償債的可能性將升高。聯準會無力償債將侵蝕信心，導致利率進一步攀升。聯準會債券虧損也會使債務對GDP比率惡化，因為聯準會將沒有獲利可以繳給財政部，因而升高赤字。美國似乎無法避免主權債務危機，所有途徑都已堵死。聯準會在二〇〇九年藉由貨幣措施和市場操縱避開一時的痛苦，但痛苦只是被拖延到以後，而現在就是面對它的時候。

全球貨幣菁英和聯準會、IMF以及國際清算銀行只是在爭取時間。他們需要時間來讓美國達成長期財政改革。他們需要時間來創造全球SDR市場。他們需要時間讓中國完成收購黃金。問題是已經沒有時間。黃金擠兌在中國還沒達到目標就已經開始。對美元信心的崩潰在SDR取代美元前已經開始。聯準會無法償債的日子逐漸迫近。美元的九一一時刻即將到來，體系的紅燈正在閃爍。

CHAPTER 12

結論

在金融領域，沒有水晶球可以預測一個結果、然後循單一途徑前進，但我們有可能描述多條路徑以及沿途的標誌。情報分析師稱這些里程標誌為「指標和警示」。一旦指標和警示被具體描述後，就必須仔細觀察事件，不是走馬看花地瀏覽新聞標題，而是進行動態的系統分析。

債券基金巨擘太平洋投資管理公司（PIMCO）執行長伊爾艾朗（Mohamed El-Erian），率先以「新常態」來描述二〇〇八年金融危機後的全球經濟。但他只說對一半，舊常態已經消失，但新常態尚未到來。全球經濟已失去其舊平衡，但尚未穩定在新狀態下。世界經濟正經歷新舊交替的轉換期。

這可以用加熱於壺水直到沸騰來比喻。水和水蒸汽都是穩定的狀態，雖然各有不同的動能。介於水和水蒸汽之間的則是水面翻騰、泡沫升起又消失的階段。水是舊常態，水蒸汽是新常態。目前的世界經濟既非水、也非水蒸汽——其翻騰的表面介於恢復為水和升起變為水蒸汽之間。貨幣政策則是一種會升高熱度的東西。

某些相變是無法逆轉的。木柴燃燒變成灰燼就是一種相變，但把灰燼變回木柴不是容易的事。聯準會自認為是在管理一種可逆轉的過程，它相信通縮可以轉變回通膨，然後再減緩通膨，只要用適當數量的貨幣、經過一段時間就可以辦到。但這是錯誤的想法。

聯準會不了解貨幣創造可能變成一種無法逆轉的過程。在某個點，對貨幣的信心可能喪失，而且無法重新恢復，必須以全新的體系來取代它。一個新的國際貨幣體系將從舊美元的灰燼升起，正如美元體系一九四四年在布列敦森林從大英國協體系的灰燼升起一樣——雖然當時第二次世界大戰的火焰尚未撲滅。

現今全球金融體系問題的關鍵不是貨幣、而是債務。貨幣創造被當成處理債務違約的手段。在利慾薰心和鋌而走險的銀行家帶領下，二〇〇五年的美國用過度的抵押貸款債務和貸款人還不起的信用，毒化了整個世界。抵押貸款問題本身雖然嚴重，卻還能管理；無法管理的是以抵押貸款為本的數兆美元衍生性金融商品，還有更多兆美元用來融通抵押擔保證券以及支持衍生性商品的再買回協議（repurchase agreement）與商業票據。

當無可避免的崩盤發生時，虧損不限於應負責的銀行和債券持有人，而是透過聯邦財政傳遞給社會大眾。從二〇〇九年到二〇一二年，美國財政部累積五兆美元的赤字，聯準會印製一．二兆美元的新貨幣。世界各國也紛紛進行類似的赤字和印鈔計畫，銀行也馬不停蹄地創造衍生性金融商品。只有一部分的民間債務違約被打消。

銀行家的工作和紅利後來都保住了，但社會大眾的利益卻白白犧牲。民間債務問題被遠超過民間債務的公共債務所取代，這些債務無法以實質金額償付，因此違約接踵而至。較小國家的違約如希臘、阿根廷，出現以債務違約和銀行存款人損失的形式。大國家的違約如美國，則將透過全面通貨膨脹，以向儲蓄者、存款人和債券持有人盜竊的形式進行。

更大的挑戰是一種幾乎已被遺忘的現象發出的警告：通貨緊縮。通縮這種一九三〇年代以後就很少見的現象，如今已漸漸生根，破壞了央行打的通膨如意算盤。通縮根植於蕭條心理，投資人受到二〇〇八年事件的震撼和驚嚇，他們的立即反應是停止支出、規避風險和轉向持有現金；就是這些反應啟動了通縮的機制。從二〇〇九年來，股票價格和房價已經漲升不少，但仔細檢驗兩個市場就可發現，股市成交量偏低，槓桿卻相當高。這些跡象顯示，指數上漲實際上是資產泡沫，由專業交易商和主要是避險基金的投機客所推動，一般大眾的參與已大幅減少。同樣的，房價漲升的原因不是傳統的家庭組成，而是投資人聚資金成資產池，以槓桿方式收購大型房屋計畫、重組住宅債務，或把房貸轉變成租賃。現金流可以讓這些資產池看起來像很有吸引力、類似債券的投資工具，但別把這種金融工程誤認為正常健康的房市。資產價格上漲對財務報表和電視名嘴雖是利多，但對打破一般投資大眾和儲蓄者的通縮心理毫無助益。

央行追求通膨卻不可得的事實，是根本通縮已根深柢固的指標。以對抗通縮之名印製鈔票，可能導致對法幣系統的信心淪喪。如果通縮心態被打破，通膨心理將大幅翻升，超越央行控制的能力，結果將失控並且無法逆轉。不管是通縮生根或通膨失控，我們都將喪失伏克爾認為最珍貴的東西：信心。對貨幣體系的信心一旦淪喪，很少能夠再恢復。

很可能我們將需要一套新體系，具備能激發新信心的新基礎。黃金擔保的美元在一九二五年到一九四四年的階段取代了英鎊；紙幣美元在一九七一年到一九八〇年間取代黃金擔保的美元。在這兩個階段，信心都短暫喪失，並藉由新的價值保存體系而得以重振。

不管對美元信心淪喪是肇因於外部威脅或內部輕忽，投資人都應問兩個問題：接下來會如何？財富在這個轉變過程將如何保存？

三條途徑

美元崩潰將採取三條途徑之一，第一條是世界貨幣特別提款權（SDR）；第二條是金本位制；第三條是社會動亂。每一種結果都可以預見，且都有相應的資產配置策略可以做最好的財富保存。

以SDR取代美元做為全球準備貨幣已在進行中，且IMF已擬訂出經過美國非正式背書的十年轉型計畫。這個計畫牽涉增加流通的SDR數量，和興建一套SDR計價的可投資資產、發行者、投資人和交易商的基礎設施。美元在SDR一籃子貨幣的長期權值將降低，人民幣權值相對將提高。

這個由IMF擬訂的計畫放大了索羅斯偏好的操作方法，索羅斯和他最欣賞的哲學家波普爾（Karl Popper）稱之為「點滴工程」（piecemeal engineering），是他們認為最好的社會工程模式。他們的理想是，透過幾乎注意不到的漸進小改變來進行大改變，且可以視狀況需要加快或延緩速度。波普爾寫道：

> 點滴工程將跟隨著採用這種方法……其主張可以很輕易改變成持續延緩行動到以後，直到情況較為有利時……
>
> 點滴工程的藍圖相對比較簡單。它們是單一體制的藍圖……
>
> 我不是暗示點滴工程不能夠大膽，或者它必須局限於「小」問題[1]。

在索羅斯—波普爾的方法下，IMF從一九六九年開始推動以SDR為世界貨幣的目標，可以輕易延後到二〇二五年，或任何波普爾描述為「情況較有利」的時候。

諷刺的是，這種漸進的方法不是SDR取代美元最可能的情況。未來幾年由衍生性商品曝險和銀行交互關係導致的金融恐慌，可能觸發比一九九八年及二〇〇八年危機更嚴重的流動性危機，屆時已經膨脹到極限的聯準會資產負債表，將無法迅速提供銀行間市場的流動性。SDR將像一九七九年和二〇〇九年那樣，被緊急賦予穩定體系的任務。新興起的情勢將意謂這個程序會倉促進行，無法具備現今審慎規畫建立的既有基礎設施。現今體制既有的基礎設施如保管信託與結算公司（DTCC）以及環球銀行金融電信協會（SWIFT），迫於形勢將不得不為新SDR市場提供服務。

中國的默許是使用ＳＤＲ的必要條件，而為了交換它的認可，中國將堅持ＳＤＲ的使用不再像以前那樣為了拯救美元，而是為盡可能取代美元。這個過程可能在幾個月之間完成，也就是說國際貨幣體系的標準將以閃電般的快速建立。這個轉變將造成美元通貨膨脹，不是因為新印製的美鈔，而是因為美元對ＳＤＲ將貶值。此後美國經濟將面臨大幅度的結構調整，因為美國發現必須透過在全球市場的競爭賺取ＳＤＲ，而不能再靠隨意印製美鈔。

在這種情況下，銀行存款、保險單、年金和退休給付等形式的儲蓄，將大幅折損。

恢復金本位制是擺脫不斷印鈔票循環的另一個方法。這可能因極度通膨所造成，必須靠黃金來恢復信心；也可能因為極度通縮迫使政府重估黃金價格，以提高整體物價水準。採用金本位制當然不是出於選擇，而是在信心崩潰時迫於必要的作法。初期設定的非通縮性平衡金價約為每盎司九千美元，視金本位制設計的條件而可能更高或較低。流通的貨幣將不是金幣，而比較可能是美元（如果由美國帶頭採取新制）或ＳＤＲ（如果ＩＭＦ是中介機構）。這種由黃金擔保的ＳＤＲ將與紙ＳＤＲ大不相同，但對美元的影響將大同小異。任何朝向黃金美元或黃金ＳＤＲ的演變將帶來通膨，因為黃金重估的價格勢必遠高於現今，如此才能以既有的黃金庫存來支持世界貿易和金融。和紙ＳＤＲ的情況一樣，美元對黃金貶值所造成的通膨將折損各式各樣的儲蓄。

社會動亂是第三條可能的途徑。社會動亂牽涉暴動、罷工、破壞和其他脫序情況。它與社會抗議明顯不同，因為動亂牽涉違法、暴力和毀損財產。動亂可能是針對極度惡性通膨的反應，這種惡性通膨被普遍視為由國家進行的竊盜，而且是正確的看法。社會動亂也可能是極端通縮，伴隨著破產、失業和削減社會給付所造成。動亂還可能是金融戰爭或體系崩潰的結果，因為民眾意識到他們的財富在一連串入侵、操縱、內部紓困（bail-in）和沒收後，已經所剩無幾。

社會動亂不可能預測，因為它是複雜系統正在興起的特性。社會動亂從最複雜的系統——社會——自然發生，這個系統比它涵蓋的金融和數位系統更大且更加複雜。金融暴動（money riot）將讓監管當局措手不及。一旦社會開始崩解，將很難控制下來。

雖然社會崩解無法預測，官方的反應卻不難預測。它將採取新法西斯（neofascism）的形式，以國家權力取代自由。這個過程在承平時期就已悄悄進行，當暴力發生時將更加快速度。正如作家巴爾柯（Radley Balko）在《戰警崛起》（*Rise of Warrior Cop*）書中的描述，國家已配備精良的霹靂小組、無人機、武裝運兵車、數位監視裝置、催淚彈、閃爆手榴彈，和高科技破門錘[2]。民眾將慢慢發現，美國的每一座E-Zpass過路收費亭，都可以迅速改裝成封鎖點，每一具交通監視攝影機都可同時執行掃瞄車牌號碼的工作。二〇一三年國稅局和國家安全局的醜聞顯示，備受信任的政府機構可以因非法監聽和選擇性的政治壓迫，形象在一夕間大變。

共和黨和民主黨都是新法西斯主義興起的共犯。作家高柏格（Jonah Goldberg）曾記述法西斯主義的歷史，並證明它在二十世紀初的根源是社會主義[3]。法西斯主義最早的擁護者墨索里尼（Benito Mussolini）被當代人視為左派。現今法西斯主義是左派或右派的區別，重要性已不及誰支持國家權力和誰支持自由。前紐約市長彭博就是一個好例子。他在不同的時候屬於共和黨、民主黨或獨立派。在他任內他展現出可被稱作「友善的法西斯主義者」的個性。他嘗試禁止紐約市販售加糖的飲料，就是典型的行使國家權力、而犧牲人民權利，雖然結果只是招徠許多人嘲諷。更糟的是他說：「我在紐約市警察局擁有自己的軍隊，人數是全世界第七大[4]。」

利用新法西斯手段來鎮壓政治性的金融暴動，將不須新立法。從一九一七年的「與敵國交易法案」就已有法條，並在一九七七年的「國際緊急經濟權力法案」中加以擴充和更新。小羅斯福總統（Franklin Roosevelt）利用與敵國交易法案在一九三三年沒收黃金，他沒有指名誰是「敵人」，推想應該是指持有黃金的人。卡特以後的每一任總統都利用國際緊急經濟權力法案來凍結和沒收美國銀行裡的資產。在未來更嚴重的情況，黃金可能被充公、銀行被凍結、實施資本管制和關閉外匯交易。薪資和價格管制可能被用來壓抑通膨，現代的數位監視可能被用來破壞黑市和追緝黑市交易商。金融暴動將很快被鎮壓。

就國家權力的本質來說，秩序永遠比自由或公義更優先。

七個跡象

投資人必須密切注意經濟正朝向哪種途徑的指標和警告。以下說明七個重要跡象。

第一個跡象是黃金價格。雖然金價受到央行的操縱，任何脫序的價格波動就是操縱陰謀崩潰的跡象，顯示央行透過租賃、不分配黃金銷售和期貨交易的努力遭遇挫敗。金價如果快速從每盎司一千五百美元漲升到二千五百美元將不是泡沫，而是實體買進的恐慌已經開始，而官方的賣空操作並沒有發揮壓制的效果。反過來看，如果金價跌破每盎司八百美元或更低，將是嚴重通縮的跡象，對各類資產的槓桿投資人可能造成重創。

央行將繼續收購黃金。**特別是中國的收購是美元崩潰的第二個跡象**。中國在二〇一四年末或二〇一五年初如果宣布收購超過四千噸黃金，將是這股大趨勢的重大指標，且將預告通膨的來臨。

IMF的治理改革。第三個跡象意謂提高中國的投票權，和美國立法把美國承諾的信用額度轉變成所謂的IMF配額。SDR一籃子貨幣組成的改變如果降低美元的權值，將是美元通膨的警訊。SDR基礎設施建立的具體措施也值得注意，如果全球性的大企業如卡特彼勒（Caterpillar）和奇異發行SDR計價債券，並由主權財富基金或地區開發銀行買進，這將是把SDR當作世界貨幣的計畫加速進行的表徵。

監管法規改革失敗。第四個跡象將是銀行業遊說者打敗美國監管當局和國會在限制大銀行規模、降低銀行資產集中，或限縮投資銀行活動上的努力。葛拉斯－史帝格法案一九九九年遭廢除，是直接導致二〇〇七年房市崩潰和二〇〇八年恐慌的罪魁。國會正致力於恢復葛拉斯－史帝格法案的主要條款。但銀行業的遊說者正動員阻擋這些改革，並阻礙規範衍生性金融商品、提高資本要求和限制銀行家紅利的立法。銀行遊說者掌控國會，因此改革的努力是否能深入到基礎很值得懷疑。但是如果沒有改革，銀行部位的規模和盤根錯節將繼續擴增，且速度遠超過實質經濟成長的速度。其結果將是另一場無法預料的體系崩潰，超越聯準會所能控制的規模。恐慌的立即衝擊將具有高度的通縮性，包括黃金等資產將被大舉拋售以籌措現金。在這場通縮性的大拋售之後，接踵而至的將是ＩＭＦ挹注大量ＳＤＲ到體系所造成的通膨。

系統崩潰。第五個跡象是愈來愈頻繁發生的事件，例如二〇一〇年五月六日道瓊指數在幾分鐘內閃崩超過千點；或者二〇一二年八月一日騎士資本公司電腦故障，造成騎士損失慘重；或者二〇一三年八月二十二日那斯達克股市的暫時關閉。從系統分析師的觀點看，這些事件應該以複雜系統的特性來看待。這些崩潰不是銀行家貪婪直接的結果，而是採用高速、高度自動化、大量交易電腦的惡果。這類事件不應以異常情況來看待，而應預期它們會發生。如果這種事件發生的頻率增加，可能意謂交易系統已愈來愈不穩定，即將失去平衡，甚至可能是中國或伊朗的軍事單位正透過刺探和假攻擊來磨練他們的網路攻擊能力。從系統風險的觀點看，結果可能是拋售資產、導致立即的通縮，繼之以聯準會和ＩＭＦ以大量新印製的鈔票挹注經濟而煽起通膨大火。

量化寬鬆和安倍經濟學退場。第六個跡象將是美國或日本收購的資產持續減少，助長了通縮的力量，壓抑資產價格和成長。這在美國結束第一輪和第二輪量化寬鬆時就已發生過，在二〇一二年日本銀行取消承諾的寬鬆時也曾發生。不過，在收購資產減少後，隨著通縮效應顯現，預料在一年內收購會再度增加。這將是聯準會從二〇〇八年、日本銀行從一九九八年以來採取時斷時續貨幣政策的另一個週期的開始。反覆陷入通縮使得通膨更難達成。比較可能的情況是，美國和日本都會在通膨達到二%以後還繼續印鈔票，屆時通膨大幅漲升的風險將急遽升高，因為預期心理的改變將變得愈來愈難以反轉，尤其是在美國。

中國崩潰。第七個跡象將是中國的金融因為理財產品龐氏騙局崩潰而瓦解。中國金融業與世界其他國家交互關係的程度，比美國和歐洲的主要銀行低，因此，中國崩潰的影響力主要將局限在國內，中國共產黨將利用主權財富基金持有的外匯準備來安撫儲蓄者，和挹注銀行資本。不過，善後工作將包括中國再度壓抑外匯市場，甚至貶值人民幣，以促進中國的出口，創造就業和恢復在崩潰中損失的財富。在短期內，這將具有通縮性，因為降價的中國產品將再度湧進全世界的供應鏈。就長期來看，中國的通縮將遭遇美國和日本的通膨，因為兩國的貨幣量化寬鬆政策將抵銷日圓或美元的升值。到那時候，貨幣戰爭將死灰復燃，就像從未停止過那樣。

不是上述所有七個跡象都會出現。一些跡象的出現可能導致其他跡象消失或延遲發生。它們的出現也不會依照一定順序，當一個跡象出現時，投資人應該警覺前面描述的具體結果，以及對投資的影響。

五種投資

在極端通膨、極端通縮或社會動亂的情況下，哪些投資組合最可能經得起考驗？以下的資產已證明有能力在通膨和通縮下表現良好，並曾歷經從三十年戰爭到納粹德國社會動亂期間的考驗。

黃金。可投資資產中配置一〇％到二〇％黃金是明智之舉。這種配置必須採取實體黃金的形式，例如金幣或金塊，以避免當局採取暫停交易和現金交割的措施影響紙黃金市場。投資人也必須考慮安全且容易存取的儲藏方式，但是應該避免放在銀行，因為存放於銀行的黃金在最需要時可能將無法提領。不建議配置超過二〇％，因為黃金價格波動較大，且易受操縱，而且有其他可投資資產也能達到同樣的保存財富功能。計算黃金保值功能的好方法之一是，二〇％的投資配置，和五〇〇％的報酬率，提供一〇〇％的投資組合避險。黃金在通膨時表現良好，直到利率被提高到超過通膨率。在通縮時，黃金的名目價值初期會下跌，但表現可能仍然比其他資產類別好。如果通縮持續不退，黃金將隨著政府貶值紙貨幣以製造法幣通膨而大幅漲升。萬一不幸發生社會動亂必須逃難，黃金提供較高的價值對重量比，且容易攜帶。

土地。這項投資包括黃金地段的未開發土地，以及有農業潛力的土地，但不包括持分土地。和黃金一樣，土地在通膨環境的表現良好，直到名目利率超過通膨率。土地的名目價值在通縮時可能下降，但開發成本下降速度會更快。這表示土地可以在通縮階段的底部時以低廉的成本開發，並在隨後可能進入的通膨期中獲得較高的報酬。紐約市的帝國大廈和洛克斐勒中心都興建於大蕭條時期，並從當時的低勞工和建材成本獲益。兩個計畫在後來都證明是絕佳的投資。

藝術品。這包括博物館級的繪畫和素描，但不包括廣泛類別的收藏品如汽車、葡萄酒或紀念品。藝術品在通膨和通縮期都提供類似黃金的報酬率，而且不受央行操縱黃金價格的影響。央行不擔心藝術品市場脫序的價格上漲，而且不會以干預來阻止漲勢。投資人可以專注在已成名的藝術家，避免會褪流行的熱潮。繪畫也容易攜帶，並提供極高的價值重量比。一幅一千萬美元的繪畫重量只有兩鎊，相當於每盎司價值三十一萬二千五百美元，是黃金價值重量比的兩百倍，而且不會觸發金屬偵測器。高品質的藝術品可以透過集資投資工具以低於一千萬美元購買，並可提供極高的報酬率，雖然這類工具缺乏直接持有藝術品的流動性和可攜帶性。

另類基金。這包括採取特定策略的避險基金和私募股權基金。專門為因應通膨、通縮和動亂而設計的避險基金策略，包括多空（long-short）股票基金、全球總經基金，和以天然資源、非金屬、水源或能源為目標的硬資產策略。私募股權策略應該也牽涉硬資產、能源、交通和自然資源。以投資金融股、新興市場、主權債券和信用工具的基金，未來將承受較高的風險。避險基金和私募股權基金提供不同程度的流動性，而一些基金可能在五到七年間無法提供流動性。經理人的挑選很重要，而且說比做容易。整體來說，這些基金應在投資組合中有一席之地，因為分散投資和精明能幹的經理人帶來的利益超過缺少流動性。

現金。這在通膨失控和貨幣崩跌威脅下的世界似乎是一個令人意外的選擇，但現金至少暫時有一席之地，因為現金是絕佳的通縮避險，而且有與生俱來的彈性，賦予持有人隨時轉進其他投資的能力。投資組合裡的現金也可降低整體投資組合的波動性，它的效應與槓桿正好相反。尋找理想現金貨幣的投資人可以考慮新加坡幣星元、加幣、美元和歐元。現金在發生崩潰後可能不是最好的投資，但在崩潰發生前卻能發揮很大的作用。當然，困難之處在於注意跡象和警訊，並及時轉進前面提到的另類投資。

整體而言，**二〇%黃金、二〇%土地、一〇%藝術品、二〇%另類基金和三〇%現金的投資組合，應該能在通膨、通縮和社會動亂的情況下，提供最理想的財富保值組合，同時能提供較高的風險投資報酬率與合理的流動性**。但想達成這些目標的投資組合都不適合「買進然後緊抱」的投資人。**這個投資組合必須積極管理**。隨著指標和警示變得愈來愈顯著，和若干結果的展望變得更加清楚，這項投資組合必須以合理的方式做調整。如果黃金漲升到每盎司九千美元，這時候也許是賣出黃金和買進更多土地的好時機。如果通膨比預期更快攀升，也許就應該把現金轉換成黃金。五年來表現良好的私募股權基金也許應該贖回而不再重新投入，因為屆時環境可能變得更危險。投資人無法精確預測投資組合的績效，因此必須隨時注意這七個重要跡象，對未來展望也必須保持若干彈性。

雖然本書描述的假設情況很危急，但未必明天就會發生。許多條件取決於政府和央行，以及那些即使在追求毀滅性的政策時也堅持不懈的機構。這個世界曾經歷過比金融崩潰更大的危機，熬過難關並為歷史留下見證。但當崩潰到來時，我們寧可已做好承受風暴的準備。我們不是無能為力，我們可以現在就開始準備因應央行傲慢無可避免的結果。

後記

在二〇一一年撰寫《下一波全球貨幣大戰》（*Currency Wars*）時，我診斷金融體系的各種危險，並為政策制訂者開出具體步驟的處方，以便紓解那些危險。我條列扭轉各國貨幣和財政政策錯誤的方法，特別是美國。我的語氣審慎、但懷抱希望。我特別說，彌補銀行家造成的傷害和恢復金融體系健全的基礎、使足以支撐商務而不繼續惡化的時間已經遲了，但還不至於太遲。

在我完成《下一波全球貨幣大戰》後的兩年半間，情勢確實已經改變——但不是變好。過去犧牲自己的菁英現在已變得只牟私利。世界已經超過還有希望軟著陸的點；鑄成的政策錯誤已無法輕易挽回，現在留下的都是艱難的抉擇。

原本殷切期待的溫和通膨已變得能自我持續，且似乎推升了所有資產價格，帶來了意料之外的貨幣幻覺。現在只有通膨、通縮、動盪、違約和壓制可供選擇。未來的途徑和結局無法預料，但一些嚴重的後果卻不難預見。這些後果可能花很長的時間展現，但根本的過程已在進行中。

美元的崩潰和國際貨幣體系的崩潰是一體的兩面。美元面對的威脅無所不在——信心淪喪、金融戰爭、區域霸權、惡性通膨，不一而足。這些威脅都逐漸逼進，甚至可能匯流，因為通膨正侵蝕信心，助長敵人的氣焰，就像溫暖的海洋上空形成的颶風在一個反饋迴圈中汲取能量。社會大眾的儲蓄正在風暴的路徑上。

政策制訂者可能還沒警覺到環繞美元的危險，但儲蓄者和投資人心裡已經有數。一股轉向硬資產的潮流已然成形，而且力道愈來愈強勁。

拯救美元或許已經太遲，但保護財富還不會太遲。我們生活在一個已經走到最後階段的人造貨幣體系中。就在我們這個時代，偽金已褪色成黃銅，現在該是重振以信任為基礎的真實價值的時候了。

17 **Mishkin warns that the Fed is dangerously close ...:** David Greenlaw, James D. Hamilton, Peter Hooper, and Frederic S. Mishkin, "Crunch Time: Fiscal Crises and the Role of Monetary Policy," U.S. Monetary Policy Forum, February 22, 2013, rev. July 29, 2013, http://dss.ucsd.edu/~jhamilto/USMPF13_final.pdf.

18 **"In the extreme, unsustainable fiscal policy ... ":** Ibid. pp. 61-62.

結論

1 **"The piecemeal engineer will, accordingly ...":** Karl Popper, *The Open Society and Its Enemies*, (Princeton, N.J.: Princeton University Press, 1971), pp. 157—59. Popper is quoted in George Soros, "How to Save the Euro from the EU Crisis—The speech in Full," *Guardian*, April 9, 2013, http://www.guardian.co.uk/business/2013/apr/09/george-soros-save-eu-from-euro-crisis-speech.

2 **the state is well armed with SWAT teams ... :** Radley Balko, *Rise of the Warrior Cop: The Militarization of America's Police Forces* (New York: Public Affairs, 2013).

3 **Author Jonah Goldberg has documented fascism's history ...:** Jonah Goldberg, *Liberal Fascism: The Secret History of the American Left from Mussolini to the Politics of Meaning* (New York: Doubleday, 2008).

4 **More ominous was his remark ...:** Quoted in Balko, *Warrior Cop*, P. 333.

5 **"information relating to swap arrangements ...":** Kevin M. Warsh, Board of Governors of the Federal Reserve System, to William J. Olson, September 17, 2009, http://www.gata.org/files/GATAFedResponse-09-17-2009.pdf.

6 **"We bought 300 tonnes of gold ...":** Eisuke Sakakibara, conversation with the author, Seoul, South Korea, May 31, 2013.

7 **The gold was transported to Japan ... :** Retired official of Brinks, conversation with the author, Hickory, N.C., November 10, 2013.

8 **The most notorious and heavily criticized case ... :** Holly Watt and Robert Winnett, "Goldfinger Brown's ￡2 Billion Blunder in the Bullion Market," *Sunday Times*, April 15, 2007, http://www.thesundaytimes.co.uk/sto/Test/politics/article63170.ece.

9 **"Around 90% of customer placements ...":** Bank for International Settlements, Financial Statements, updated June 24, 2013 , http://www.bis.org/banking/balsheet.htm (accessed July 21, 2013).

10 **"The Bank transacts ... gold on behalf of its customers ...":** Bank for International Settlements, 83rd Annual Report, March 31, 2013, p. 110, http://www.bis.org/publ/arpdf/ar2013e7.pdf#page=44.

11 **"Gold loans comprise fixed-term gold loans to *commercial banks*":** Bank for International Settlements, 80th Annual Report, March 31, 2010, p. 158n15, http://www.bis.org/publ/arpdf/ar2010e8.htm; emphasis added

12 **"Gold loans comprise fixed-term gold loans":** Bank for International Settlements, 83rd Annual Report, June 23, 2013, p. 133n15, http://www.bis.org/pub/arpdf/ar2013e7.pdf.

13 **on September 18, 2009, the IMF authorized the sale of 403.3 tonnes ...:** Information in this extended analysis of IMF gold sales comes from "Questions and Answers, IMF Gold Sales," International Monetary Fund, updated May 16, 2013. http://www.imf.org/external/np/exr/faq/goldfaqs.htm.

14 **"China's acquisition of gold makes sense ... ":** Dr. Min Zhu, conversation with the author, New York City, November 8, 2012.

15 **"somebody's got to own it ... ":** High-ranking intelligence official, conversation with the author, McLean, Va., December 13, 2012.

16 **"I never hear any discussion ... ":** James Himes, conversation with the author Southport, Conn., July 15, 2013.

2 **Based on duration if not strength ... :** John H. Makin, "Third Time Unlucky: Recession in 2014?" American Enterprise Institute, July 30, 2013, http://www.aei.org/outlook/economics/monetary-policy/third-time-unlucky-recession-in-2014.

3 **Despite cheerleading in late 2013 . . :** Daniel Alpert, "The New Sick-onomy? Examining the Entrails of the U.S. Employment Situation," *EconoMonitor*, July 24, 2013, http://www.economonitor.com/danalperts2cents/2013/07/24/the-new-sick-onomy-examining-the-entrails-of-the-u-s-employment-situation.

4 **By August 2013, total student loans backed ... :** "The Rolling Student Loan Bailout," *Wall Street Journal*, August 9, 2013, http://online.wsj.com/article/SB10001424127887323968704578652291680883634.html.

5 **"the test of a first-rate intelligence ...":** F. Scott Fitzgerald, *The Crack-Up* (1936; reprint New York: New Directions, 2009).

6 **The bitcoin phenomenon began in 2008 ... :** Satoshi Nakamoto, "Bitcoin: A Peer-to-Peer Electronic Cash System," November 1, 2008, http://bitcoin.org/bitcoin.pdf.

7 **the history of barter is mostly a myth:** David Graeber, *Debt: The First 5,000 Years* (Brooklyn, N.Y.: Melville House, 2011), pp. 21–41.

8 **"Sept. 11 was not a failure of intelligence or coordination ...":** Thomas L. Friedman, "A Failure to Imagine," *New York Times*, May 19, 2002, http://www.nytimes.com/2002/05/19/opinion/a-failure-to-imagine.html.

Chapter 11

1 **"The broad question is whether central banks ...":** Arthur F. Burns, memorandum to President Gerald R. Ford, June 3, 1975, U.S. Department of State, Office of the Historian, http://history.state.gov/historicaldocuments/frus1969-76v31/d86.

2 **"We ... feel strongly that some safeguards ...":** President Gerald R. Ford to Chancellor Helmut Schmidt, June 6, 1975, Gerald R. Ford Library, Ann Arbor, Mich., http://www.fordlibrarymuseum.gov/library/document/0351/1555807.pdf.

3 **the secret Gold and Foreign Exchange Committee ... :** Adam Lebor, *Tower of Basel: The Shadowy History of the Secret Bank That Runs the World* (New York: Public Affairs, 2013), p. 189.

4 **"In May 1996, the market traded the equivalent ...":** Dino Kos, Gold and Foreign Exchange Committee Discussion on Gold Market, April 7, 1997, http://www.gata.org/files/FedMemoG-10Gold&FXCommittee-4-29-1997.pdf.

17 **The Federal Reserve vaults hold approximately 6,400 tonnes ... :** See Scott Mayerowitz, "Welcome to the World's Largest Gold Vault," ABC News, September 19, 2009, http://abcnews.go.com/Business/story?id=5835433&page=1; and Mike Hanlon, "The Big Picture: This Vast Vault of Gold Under the Bank of England Should Weather Credit Crunch," *Daily Mail*, October 22, 2008, http://forums.canadiancontent.net/news/78369-vast-vault-gold-under-bank.html. Since the *Daily Mail* report, which cites a figure of 4,600 tonnes, approximately 100 tonnes have been repatriated to Venezuela.

18 **an eight-year plan to repatriate all the gold ... :** "Deutsche Bundesbank's New Storage Plan for Germany's Gold Reserves," Deutsche Bundesbank, press notice, January 16, 2013, http://www.bundesbank.de/Redaktion/EN/Pressemitteilungen/BBK/2013/2013_01_16_storage_plan_gold_reserve.htm.

19 **an initiative that requires all Swiss gold ... :** Luzi Stamm, "'Gold Initiative': A Swiss Initiative to Secure the Swiss National Bank's Gold Reserves," Volksinitiative Rettet unser Schweizer Gold, press release, September 20, 2011, http://www.goldinitiative.ch/downloads/goldinitiative-english.pdf.

20 **"I don't know ...":** Katharina Bart and Albert Schmieder, "Swiss Right-Wing Forces Referendum on Banning SNB Gold Sales," Reuters, March 20, 2013, http://www.reuters.com/article/2013/03/20/us-swiss-gold-idUSBRE92J0Z320130320.

21 **The remainder is divided ... :** Jaco Schipper, "90% of Dutch Gold Reserve Is Held Abroad," *Market Update*, January 7, 2012, http://www.marketupdate.nl/nieuws/valutacrisis/90-of-dutch-gold-reserve-is-held-abroad.

22 **The international monetary debate ... :** For a scholarly, in-depth study of efforts at reform of the international monetary system including the C-20, the Jamaica Meeting, and the Second Amendment to the IMF Articles of Agreement, see Kenneth W. Dam, *The Rules of the Game: Reform and Evolution in the International Monetary System* (Chicago: University of Chicago Press, 1982).

23 **"You are ... asking this to someone ...":** Mario Draghi, lecture at the John F. Kennedy Jr. Forum at the Institute of Politics, Harvard University, Cambridge, Mass., October 9, 2013, https://forum.iop.harvard.edu/content/public-address-mario-draghi.

Chapter 10

1 **"a chronic condition of sub-normal activity ...":** John Maynard Keynes, *The General Theory of Employment, Interest, and Money* (San Diego: Harcourt, 1964), p. 249.

8 **chose to return sterling to gold at the prewar rate... :** For an extended analysis of this topic, from which this section is partly drawn, see Murray N. Rothbard, *What Has Government Done to Our Money*? part 4, "The Monetary Breakdown of the West, 3. Phase III: The Gold Exchange Standard (Britain and the United States) 1926–1931," at Ludwig von Mises Institute, http://mises.org/money/4s3.asp.

9 **he recites it *ad nauseam* ... :** See, for example, Paul Krugman, "Golden Instability," *New York Times*, August 26, 2012, http://krugman.blogs.nytimes.com/2012/08/26/golden-instability.

10 **The facts speak for themselves ... :** Statistics on gold production, gold demand, and gold supply in this section are from the World Gold Council, www.gold.org.

11 **No such prearranged central bank or IMF sales to China have been reported ... :** The closest correspondence to potential prearrangement appears in the fourth quarter of 2002, when China's reported gold reserves *increased* 99.84 tonnes and Switzerland's *declined* 70.4 tonnes at the same time; see World Gold Council, www.gold.org. However, no evidence of prearrangement between Switzerland and China has been found. If a Switzerland-to-China trade were prearranged, it would likely have been handled through the facilities of the Bank for International Settlements (BIS) in Basel. The central bank of Switzerland, the Swiss National Bank, has been a member of the BIS since its inception in 1930; see the Swiss National Bank website at http://www.snb.ch/en/iabout/internat and UN treaty archives at http://treaties.un.org/Pages/showDetails.aspx?objid=0800000280167c31.

12 **The agents are principally located ... :** Senior bankers and asset managers with firsthand knowledge of China's global gold-buying operations, conversations with the author, Hong Kong, September 2012.

13 **In a masterpiece of market savvy ... :** China's gold purchasing agents, conversations with the author, New York City, August 7, 2013; Perth Mint, e-mail to the author, dated September 25, 2013.

14 **Partly as a result of these large-scale covert operations ... :** Brendan Conway, "China: Soon to Be World's Biggest Gold Importer, If It Isn't Already," *Barron's*, February 6, 2013, http://blogs.barrons.com/focusonfunds/2013/02/06/china-soon-to-be-worlds-biggest-gold-importer-if-it-isnt-already.

15 **By 2013, China was producing over 370 tonnes per year ... :** See U.S. Geological Survey, "Gold," Mineral Commodity Summaries, January 2013, http://minerals.usgs.gov/minerals/pubs/commodity/gold/mcs-2013-gold.pdf.

16 **Russia is the world's fourth-largest gold producer:** Ibid.

28 **"They are fake money ...":** Min Zhu, conversation with the author.

29 **"In all its decisions with respect to the allocation ...":** IMF Articles of Agreement, Article XVIII, Section 1(a), http://www.imf.org/external/pubs/ft/aa/index.htm.

Chapter 9

1 ***paranoid, fear-based ...*** : Nouriel Roubini, "After the Gold Rush," *Project Syndicate*, June 1, 2013, http://www.project-syndicate.org/commentary/the-end-of-the-gold-bubble-by-nouriel-roubini.

2 **"I only know of two men who ...":** Quoted in Gary Dorsch, "What's Behind the Global Flight into Gold?" *Financial Sense Observations*, June 30, 2010, http://www.financialsensearchive.com/Market/dorsch/2010/0630.html.

3 **"Money is gold, and nothing else":** J. P. Morgan, *Testimony of J. P. Morgan Before the Bank and Currency Committee of the House of Representatives at Wash-ington, D.C.*, December 18–19, 1912, http://memory.loc.gov/service/gdc/scd0001/2006/20060517001te/20060517001te.pdf.

4 **President Nixon ended U.S. dollar convertibility into gold ...** : For a learned review of the workings of the Committee for Reform of the International Monetary System, the "Committee of 20," its recommendations, and the eventual entry into force of the Second Amendment to the IMF Articles of Agreement in 1978, see Kenneth W. Dam, *The Rules of the Game: Reform and Evolution in the International Monetary System* (Chicago: University of Chicago Press, 1982), pp. 211–90.

5 **the United States dumped 412 tons of gold on the market ...** : Ibid., p. 273n92.

6 **The total gold supply in the world today ...** : This measure of total gold and all further reference to specific gold quantities in this chapter are as of July 2013 and are available from the World Gold Council, www.gold.org.

7 **money supplies of the ECB, the Bank of Japan, ...** : These figures are taken from the websites of the Federal Reserve System, http://www.federalreserve.gov; the European Central Bank, http://www.ecb.int/home/html/index.en.html; the Bank of Japan, http://www.boj.or.jp/en; and the People's Bank of China, http://www.pbc.gov.cn/publish/english/955/2013/20130313140427964275661/20130313140427964275661_.html, as of July 11, 2013. Japanese yen were converted to U.S. dollars at 100 to 1; euros at 0.77 to 1; yuan at 6.1 to 1.

20 **"The SDR differed from nearly all prior proposals ...":** Kenneth W. Dam, *The Rules of the Game: Reform and Evolution in the International Monetary System* (Chicago: University of Chicago Press, 1982), pp. 151–52.

21 **the Price-adjusted Broad Dollar Index ... :** This index is available as part of the statistical series published by the board of governors of the Federal Reserve System and available as part of the Foreign Exchange Rates H.10 data series at http://www.federalreserve.gov/releases/h10/summary/indexbc_m.htm.

22 **a multiyear, multistep plan ... :** IMF Strategy, Policy, and Review Department, "Enhancing International Monetary Stability—A Role for the SDR?" January 7, 2011, http://www.imf.org/external/np/pp/eng/2011/010711.pdf.

23 **Beyond the SDR bond market creation ... :** Ibid. See also IMF Finance and Strategy, Policy, and Review Departments, "Criteria for Broadening the SDR Currency Basket," September 23, 2011, http://www.imf.org/external/np/pp/eng/2011/092311.pdf.

24 **"If there were political willingness to do so ...":** IMF Strategy, Policy, and Review Department, "Enhancing International Monetary Stability—A Role for the SDR?"

25 **"non-members ... and other official entities":** IMF Articles of Agreement, Article XVII, Section 3(i), http://www.imf.org/external/pubs/ft/aa/index.htm#a5s1.

26 **The BIS is notorious for facilitating Nazi gold swaps ... :** Adam Lebor, *Tower of Basel: The Shadowy History of the Secret Bank That Runs the World* (New York: Public Affairs, 2013), chap. 3.

27 **China had acquired the equivalent of $1.24 billion ... :** Annual Report 2012, International Monetary Fund, Appendix VI: Financial Statements for FY 2012, Independent Auditors' Report on the Special Drawing Rights Department, June 21, 2012, Schedule 2, http://www.imf.org/external/pubs/ft/ar/2012/eng/pdf/a6.pdf. The IMF also records the positions of those members whose holdings of SDRs are less than their allocations because they have swapped SDRs for convertible currencies with other members. Such members are subject to a requirement of "reconstitution" in accordance with Article XIX, Section 6(a) of the IMF Articles of Agreement, which means that the shortfall in SDRs must be made up at some future date, presumably through repurchases of SDRs with convertible currency earned subsequent to the liquidity crisis that gave rise to the initial issuance. However, the IMF Articles of Agreement are extremely flexible with regard to how the reconstitution requirement will be applied, and Article XIX, Section 6(b) allows the rules to be changed at any time. The United States does not have effective veto power with respect to proposed changes of this kind.

10 **President Obama sent letters to the congressional leadership ... :** "Letters from the President to the Bipartisan Leadership on NAB Fund," Office of the Press Secretary, White House, April 20, 2009, http://www.whitehouse.gov/the-press-office/letters-president-bipartisan-leadership-nab-fund.

11 **The president's letter said:** Ibid.

12 **"significant step forward":** "IMF Managing Director Dominique Strauss-Kahn Welcomes U.S. Congressional Approval of IMF-Related Legislation, Including U.S. Financial Commitment of up to US$100 Billion," International Monetary Fund, Press Release no. 09/220, June 18, 2009, http://www.imf.org/external/np/sec/pr/2009/pr09220.htm.

13 **"Why Is the U.S. Bankrolling ...":** John Gizzi, "Why Is the U.S. Bankrolling IMF's Bailouts in Europe?" *Human Events*, April 25, 2011, http://www.humanevents.com/2011/05/02/why-is-the-us-bankrolling-imfs-bailouts-in-europe.

14 **"We will miss them":** Sandrine Rastello and Timothy R. Homan, "Lagarde Boosting China IMF Clout Requires New Allies," *Bloomberg*, April 10, 2013, http://www.Bloomberg.com/news/2013-04-10/lagarde-boosting-china-imf-clout-requires-new-allies.html.

15 **However, President Obama did not include the new requests in his 2012 or 2013 budgets ... :** Lesley Wroughton and David Lawder, "Senate Rebuffs Obama Request to Shift Fund for IMF," Reuters, March 12, 2013, http://www.reuters.com/article/2013/03/12/us-usa-imf-reforms idUSBRE92B04K20130312.

16 **"I am here with my little bag ...":** Pan Pylas, "Christine Lagarde at Davos 2012: 'I Am Here with My Little Bag, to Collect a Bit of Money,'" *Huffington Post*, January 28, 2012, http://www.huffingtonpost.com/2012/01/28/christine-lagarde-davos-2012_n_1239050.html.

17 **"We have been able to significantly increase ...":** Howard Schneider, "Q & A with IMF Director Christine Lagarde," *Washington Post*, June 29, 2013, http://articles.washingtonpost.com/2013-06-29/business/40269400_1_christine-lagarde-imf-former-french-finance-minister.

18 **object to the use of the term money ... :** "Easy Money: Consequences of the Global Liquidity Glut," Milken Institute 2012 Global Conference, May 1, 2012, http: //www.mi lkeninst itute.org/events/gcprogram.taf?function=detai l&EvID=3353&eventid=GC12.

19 **"The SDR may be allocated by the IMF ...":** International Monetary Fund, Annual Report 2012, Appendix VI: Financial Statements for FY 2012, Independent Auditors' Report on the Special Drawing Rights Department, June 21, 2012, p. 31, http://www.imf.org/external/pubs/ft/ar/2012/eng/pdf/a6.pdf; emphasis added.

17 **a highly detailed critique of the Fed's easy-money policy ... :** Jeremy C. Stein, "Overheating in Credit Markets: Origins, Measurement, and Policy Responses," Federal Reserve Bank of St. Louis Research Symposium, February 7, 2013, http://www.federalreserve.gov/newsevents/speech/stein20130207a.htm.

Chapter 8

1 **To meet Dr. Min Zhu ... :** The profile in this chapter is based on Dr. Min Zhu, conversation with the author, New York City, November 8, 2012; Dr. Min Zhu, lecture at the Watson Institute, Brown University, Providence, R.I., March 29, 2013.

2 **a China–western hemisphere supply-chain cluster ... :** Riordan Roett and Guadalupe Paz, eds., *China's Expansion into the Western Hemisphere: Implications for Latin America and the United States* (Washington, D.C.: Brookings Institution Press, 2008).

3 **After being vetted and groomed in midlevel positions ... :** See William D. Cohan, "Rethinking Robert Rubin," *Bloomberg Businessweek*, September 30, 2012, http://www.businessweek.com/articles/2012-09-19/rethinking-robert-rubin; and Jonathan Stempel and Dan Wilchins, "Robert Rubin Quits Citigroup amid Criticism," Reuters, January 9, 2009, http://www.reuters.com/article/2009/01/09/us-citigroup-rubin-idUSN0930738020090109.

4 **Min Zhu believes the world ... :** Min Zhu, conversation with the author.

5 **"Central bankers like to say ... ":** Ibid.

6 **IMF *Economists* such as Jose Vinals ... :** IMF Monetary and Capital Markets Department, "Macrofinancial Stress Testing—Principles and Practices," August 22, 2012, http://www.imf.org/external/np/pp/eng/2012/082212.pdf.

7 **"Each member shall deal with the Fund ...":** IMF Articles of Agreement, Article V, Section 1, http://www.imf.org/external/pubs/ft/aa/index.htm.

8 **Today the IMF website touts loans ... :** "IMF Lending Arrangements as of May 13, 2013," International Monetary Fund, http://www.imf.org/external/np/fin/tad/extarr11.aspx?memberKey1=ZZZZ&date1key=2020-02-28.

9 **the SDR-to-dollar exchange rate ... :** This analysis uses an exchange rate of one U.S. dollar to 0.667 SDRs. Updates to the exchange rate are available at "Exchange Rate Archives by Month," International Monetary Fund, http://www.imf.org/external/np/fin/data/param_rms_mth.aspx.

7 **His work could properly be called *creditism* ... :** Fiona Maclachlan, "Max Weber and the State Theory of Money," working paper, http://home.manhattan.edu/~fiona.maclachlan/maclachlan26july03.htm.

8 **"bet on the country":** Warren Buffett, interview by Becky Quick and Joe Kernan, CNBC, November 3, 2009, http://www.cnbc.com/id/33603477.

9 **Not only did this spending not produce ... :** John F. Cogan, Tobias Cwik, John B. Taylor, and Volker Wieland, "New Keynesian Versus Old Keynesian Government Spending Multipliers," National Bureau of Economic Research, Working Paper no. 14782, February 2009, http://www.nber.org/papers/w14782.pdf?new_window=1.

10 **the relationship of U.S. debt and deficits ... :** John H. Makin, "Trillion-Dollar Deficits Are Sustainable for Now, Unfortunately," American Enterprise Institute, December 13, 2012, http://www.aei.org/outloook/trillion-dollar-deficits-are-sustainable-for-now-unfortunately.

11 **Contrary to the oft-cited ... :** Carmen M. Reinhart and Kenneth S. Rogoff, "Growth in a *Time* of Debt," National Bureau of Economic Research, Working Paper no. 15639, January 2010, http://www.nber.org/papers/w15639.

12 **"The Liquidation of Government Debt":** Carmen M. Reinhart and M. Belen Sbrancia, "The Liquidation of Government Debt," National Bureau of Economic Research, Working Paper no. 16893, March 2011, http://www.nber.org/papers/w16893.

13 **"A ... reason why forward guidance may be needed ...":** Michael Woodford, "Methods of Policy Accommodation at the Interest-Rate Lower Bound," paper presented at the Federal Reserve Bank of Kansas City Symposium, Jackson Hole, Wyo., August 31, 2012, p. 6, emphasis in the original, http://www.kc.frb.org/publicat/sympos/2012/mw.pdf.

14 **"In particular, the committee decided to keep ...":** Federal Reserve, press release, December 12, 2012, http://www.federalreserve.gov/newsevents/press/monetary/20121212a.htm.

15 **The Fed's own staff have expressed reservations ... :** Marco Del Negro, Marc Giannoni, and Christina Patterson, "The Forward Guidance Puzzle," Federal Reserve Bank of New York, Staff Report no. 574, October 2012, http://newyorkfed.org/research/staff_reports/sr574.pdf.

16 **"a thinly disguised way of aiming ...":** Charles Goodhart, "Central Banks Walk Inflation's Razor Edge," *Financial Times*, January 30, 2013, http://www.ft.com/intl/cms/s/0/744e4a96-661c-11e2-b967-00144feab49a.html.

24 **"It's very rare for monetary policy ...":** Ambrose Evans-Pritchard, "Japan's Shinzo Abe Prepares to Print Money for the Whole World," *Telegraph*, December 17, 2012, http://www.Telegraph.co.uk/finance/economics/9751609/Japans-Shinzo-Abe-prepares-to-print-money-for-the-whole-world.html.

25 **The BOJ pledged to purchase $1.4 trillion ... :** "Introduction to the 'Quantitative and Qualitative Monetary Easing,'" Bank of Japan, April 4, 2013, http://www.boj.or.jp/en/announcements/release_2013/k130404a.pdf.

26 **"The bank will achieve ...":** Ibid.

Chapter 7

1 **the contract theory of money... :** See Eerik Lagerspetz, "Money as a Social Contract," *Theory and Decision* 17, no. 1 (July 1984), pp. 1–9. The contract theory of money has philosophical and legal roots as old as Aristotle and, in more recent centuries, John Locke and Samuel von Pufendorf. It is presented here in an updated version for the purpose of illuminating the intrinsic rather than extrinsic value of money.

2 **the quantity theory of money ... :** Irving Fisher, "The Debt-Deflation Theory of Great Depressions," *Econometrica* (1933), available from the Federal Reserve Bank of St. Louis, http://fraser.stlouisfed.org/docs/meltzer/fisdeb33.pdf; and Milton Friedman, *Studies in the Quantity Theory of Money* (Chicago: University of Chicago Press, 1967).

3 **the state theory of money ... :** Georg Friedrich Knapp, *The State Theory of Money* (San Diego: Simon, 2003).

4 **John Maynard Keynes adopted chartalism ... :** John Maynard Keynes, *Treatise on Money*, vol. 1, *The Pure Theory of Money*, and vol. 2, *The Applied Theory of Money* (London: Macmillan, 1950).

5 **acolytes of the theory of money as an arm of state power ... :** Paul McCulley and Zoltan Pozsar, "Helicopter Money: Or How I Stopped Worrying and Love Fiscal-Monetary Cooperation," GIC Global Society of Fellows, January 7, 2013, http://www.interdependence.org/wp-content/uploads/2013/01/Helicopter_Money_Final1.pdf; Stephanie A. Bell and Edward J. Nell, eds., *The State, the Market, and the Euro: Metallism versus Chartalism in the Theory of Money* (Northampton, Mass.: Edward Elgar, 2003).

6 **the quantity theory of credit ... :** Richard Duncan, *The New Depression: The Breakdown of the Paper Money Economy* (Singapore: John Wiley & Sons Singapore Pte., 2012).

14 **the SCO's rejection of a U.S. application ... :** Dilip Hiro, "Shanghai Surprise—The Summit of the Shanghai Cooperation Organisation Reveals How Power Is Shifting in the World," *Guardian*, June 16, 2006, http://www.Guardian.co.uk/commentisfree/2006/jun/16/shanghaisurprise.

15 **The Prime Ministers Council of the SCO signed an agreement ... :** "The Interbank Consortium of the Shanghai Cooperation Organisation," Shanghai Cooperation Organisation, March 16, 2009, http://www.sectsco.org/EN123/show.asp?id=51.

16 **"the Shanghai Cooperation Organisation is a good ...":** Rick Rozoff, "The Shanghai Cooperation Organization: Prospects for a Multipolar World," Centre for Research on Globalisation, May 2009, http://www.globalresearch.ca/the-shanghai-cooperation-organization-prospects-for-a-multipolar-world.

17 **a joint Sino-Russian declaration ... :** "China, Russia Sign Five-Point Joint Statement," Xinhua, June 18, 2009, http://news.xinhuanet.com/english/2009-06/18/content_11558133.htm.

18 **several candidates for an alternative peg ... :** See Dr. Syed Abul Basher, "Regional Initiative in the Gulf: Search for a GCC Currency," paper presented at the International Institute for Strategic Studies Seminar, Bahrain, September 30, 2012, http://www.iiss.org/en/events/geo-economics%20seminars/geo-economics%20seminars/archive/currencies-of-power-and-the-power-of-currencies-38db.

19 **A logical extension, then, of the SDR basket approach ... :** The author is indebted to Dr. Syed Abul Basher for the suggestion and explication of the SDR-plus-oil approach to the currency peg, ibid.

20 **the United States would continue its loose monetary policy ... :** Ben S. Bernanke, "U.S. Monetary Policy and International Implications," remarks at IMF–Bank of Japan seminar, Tokyo, October 14, 2012, http://www.federalreserve.gov/newsevents/speech/bernanke20121014a.htm.

21 **"Today most advanced economies remain ...":** Ben S. Bernanke, "Monetary Policy and the Global Economy," speech at the London School of Economics, London, March 25, 2013, http://www.federalreserve.gov/newsevents/speech/bernanke20130325a.htm.

22 **"The purpose of the purchases was and is ...":** "Quantitative Easing Explained," Bank of England, http://www.bankofengland.co.uk/monetarypolicy/Pages/qe/default.aspx.

23 **"The impact on economic activity ...":** S. Pelin Berkmen, "Bank of Japan's Quantitative and Credit Easing: Are They Now More Effective?" IMF Working Paper no. WP/12/2, January 2012, http://www.imf.org/external/pubs/ft/wp/2012/wp1202.pdf.

Chapter 6

1 **The original term BRIC was created ...** : Jim O'Neill, "Building Better Global Economic BRICs," Goldman Sachs, Global Economics Paper no. 66, November 30, 2001, http://www.goldmansachs.com/our-thinking/archive/archive-pdfs/build-better-brics.pdf.

2 **"The other members would need to recognise ...":** Ibid., p. S11.

3 **He attributes economic success in the Baltics ...** : Anders Aslund, "Southern Europe Ignores Lessons from Latvia at Its Peril," Peterson Institute for International Economics, Policy Brief no. PB12-17, June 2012, http://www.iie.com/publications/pb/pb12-17.pdf.

4 **"The government prohibited double incomes ...":** Ibid.

5 **"Shoppers throng Nordic design shops ...":** Paul Ames, "Estonia Uses the Euro, and the Economy Is Booming," CNBC, June 5, 2012, http://www.cnbc.com/id/47691090.

6 **Estonia in particular has become a high-tech hub ...** : Ibid.

7 **"When a credit-fueled economic boom ...":** Andrew Higgins, "Used to Hardship, Latvia Accepts Austerity, and Its Pain Eases," *New York Times*, January 1, 2013, http://www.nytimes.com/2013/01/02/world/europe/used-to-hardship-latvia-accepts-austerity-and-its-pain-eases.html?pagewanted=all.

8 **"While challenges remain today, you have ...":** Christine Lagarde, "Latvia and the Baltics—A Story of Recovery," speech delivered in Riga, Latvia, June 5, 2013, http://www.imf.org/external/np/speeches/2012/060512.htm.

9 **"Today, Estonia's economy is the fastest-growing ...":** Ott Ummelas, "Why Estonia Loves the Euro," *Bloomberg Businessweek*, February 2, 2012, http://www.businessweek.com/magazine/why-estonia-loves-the-euro-02022012.html.

10 **O'Neill has consistently downplayed the idea ...** : Jim O'Neill, interview, CNN Marketplace Africa, April 5, 2011, http://edition.cnn.com/2011/BUSINESS/04/05/jim.oneill.africa.bric/index.html.

11 **"We directed our Finance Ministers to examine ...":** eThekwini Declaration, Fifth BRICS Summit, Durban, South Africa, March 27, 2013, http://www.brics5.co.za/assets/eThekwini-Declaration-and-Action-Plan-MASTER-27-MARCH-2013.pdf.

12 **"We support the reform and improvement ...":** Ibid.

13 **a twenty-thousand-mile undersea fiber optic cable ...** : "Brazil Plans to Go Offline from US-Centric Internet," *Hindu*, September 17, 2013, http://www.thehindu.com/news/international/world/brazil-plans-to-go-offline-from-uscentric-internet/article5137689.ece.

18 **"Across Europe's southern rim, people recoil ...":** Marcus Walker and Alessandra Galloni, "Embattled Economies Cling to the Euro," *Wall Street Journal*, February 13, 2013, p. A1, http://online.wsj.com/news/articles/SB10001424127887324761004578284203099970438.

19 **"Europe was not built for economic reasons ...":** Matthew Kaminski, "Guy Sorman: Why Europe Will Rise Again," *Wall Street Journal*, August 18, 2011, p.A11, http://online.wsj.com/news/articles/SB10000872396390444375104577592850332409044.

20 **"everything from Greek real estate ...":** Stelios Bouras and Philip Pangalos, "Foreign Money Is Revisiting Greece," *Wall Street Journal*, February 25, 2013, p.C1, http://online.wsj.com/news/articles/SB10001424127887323864304578320431435196910.

21 **"The drive to improve competitiveness ...":** Hugo Dixon, "The Gloom Around Greece Is Dissipating," *New York Times*, April 21, 2013, http://www.nytimes.com/2013/04/22/business/global/the-gloom-around-greece-is-dissipating.html.

22 **The fifteen-hundred-acre former Athens airport site ... :** Liz Alderman and Demitris Bounias, "Privatizing Greece, Slowly but Not Surely," *New York Times*, November 18, 2012, http://www.nytimes.com/glogin?URI=http://www.nytimes.com/2012/11/18/business/privatizing-greece-slowly-but-not-surely.html.

23 **"On Cosco's portion of the port ...":** Liz Alderman, "Under Chinese, a Greek Port Thrives," *New York Times*, October 19, 2012, http://www.nytimes.com/2012/10/11/business/global/chinese-company-sets-new-rhythm-in-port-of-piraeus.html?pagewanted=all.

24 **All these investment and expansion plans will have positive ... :** Ralph Minder, "Car Factories Offer Hope for Spanish Industry and Workers," *New York Times*, December 28, 2012, p. B1, http://www.nytimes.com/2012/12/28/business/global/car-factories-offer-hope-for-spanish-industry-and-workers.html?pagewanted=all; Angeline Benoit, Manuel Baigorri, and Emma Ross-Thomas, "Rajoy Drives Spanish Revolution with Low-Cost Manufacture," *Bloomberg*, December 19, 2012, http://www.*Bloomberg*.com/news/2012-12-19/rajoy-drives-spanish-revolution-with-low-cost-manufacture.html.

25 **adverse demographics as a major hurdle ... :** Buttonwood, "The Euro Zone Crisis: Growth Problem," *Economist*, December 17, 2012, http://www.Economist.com/blogs/buttonwood/2012/12/euro-zone-crisis.

26 **a €60 billion bailout fund ... :** Matina Stevis, "Euro Zone Closes In on Bank Plans," *Wall Street Journal*, June 13, 2013, http://online.wsj.com/article/SB10001424127887323734304578542941134353614.html.

9 **"So if there were really a large excess ...":** Paul Krugman, "Sticky Wages and the Macro Story," *New York Times*, July 22, 2012, http://krugman.blogs.nytimes.com/2012/07/22/sticky-wages-and-the-macro-story.

10 **"In a currency area comprising many regions ...":** Robert A. Mundell, "A Theory of Optimum Currency Areas," *American Economic Review* 51, no. 4 (September 1961), pp. 657–65, esp. 659.

11 **Europe has lagged behind the rest of the developed world ... :** Indermit Gill and Martin Raiser, "Golden Growth, Restoring the Lustre of the European Economic Model," International Bank for Reconstruction and Development, 2012, http://issuu.com/world.bank.publications/docs/9780821389652.

12 **"As Chinese companies and entrepreneurs have moved ...":** Howard Schneider, "As Chinese Capital Moves Abroad, Europe Offers an Open Door," *Washington Post*, February 26, 2013, http://articles.washingtonpost.com/2013-02-26/business/37297545_1_direct-investment-chinese-investors-rhodium-group.

13 **"was an early investor in bonds ...":** Lingling Wei and Bob Davis, "China's Zhu Changhong Helps Steer Nation's Currency Reserves," *Wall Street Journal*, July 16, 2013, p. C1, http://online.wsj.com/article/SB10001424127887323664204578606301739504368.html.

14 **the ten largest money-market funds in the United States ... :** Howard Schneider, "In a Two-Faced Euro Zone, Financial Conditions Ease and Joblessness Rises," *Washington Post*, March 1, 2013, http://articles.washingtonpost.com/2013-03-01/business/37373712_1_euro-zone-holdings-euro-zone-17-nation-currency-zone.

15 **Data for the first quarter of 1999 ... :** IMF, "Currency Composition of Official Foreign Exchange Reserves (COFER)," http://www.imf.org/external/np/sta/cofer/eng/index.htm.

16 **The cheap-dollar policy was made explicit in numerous public pronouncements ... :** Barack Obama, "Remarks by the President in State of the Union Address," January 27, 2010, http://www.whitehouse.gov/the-press-office/remarks-president-state-union-address; and Ben Bernanke, "U.S. Monetary Policy and International Implications," remarks at IMF–Bank of Japan seminar, October 14, 2012, http://www.federalreserve.gov/newsevents/speech/bernanke20121014a.htm.

17 **private-sector salaries in Greece had dropped ... :** "Salaries Drop by over 10 Pct Within a Year," *ekathimerini*, July 2, 2013, http://www.*ekathimerini*.com/4dcgi/_w_articles_wsite2_1_02/07/2013_507091.

12 **"Investment in China may currently ...":** Il Houng Lee, Murtaza Syed, and Liu Xueyan, "Is China Over-Investing and Does It Matter?" IMF Working Paper no. WP/12/277, November 2012, http://www.imf.org/external/pubs/cat/longres.aspx?sk=40121.0.

13 **"Let us ... give China five years to bring ...":** Michael Pettis, "The IMF on Overinvestment," *Michael Pettis' China Financial Markets*, December 28, 2012, http://www.economonitor.com/blog/2012/12.

14 **The Chinese workforce is now dominated ... :** Houng Il Lee, Xu Qingjun, and Murtaza Syed, "China's Demography and Its Implications," IMF Working Paper no. WP/13/82, March 28, 2013, http://www.imf.org/external/pubs/cat/longres.aspx?sk=40446.0.

Chapter 5

1 **"the most learned man anywhere":** Einhard, *The Life of Charlemagne* (ninth century; reprint Kessinger, 2010).

2 **"The final step was cannibalism ...":** *Lauro Martines, Furies: War in Europe, 1450–1700* (New York: Bloomsbury, 2013), p. 118.

3 **"No statement about how to deal ...":** John Williamson, "What Washington Means by Policy Reform," Peterson Institute for International Economics, 1990, http://www.iie.com/publications/papers/paper.cfm?researchid=486.

4 **"the Beijing Consensus ... is flexible enough ...":** Joshua Cooper Ramo, *The Beijing Consensus* (London, *Foreign Policy* Centre, 2004), p. 4.

5 **the five pillars ... :** John Williamson, "Is the 'Beijing Consensus' Now Dominant?" *Asia Policy*, no. 13 (January 2012), pp. 1–16.

6 **six of the top ten applicants ... :** World Intellectual Property Organization, *WIPO IP Facts and Figures 2012*, WIPO Economics and Statistics Series, http://www.wipo.int /export / sites/www/freepublications/en/statistics/943/wipo_pub_943_2012.pdf.

7 **The average European corporate tax rate ... :** "Corporate Tax Rates Table," KPMG, http://www.kpmg.com/global/en/services/tax/tax-tools-and-resources/pages/corporate-tax-rates-table.aspx.

8 **For rail freight traffic ... :** Leo Cendrowicz, "Switzerland Celebrates World's Longest Rail Tunnel," *Time*, October 20, 2010, http://www.time.com/time/business/article/0,8599,2026369,00.html.

Chapter 4

1 **"Things grow and grow ...":** *Tao Te Ching*, trans. Stephen Addis and Stanley Lombardo (Indianapolis: Hackett, 1993).

2 **the current Communist leadership's greatest fear ... :** David T. C. Lie, eldest grandson of Zhang Xue Ming, mayor of Tianjin in the 1930s, conversation with the author, Shanghai, June 6, 2012.

3 **"The Myth of Asia's Miracle":** Paul Krugman, "The Myth of Asia's Miracle," *Foreign Affairs*, November–December 1994, p. 62, http://www.pairault.fr/documents/lecture3s2009.pdf.

4 **"China is on the eve of a demographic shift ...":** Mitali Das and Papa N'Diaye, "Chronicle of a Decline Foretold: Has China Reached the Lewis Turning Point?" IMF Working Paper no. 13/26, January 2013, http://www.imf.org/external/pubs/cat/longres.aspx?sk=40281.0.

5 **In 2010 the ten most profitable SOEs ... :** James McGregor, *No Ancient Wisdom*, No Followers (Westport, Conn.: Prospecta Press, 2012), p. 23.

6 **These megaprojects cover sectors ... :** Ibid., p. 34.

7 **the interlocking interests of the political and economic elites ... :** "Heirs of Mao's Comrades Rise as New Capitalist Nobility," *Bloomberg News*, December 26, 2012, http://www.bloomberg.com/news/2012-12-26/immortals-beget-china-capitalism-from-citic-to-godfather-of-golf.html.

8 **One report on WMP sales ... :** Xiao Gang, "Regulating Shadow Banking," *China Daily*, October 12, 2012, p. 8, http://www.chinadaily.com.cn/opinion/2012-10/12/content_15812305.htm.

9 **"In June, a Chinese man touched down ...":** Alistair Macdonald, Paul Vieira, and Will Connors, "Chinese Fly Cash West, by the Suitcase," *Wall Street Journal*, January 2, 2013, p. A1, http://online.wsj.com/news/articles/SB10001424127887323635504578213933647167020.

10 **"Tackling inequality requires confronting ...":** Bob Davis, "China Tries to Shut Rising Income Gap," *Wall Street Journal*, December 11, 2012, p. A14, http://online.wsj.com/news/articles/SB10001424127887324640104578161493858722884.

11 **corruption, cronyism, and income inequality ... :** Minxin Pei, "China's Troubled Bourbons," *Project Syndicate*, October 31, 2012, www.project-syndicate.org.

8 **"The issue here is not whether ...":** Lacy H. Hunt, "The Fed's Flawed Model," Casey Research, May 28, 2013, http://www.caseyresearch.com/articles/the-feds-flawed-model.

9 **"Since wages remained soft ...":** Ibid.

10 **the reason for this damage to SME lending ... :** Steve H. Hanke, "The Federal Reserve vs. Small Business," Cato Institute, June 3, 2013, http://www.cato.org/blog/federal-reserve-vs-small-business-0.

11 **Federal Reserve low-interest-rate policy ... :** Giovanni Dell'Ariccia, Luc Laeven, and Gustavo Suarez, "Bank Leverage and Monetary Policy's Risk-Taking Channel: Evidence from the United States," IMF Working Paper no. WP/13/143, June 2013, http://www.imf.org/external/pubs/cat/longres.aspx?sk=40642.0.

12 **This is not certain to happen but is likely ... :** This analysis is based on data and reporting in Buttonwood, "The Real Deal—Low Real Interest Rates Are Usually Bad News for Equity Markets," *Economist*, October 20, 2012, http://www.economist.com/news/finance-and-economics/21564845-low-real-interest-rates-are-usually-bad-news-equity-markets.

13 **"The Market for 'Lemons'":** George A. Akerlof, "The Market for 'Lemons': Quality Uncertainty and the Market Mechanism," *Quarterly Journal of Economics* 84, no. 3 (August 1970), pp. 488–500.

14 **"Irreversibility, Uncertainty ...":** Ben S. Bernanke, "Irreversibility, Uncertainty, and Cyclical Investment," National Bureau of Economic Research, Cambridge, Mass., July 1980, http://www.nber.org/papers/w502.

15 **Even with huge pools of unused labor ... :** Jason E. Taylor and Richard K. Vedder, "Stimulus by Spending Cuts: Lessons from 1946," Cato Institute, Cato Policy Report, May–June 2010, http://www.cato.org/policy-report/mayjune-2010/stimulus-spending-cuts-lessons-1946.

16 **the classic distinction between risk and uncertainty ... :** Frank H. Knight, Risk, *Uncertainty and Profit* (1921; reprint Washington, D.C.: Beard Books, 2002).

17 **"It will pay to invest ...":** Bernanke, "Irreversibility, Uncertainty."

18 **"It would not be difficult to recast ...":** Ibid.

19 **the counterproductive nature of Bernanke's reasoning ... :** Robert E. Hall, "The Routes into and out of the Zero Lower Bound," paper prepared for the Federal Reserve Bank of Kansas City Symposium, Jackson Hole, Wyo., August 13, 2013, http://www.stanford.edu/~rehall/HallJacksonHole2013.

equity positions on pending deals. Upon reviewing the books and records of LTCM with the author and CEO John Meriwether on September 20, 1998, Peter R. Fisher, then head of open market operations at the Federal Reserve Bank of New York, remarked, "We knew you guys might take down the bond markets, but we had no idea you would take down the stock markets too." The Fed's effort to orchestrate a bailout commenced the next morning and was completed on September 28, 1998.

35 **the highly classified plans for continuity ... :** Marc Ambinder, "The Day After," *National Journal*, April 11, 2011, http://www.nationaljournal.com/magazine/government-still-unprepared-for-disaster-20110411.

Chapter 3

1 **"The peculiar character of the problem ...":** Friedrich A. Hayek, "The Use of Knowledge in Society," *American Economic Review* 35, no. 4 (1935), pp. 519–30, http://www.econlib.org/library/Essays/hykKnw1.html.

2 **Charles Goodhart first articulated Goodhart's Law ... :** The paper has been reprinted in several publications. See Charles Goodhart, "Problems of Monetary Management: The U.K. Experience," in Anthony Courakis, ed., *Inflation, Depression, and Economic Policy in the West* (Lanham, Md.: Rowman and Littlefield, 1981), pp. 111–46.

3 **the wealth effect from housing prices ... :** U.S. Congress, "Housing Wealth and Consumer Spending," Congressional Budget Office Background Paper, January 2007, http://www.cbo.gov/publication/18279.

4 **"We find ... a positive connection ...":** Sydney Ludvigson and Charles Steindel, "How Important Is the Stock Market Effect on Consumption?" *FRBNY Economic Policy Review*, July 1990, http://ftp.ny.frb.org/research/epr/99v05n2/9907ludv.pdf.

5 **heavily concentrated among the rich ... :** Sherif Khalifa, Ousmane Seck, and Elwin Tobing, "Financial Wealth Effect: Evidence from Threshold Estimation," *Applied Economics Letters* 18, no. 13 (2011), http://business.fullerton.edu/economics/skhalifa/publication13.pdf.

6 **"The idea of a wealth effect ... :** Christopher Flavelle, "Debunking the 'Wealth Effect,'" *Slate*, June 10, 2008, http://www.*Slate*.com/articles/news_and_politics/hey_wait_a_minute/2008/06/debunking_the_wealth_effect.html.

7 **rising consumption may increase stock prices ... :** U.S. Congress, "Housing Wealth" ; and Ludvigson and Steindel, "How Important."

27 **This cat-and-mouse game ... :** "Three Nukes for $5 billion," *Debka-Net-Weekly* 13, no. 588 (May 24, 2013), http://www.debka.com.

28 **a highly sensitive 104-page final report:** The author was a direct participant, presenter, or contributor to the Bahrain, Federation of American Scientists, Boeing, and National Defense University financial war game events described in the foregoing paragraphs.

29 **Swiss troops defended their country ... :** Henry Samuels, "Swiss War Game Envisages Invasion by Bankrupt French," *Telegraph*, September 30, 2013, http://www.*Telegraph*.co.uk/news/worldnews/europe/switzerland/10344029/Swiss-war-game-envisages-invasion-by-bankrupt-French.html.

30 **Cyberattacks on U.S. infrastructure, including banks ... :** Leading documented studies and white papers on the scope and pervasiveness of cyberattacks on U.S. systems, including financial systems, originating from various sources including China and Iran, are: "Global Energy Cyberattacks: 'Night Dragon,'" McAfee Foundstone Professional Services and McAfee Labs White Paper, February 10, 2011, http://www.mcafee.com/us/resources/white-papers/wp-global-energy-cyberattacks-night-dragon.pdf; Nicolas Falliere, Liam O. Murchu, and Eric Chien, "W.32.Stuxnet Dossier Version 1.4," Symantec, February 2011, http://www.symantec.com/content/en/us/enterprise/media/security_response/whitepapers/w32_stuxnet_dossier.pdf; and Mandiant, "APT1: Exposing One of China's Cyber Espionage Units," 2013, Mandiant Intelligence Center Report, http://intelreport.mandiant.com.

31 **The official was Mary Shapiro ... :** Senior SEC official, conversation with author, September 2012.

32 **the Syrian Electronic Army claimed credit ... :** Max Fisher, "Syrian Hackers Claim AP Hack That Tipped Stock Market by $136 Billion. Is It Terrorism?" *Washington Post*, April 23, 2013, http://www.washingtonpost.com/blogs/worldviews/wp/2013/04/23/syrian-hackers-claim-ap-hack-that-tipped-stock-market-by-136-billion-is-it-terrorism.

33 **Knight Capital fiasco ... :** Scott Patterson, Jenny Strasburg, and Jacob Bunge, "Knight Upgrade Triggered Old Trading System, Big Losses," *Wall Street Journal*, August 14, 2012, http://online.wsj.com/news/articles/SB10000872396390444318104577589694289838100.

34 **bailout of the hedge fund Long-Term Capital Management ... :** The author was general counsel of Long-Term Capital Management and the principal negotiator of the 1998 bailout arranged by the Federal Reserve Bank of New York. While LTCM was a well-known trader in fixed-income and derivatives markets, the extent of its trading in equity markets was not well known. LTCM was the largest risk arbitrageur in the world, with over $15 billion in

17 **by dumping dollars and buying gold ... :** Jack Farchy, "Iran Bought Gold to Cut Dollar Exposure," *Financial Times*, March 20, 2011, http://www.ft.com/cms/s/0/cc350008-5325-11e0-86e6-00144feab49a.html.

18 **an oil-for-gold swap ... :** Dheeraj Tiwari and Rajeev Jayaswal, "India, Iran Mull over Gold-for-Oil for Now," *Economic Times*, January 8, 2011, http://articles.economictimes.indiatimes.com/2011-01-08/news/28433295_1_bilateral-issue-oil-india-imports.

19 **Turkish exports of gold to Iran ... :** "Turkey's Gold Export to Iran Rises Again," *Hurriyet Daily News*, May 1, 2013, http://www.hurriyetdailynews.com/turkeys-gold-export-to-iran-rises-again-.aspx?pageID=238&nid=46002.

20 **a cargo plane with 1.5 tons of gold on board ... :** "Cargo Plane with 1.5 Tons of Gold Held in Istanbul," *Hurriyet Daily News*, January 5, 2013, http://www.hurriyetdailynews.com/cargo-plane-with-15-tons-of-gold-held-in-istanbul-.aspx?pageID=238&nid=38427.

21 **Reports from the Voice of Russia speculated ... :** "Gold Seized at Istanbul Airport Was Allegedly for Iran," *Voice of Russia*, January 6, 2013, http://voiceofrussia.com/2013_01_06/Gold-seized-at-Istanbul-airport-was-allegedly-for-Iran.

22 **"passengers flying from Kabul to the Persian Gulf ...":** Matthew Rosenberg, "An Afghan Mystery: Why Are Large Shipments of Gold Leaving the Country?" *New York Times*, December 15, 2012, http://www.nytimes.com/2012/12/16/world/asia/as-gold-is-spirited-out-of-afghanistan-officials-wonder-why.html.

23 **strict enforcement of a prohibition on gold sales ... :** "U.S. to Block Sale of Gold to Iran in Sanctions Clampdown," *Al Arabiya*, May 16, 2003, http://english.alarabiya.net / en/business/economy/2013/05/16/U-S-to-block-sales-of-gold-to-Iran-in-sanctions-clampdown.html.

24 **In late 2012 the United States warned Russia and China ... :** Benoit Faucon, "U.S. Warns Russia on Iranian Bank," *Wall Street Journal*, December 11, 2012, http://online.wsj.com/news/articles/SB10001424127887323330604578145071930969966.

25 **Iranian hackers had reportedly gained access to the software systems ... :** Siobhan Gorman and Danny Yadron, "Iran Hacks Energy Firms, U.S. Says," *Wall Street Journal*, May 23, 2013, http://online.wsj.com/article/SB10001424127887323336104578501601108021968.html.

26 **The Syrian government was forced to conduct business ... :** Steve H. Hanke, "Syria's Annual Inflation Hits 200%," Cato Institute, July 1, 2013, http://www.cato.org/blog/syrias-annual-inflation-hits-200.

5 **"Economic prosperity that once excited ...":** Ibid.

6 **China had been a net seller ... :** Floyd Norris, "Data Shows Less Buying of U.S. Debt by China," *New York Times*, January 21, 2011, http://www.nytimes.com/2011/01/22/business/economy/22charts.html?_r=0.

7 **the Chinese Investment Corporation (CIC) ... :** Andrew Ross Sorkin and David Barboza, "China to Buy $3 Billion Stake in Blackstone," *New York Times*, May 20, 2007, http://www.nytimes.com/2007/05/20/business/worldbusiness/20cnd-yuan.html?pagewanted=print.

8 **notorious for his sixtieth birthday party ... :** James B. Stewart, "The Birthday Party," *New Yorker*, February 11, 2008, ht tp: //www.newyorker.com/reporting/2008/02/11/080211fa_fact_stewart.

9 **"I want war, not a series ...":** Quoted in Andrew Clark, "The Guardian Profile: Stephen Schwarzman," *Guardian*, June 15, 2007, http://www.theguardian.com/business/2007/jun/15/4.

10 **"to put its vast reserves ...":** Sorkin and Barboza, "China to Buy."

11 **suggested mounting an attack on the Japanese ... :** Ambrose Evans-Pritchard, "Beijing Hints at Bond Attack on Japan," *Telegraph*, September 18, 2012, http://www.telegraph.co.uk/finance/china-business/9551727/Beijing-hints-at-bond-attack-on-Japan.html.

12 **Chinese hacked the Reserve Bank of Australia ... :** "Australia: Reserve Bank Networks Hacked," Stratfor Global Intelligence, March 11, 2013, www.stratfor.com.

13 **These combined efforts will prove useful to China ... :** For a detailed account of China's efforts to use military intelligence to steal secrets and other intellectual property through cyberwarfare, see Mandiant, "APT1: Exposing One of China's Cyber Espionage Units," 2013, Mandiant Intelligence Center Report, http://intelreport.mandiant.com.

14 **"A highly secretive unit of the National Security Agency ...":** Matthew M. Aid, "Inside the NSA's Ultra-Secret China Hacking Group," *Foreign Policy*, June 10, 2013, http://www.foreignpolicy.com/articles/2013/06/10/inside_the_nsa_s_ultra_secret_china_hacking_group.

15 **Quantum Dawn 2 ... :** "Fact Sheet: Quantum Dawn 2, July 18, 2013," SIFMA, http://www.sifma.org/uploadedfiles/services/bcp/qd2-fact-sheet.pdf?n=19890.

16 **"to cause depreciation of the rial ...":** Kasia Klimasinska and Ian Katz, "Useless Rial Is U.S. Goal in New Iran Sanctions, Treasury Says," *Bloomberg*, June 6, 2013, http://www.Bloomberg.com/news/2013-06-06/useless-rial-is-u-s-goal-in-new-iran-sanctions-treasury-says.html.

com/abstract=1588523; and Marc Chesney, Remo Crameri, and Loriano Mancini, "Detecting Informed Trading Activities in the Options Markets," Swiss Finance Institute Research Paper no. 11-42 (July 2012), http://ssrn.com/abstract=1522157.

9 **The leading academic study of terrorist insider trading ... :** Poteshman, "Unusual Option Market Activity."

10 **These techniques have proved reliable ... :** Erik Lie, "On the Timing of CEO Stock Option Awards," *Management Science* 51, no. 5 (May 2005), pp. 802–12, http://www.biz.uiowa.edu/faculty/elie/Grants-MS.pdf.

11 **"There is evidence of unusual option market activity ...":** Poteshman, "Unusual Option Market Activity," p. 1725.

12 **"Companies like American Airlines, United Airlines ...":** Chesney, Crameri, and Mancini, "Detecting," p. 19.

13 **"The system was blinking red":** George Tenet quoted in *9/11 Commission Report*, p. 259.

14 **"Get down to Disney World ...":** George W. Bush quoted in Andrew J. Bacevich, "He Told Us to Go Shopping," *Washington Post*, October 5, 2008, http://articles.washingtonpost.com/2008-10-05/opinions/36929207_1_president-bush-american-consumer-congress.

15 **"CIA's Financial Spying Bags Data on Americans":** Siobhan Gorman, Devlin Barrett, and Jennifer Valentino-Devries, "CIA' s Financial Spying Bags Data on Americans," *Wall Street Journal*, November 14, 2013, http://online.wsj.com/news/articles/SB10001424052702303559504579198370113163530.

Chapter 2

1 **"We studied RMA exhaustively ...":** Quoted in "The Dragon's New Teeth," *Economist*, April 7, 2012, http://www.economist.com/node/21552193.

2 **This classified plan, called "Air-Sea Battle" ... :** Greg Jaffe, "U.S. Model for a Future War Fans Tensions with China and Inside Pentagon," *Washington Post*, August 1, 2012, http://articles.washingtonpost.com/2012-08-01/world/35492126_1_china-tensions-china-threat-pentagon.

3 **"In the near future, information warfare ...":** Major General Wang Pufeng, "The Challenge of Information Warfare," *China Military Science*, Spring 1995, http://www.fas.org/irp/world/china/docs/iw_mg_wang.htm.

4 **The People's Liberation Army of China made this doctrine ... :** Colonel Qiao Liang, and Colonel Wang Xiangsui, *Unrestricted Warfare* (Beijing: People's Liberation Army, 1999).

註解

前言

1 **"Suddenly Americans traveling abroad ...":** Janet Tavakoli, "Who Says Gold Is Money (Part Two)," *Financial Report*, Tavakoli Structured Finance, August 30, 2013, http://www.tavakolistructuredfinance.com/2013/08/tavakoli-says-gold-is-money.

Chapter 1

1 **"It was the most blatant case ...":** John Mulheren, conversation with the author, CIA Headquarters, September 26, 2003.

2 **His conviction was based on testimony ... :** John Mulheren' s 1990 conviction was overturned by the Second Circuit Court of Appeals in 1991. This complete exoneration allowed his return to the securities industry.

3 **September 5, 2001, was the day Osama bin Laden learned ... :** Elisabeth Bumiller, "Bin Laden, on Tape, Boasts of Trade Center Attacks; U.S. Says It Proves His Guilt," *New York Times*, December 14, 2001, http://www.nytimes.com/2001/12/14/world/nation-challenged-video-bin-laden-tape-boasts-trade-center-attacks-us-says-it.html. The eptember 5 reference is to the New York time zone where markets were still open. Bin Laden made the remarks in Afghanistan on September 6, 2001, local time, 9.5 hours ahead of New York.

4 **"I say the events that happened on Tuesday ...":** Tayser Allouni, "A Discussion on the New Crusader Wars," October 21, 2001, http://www.religioscope.com/info/doc/jihad/ubl_int_2.htm.

5 **as well as family and friends:** National Commission on Terrorist Attacks upon the United States, *The 9/11 Commission Report* (New York: W. W. Norton, 2004), pp. 222, 237.

6 **A normal ratio of bets ... :** For options trading data, see Allen M. Poteshman, "Unusual Option Market Activity and the Terrorist Attacks of September 11, 2001," *Journal of Business 79*, no. 4 (July 2006), pp. 1703–26, http://www.jstor.org/stable/10.1086/503645.

7 **"Exhaustive investigations by the Securities and Exchange Commission ...":** National Commission on Terrorist Attacks, *9/11 Commission Report*, p. 172.

8 **the pre-9/11 options trading was based on inside information:** See Poteshman, "Unusual Option Market Activity"; Wing-Keung Wong, Howard E. Thompson, and Kweechong Teh, "Was There Abnormal Trading in the S&P 500 Index Options Prior to the September 11 Attacks?" Social Science Research Network, April 13, 2010, http://ssrn.

全球視野59

下一波全球貨幣大崩潰

2015年4月初版
2020年4月初版第十三刷

定價：新臺幣420元

著　　者 James Rickards
譯　　者 吳國卿
叢書主編 鄒恆月
協力編輯 張奕芬
封面設計 黃聖文
內文排版 林燕慧

出版者 聯經出版事業股份有限公司
地址 新北市汐止區大同路一段369號1樓
編輯部地址 新北市汐止區大同路一段369號1樓
叢書主編電話 (02)86925588轉5315
台北聯經書房 台北市新生南路三段94號
電話 (02)23620308
台中分公司 台中市北區崇德路一段198號
暨門市電話 (04)22312023
郵政劃撥帳戶第0100559-3號
郵撥電話 (02)23620308
印刷者 文聯彩色製版印刷有限公司
總經銷 聯合發行股份有限公司
發行所 新北市新店區寶橋路235巷6弄6號2F
電話 (02)29178022

副總編輯 陳逸華
總經理 陳芝宇
社長 羅國俊
發行人 林載爵

行政院新聞局出版事業登記證局版臺業字第0130號

本書如有缺頁，破損，倒裝請寄回台北聯經書房更換。 ISBN 978-957-08-4546-4 (平裝)
聯經網址 http://www.linkingbooks.com.tw
電子信箱 e-mail:linking@udngroup.com

國家圖書館出版品預行編目資料

下一波全球貨幣大崩潰/ James Rickards著．吳國卿譯．初版．臺北市．聯經．2015年4月（民104年）．384面．14.8×21公分（全球視野：59）
譯自：The death of money: the coming collapse of the international monetary system
ISBN 978-957-08-4546-4（平裝）
[2020年4月初版第十三刷]

1.金融危機 2.國際貨幣 3.國際金融

561.78 104004151